APRENDER A APRENDER

Benedict Carey

Aprender a aprender

Saca partido a tu cerebro
y aprende más con menos esfuerzo

U R A N O
Argentina - Chile - Colombia - España
Estados Unidos - México - Perú - Uruguay - Venezuela

Título original: *How We Learn - The Surprising Truth About When,
Where And Why It Happens*
Editor original: Macmillan, Londres
Traducción: Daniel Menezo

1.ª edición Mayo 2015

Copyright © 2014 by Benedict Carey
All Rights Reserved
Ilustraciones: Steve Clark / Zaremba
© 2015 de la traducción *by* Daniel Menezo
© 2015 *by* Ediciones Urano, S.A.U.
Aribau, 142, pral. – 08036 Barcelona
www.edicionesurano.com

ISBN: 978-84-7953-907-8
E-ISBN: 978-84-9944-841-1
Depósito legal: B-8.161-2015

Fotocomposición: Montserrat Gómez Lao
Impreso por: Rodesa, S. A. – Polígono Industrial San Miguel – Parcelas E7-E8
31132 Villatuerta (Navarra)

Impreso en España – *Printed in Spain*

A mis padres

Índice

● ● ● ● ● ● ● ● ● ● ● ● ●

Amplíe los márgenes

Yo fui un empollón.

Ese era el término que se usaba en aquel entonces: el chaval que se curraba los detalles, que hacía resúmenes en tarjetas. Un tragalibros, un buscanotas, una abeja obrera (sí, de *ese* tipo), y ahora, cuando ya han pasado casi cuarenta años, veo claramente a aquel que fui: inclinado sobre un libro de texto, quemándose las pestañas a la luz de un flexo barato.

También lo veo por las mañanas, temprano, levantándose a las cinco de la mañana para estudiar: un alumno de segundo de secundaria que tiene el estómago revuelto porque no acaba de dominar... ¿qué? ¿La fórmula cuadrática? ¿Las estipulaciones en el contrato de compra de Luisiana? ¿La política de la ley de préstamo y arriendo, el teorema del valor medio, el uso que hacía Eliot de la ironía como metáfora de... alguna puñetera cosa?

Da igual.

Ya hace mucho que se esfumó el currículo entero. Lo único que conservo es el miedo. El tiempo se acaba, hay demasiado que aprender, y seguramente hay cosas a las que no voy a llegar. Pero ahí se detecta también otra cosa, una señal de baja frecuencia que cuesta un tiempo escuchar, como ese grifo que gotea en el baño del piso de abajo: la duda. Es esa sensación molesta de haberse apartado del sendero correcto, mientras los estudiantes más dotados han llegado a la cabaña sin ni siquiera sudar. Como tantos otros, crecía creyendo que aprender consistía básicamente en disciplinarse a uno mismo: era una escalada dura y solitaria por el farallón pétreo del conocimiento, para llegar donde vivían las personas inteligentes. Me impulsaba más el miedo a caer que la curiosidad o el asombro.

Ese miedo forjó un tipo de estudiante extraño. Para mis hermanos yo era don Perfecto, el hermano mayor y serio que sacaba en casi todo sobresalientes. Para mis compañeros de clase yo era el Hombre Invisible, demasiado inseguro de mi dominio de las materias como para abrir la boca. No culpo de esta doble personalidad a mi yo más joven, ni a mis padres ni a mis maestros. ¿Cómo iba a hacerlo? La única estrategia que conocíamos para profundizar en nuestros conocimientos (avanzar a trallazos, como los perros de trineo) funciona hasta cierto punto; el esfuerzo es el factor más importante, por sí solo, para alcanzar el éxito académico.

Sin embargo, aquella era la estrategia que yo ya usaba. Necesitaba algo más, algo diferente… y sentía que ese algo debía existir.

En mi caso, el primer indicio de que existía ese factor se manifestó bajo la forma de otros alumnos, esos dos o tres chavales en clase de álgebra o de historia que tenían… ¿qué sería? , la cabeza fría, la capacidad de darlo todo sin tener esa mirada de animal acorralado. Era como si alguien les hubiera dicho que no pasaba nada si no lo entendían todo a la primera, que con el tiempo ya lo conseguirían; que sus dudas eran, por sí mismas, una herramienta valiosa. Pero mi verdadera experiencia de conversión vino más tarde, cuando quise entrar en la universidad. Por supuesto, la universidad siempre había sido la meta. Y no salió bien; no tuve éxito. Envié una docena de candidaturas y me cerraron la puerta en las narices. Todos esos años trabajando como un animal y, al final, lo único que tenía para demostrar ese esfuerzo era un puñado de sobres delgados y una plaza en la lista de espera... para una universidad a la que asistí sólo un año antes de dejar la carrera.

¿Qué salió mal?

No tenía ni idea. Apunté demasiado alto, yo no era lo bastante perfecto, me atraganté con las pruebas de acceso... Da igual. Estaba demasiado ocupado sintiéndome rechazado como para pensar demasiado en el tema. No, peor que rechazado: me sentía como un auténtico idiota. Como si me hubiera tomado el pelo una especie de secta que abogase por la mejora de uno mismo, pagando su parte a un gurú con quien se repartiera el dinero. Así que, después de dejar los estudios, reajusté mi actitud. Aflojé las riendas, dejé de esprintar, amplié los márgenes, parafraseando a Thoreau. No fue tanto una estrategia magnífica (yo era adolescente, y no veía a más de dos palmos delante de mis narices) como el instinto simple de levantar la cabeza y mirar alrededor.

Entré a golpe de ruegos en la Universidad de Colorado, adonde envié una solicitud junto con una carta de súplica. En aquellos tiempos era todo más sencillo, es un centro estatal, y me aceptaron sin muchas complicaciones. En Boulder empecé a vivir más el día a día. Hacía mucho senderismo, esquiaba un poco, consumía demasiado de todo. Dormía cuando podía, echaba siestas a cualquier hora y estudiaba aquí y allá, combinando esas grandes dosis de actividades (en su mayor parte legales) por las que tienen una fama merecida los colegios mayores. No digo que me licenciara en *gintonics*, porque nunca abandoné mis estudios; sencillamente, dejé que estos fueran sólo *una parte* de mi vida, no su propósito central. Y, en algún punto de esa maraña de buena y mala vida, me convertí en estudiante. Y no era un estudiante cualquiera, sino uno que llevaba la carga con ligereza, en matemáticas y en física, y que estaba dispuesto a correr el riesgo de suspender en algunas materias muy difíciles.

No fue un cambio repentino ni dramático. No sonaron campanas ni cantaron coros angélicos. Fue un proceso paulatino, como pasa con estas cosas. Durante los siguientes años enfoqué la universidad como, sospecho, la enfocan muchas personas: rendí bastante bien a pesar de mi existencia disoluta y mis malos hábitos. Nunca me detuve a pensar si, en realidad, esos hábitos eran malos.

• • •

A principios de la década de 2000, dada mi condición de periodista, empecé a seguir la pista a la ciencia del aprendizaje y de la memoria, primero para *Los Angeles Times* y después para *The New York Times*. Este tema (concretamente el modo en que el cerebro aprende con mayor eficacia) no era el centro de mi interés. Dedicaba la mayor parte del tiempo a campos más amplios relacionados con la conducta, como la psiquiatría y la biología cerebral. Pero siempre volvía al tema del aprendizaje, porque era una historia muy improbable. Allí estaban los científicos auténticos, que investigaban el efecto que tienen sobre el aprendizaje y la memoria cosas aparentemente triviales. La música de fondo. El entorno de estudio, es decir, dónde se pone usted a estudiar. Las pausas para jugar a videojuegos. Sinceramente, ¿esas cosas influían en el momento del examen, cuando llegaba el momento de la verdad?

Y si así era, ¿cómo lo hacían?

Cada descubrimiento tenía su explicación, y cada explicación parecía decirnos algo poco evidente sobre el cerebro. Cuanto más profundizaba, más raros eran los resultados que descubría. Las distracciones pueden contribuir al aprendizaje. Las siestas, también. Abandonar un proyecto antes de concluirlo no es malo del todo, dado que un proyecto casi acabado permanece en la memoria mucho más tiempo que otro que hayamos concluido. Hacer un examen sobre una materia *antes* de saber algo sobre ella mejora el aprendizaje posterior. En aquellos descubrimientos había algo que me resultaba insidioso. Al principio no resultan muy creíbles, pero vale la pena probarlos, porque son pequeñas cosas, fáciles, asequibles. No hay excusas para eludirlos. En los últimos años, cada vez que he abordado algún proyecto nuevo, por trabajo o por ocio, cada vez que he pensado en revivir una habilidad que he descuidado durante mucho tiempo, como la guitarra clásica o hablar en español, empiezo a interrogarme:

«¿No habrá una manera mejor?»

«¿No debería probar...?»

Y eso es lo que he hecho. Después de experimentar con muchas de las técnicas que describen los estudios, empecé a sentir que de alguna manera estaba familiarizado con ellas, y no tardé mucho en identificar el motivo: la universidad. Mi enfoque caótico, ad hoc, del aprendizaje en Colorado no encarnaba precisamente los principios más recientes de la ciencia cognitiva; en el mundo real no hay nada que esté tan claro. Sin embargo, el ritmo me parecía similar, gracias al modo en que los estudios y las técnicas se iban infiltrando en mi vida cotidiana, mis conversaciones, mis pensamientos ociosos, e incluso en mis sueños.

Se trataba de un vínculo personal, y me indujo a reflexionar sobre la ciencia del aprendizaje en general, en lugar de entenderla como una lista de ideas para la autoayuda. Estaba muy claro que las ideas, las técnicas, eran sólidas por sí mismas. Lo más difícil era relacionarlas entre sí. Seguro que encajaban de alguna manera, y con el tiempo entendí que la única manera en que podían hacerlo era en calidad de excentricidades del propio sistema subyacente: el cerebro vivo en acción. Por decirlo con otras palabras: los hallazgos colectivos de la ciencia cognitiva moderna son mucho más que una receta para aprender más eficazmente. Describen un estilo de vida. Una vez que entendí eso, pude ver con otros ojos mi experiencia universitaria. Me había tomado los estudios con ligereza, es cierto, pero al hacerlo permití que algunas materias penetrasen en mi vida no académica de un modo que antes no lo había permitido. Y cuando el cerebro vive con el material estudiado, es cuando revela sus puntos fuertes y débiles, sus limitaciones y sus inmensas posibilidades como máquina de aprender.

El cerebro no es como un músculo, al menos no en un sentido directo. Es una cosa diferente, sensible al estado anímico, al momento elegido, a los ritmos circadianos y al lugar donde estemos, el entorno. Registra muchas más cosas de las que somos conscientes, y a menudo, cuando repasamos un recuerdo o un dato aprendido, añade detalles que antes nos pasaron desapercibidos. Trabaja intensamente por la noche, durante el sueño, buscando vínculos ocultos y un significado más profundo en los acontecimientos del día. Siente una gran preferencia por el significado frente a la aleatoriedad, y el absurdo le resulta ofensivo. Tampoco acata bien las órdenes, como todos sabemos: olvidamos datos preciosos necesarios para un examen mientras, no sabemos cómo, recordamos escenas completas de *El padrino* o la alineación de los Boston Red Sox en 1986.

Si el cerebro es una máquina de aprender, es excéntrica; y funciona mejor cuando explotamos sus rarezas.

• • •

Durante las últimas décadas, los investigadores han descubierto y sometido a prueba una gran cantidad de técnicas que profundizan el aprendizaje, técnicas que siguen siendo muy desconocidas fuera de los círculos científicos. Estos enfoques no son sistemas para volverse más listo que exijan *software* informático, ningún artilugio ni medicación. Tampoco se fundamentan en una tremenda filosofía docente, destinada a mejorar el rendimiento de clases enteras (cosa que nadie ha hecho fidedignamente). Por el contrario, se trata de pequeñas alteraciones, modificaciones en el modo en que aprendemos o practicamos que podemos aplicar individualmente, en nuestras propias vidas, ahora mismo. Lo más difícil de esto puede ser confiar en que funcionan. Hacerlo exige cierta suspensión de la incredulidad, porque esta investigación desafía todo lo que nos han contado sobre las mejores formas de aprender.

Reflexionemos sobre ese consejo tan manido de encontrar «un lugar tranquilo» y convertirlo en un área dedicada al estudio. Esto parece más que evidente. Resulta más fácil concentrarse si no hay ruido, y sentarse ante el mismo escritorio es una señal que le dice al cerebro: *Es hora de trabajar.* Sin embargo, los científicos han descubierto que trabajamos mejor cuando alteramos constantemente nuestras rutinas de estudio y sustituimos el «espacio dedicado» por diversas localizaciones. En otras palabras, apegarse a un ritual cognoscitivo nos ralentiza.

Otra hipótesis habitual es que la mejor manera de dominar una habilidad concreta (por ejemplo, hacer divisiones de muchas cifras o ejecutar una escala musical) consiste en dedicar una porción del tiempo a practicar esa habilidad repetitivamente. Otro craso error. Los estudios han descubierto que el cerebro capta patrones con mayor eficacia cuando se lo expone a una variedad de tareas relacionadas que cuando se le obliga a centrarse sólo en una, independientemente de la edad del estudiante o del área temática, ya sea aprender frases en italiano o los enlaces químicos. No puedo por menos que recordar otra vez mi propia existencia estresada y dispersa en la universidad, cuando me levantaba a cualquier hora y hacía siestas muchas tardes, desafiando alegremente todo tipo de programa. No diré que esa forma de vida tan despreocupada siempre nos lleve a dominar una materia. Lo que sí sostengo es que en muchas circunstancias la integración del aprendizaje en las exigencias más aleatorias de la vida puede ayudarnos a recordar las cosas, y que lo que parece mera desidia o una distracción a menudo no lo es en absoluto.

La ciencia del aprendizaje (por tomar sólo una inferencia) proyecta una luz diferente sobre la creciente alarma en relación con las distracciones y nuestra adicción a los medios digitales. Existe el temor de que Emily y Josh, que se pasan el día conectados y que envían al mismo tiempo a diez direcciones distintas textos, tuits y mensajes de Facebook, no logren concentrarse lo suficiente como para consolidar la información que han estudiado. También nos da miedo algo peor: que todo este pensamiento disperso, con el paso del tiempo, merme la capacidad de sus cerebros para aprender en el futuro. Esto es una pista falsa. Por supuesto que las distracciones pueden interferir en diversos tipos de aprendizaje, sobre todo cuando es necesaria una concentración o una atención constante (por ejemplo, cuando leemos un relato o escuchamos una conferencia), y también es cierto que los cotilleos de los medios sociales detraen tiempo dedicado a estudiar. Sin embargo, hoy día sabemos que una distracción breve puede ayudarnos cuando estamos atascados en un problema matemático o atrapados en un nudo creativo del que tenemos que librarnos.

En resumen, no es que exista una manera correcta de aprender y otra incorrecta. Se trata de que hay diversas estrategias, cada una de las cuales es idónea para captar un tipo determinado de información. El buen cazador adecua su trampa a la presa que persigue.

• • •

En estas páginas no pretendo afirmar que ya entendemos del todo la ciencia del aprendizaje. No es así, y en este campo aumenta ese ejército de ideas nuevas que siguen complicando nuestra visión del tema. La dislexia mejora el reconocimiento de patrones. Los niños bilingües son quienes aprenden mejor. La ansiedad que nos provocan las matemáticas es un trastorno cerebral. Los juegos son el mejor sistema para aprender. La formación musical fomenta la aptitud para las ciencias. Pero buena parte de todo esto es ruido de fondo, un susurro de hojas. El objetivo de este libro es perfilar el tronco del árbol, la teoría básica y los descubrimientos que han superado el análisis, y que sirven de fundamento para mejorar el aprendizaje.

Este libro se divide en cuatro secciones, y va de abajo arriba, por así decirlo. Empezará con una introducción sobre lo que saben los científicos acerca de cómo las células cerebrales forman y retienen nueva información. Conocer esta biología básica nos proporcionará una sólida analogía física para el llamado fundamento cognitivo del aprendizaje. La ciencia cognitiva es un peldaño de la escalera por encima de la biología y, lo que es más importante para nosotros, clarifica cómo se relacionan las actividades de recordar, olvidar y aprender. Estos dos capítulos constituyen el fundamento teórico de todo lo que viene después.

La segunda sección detallará las técnicas que fortalecen nuestra retención de los datos, ya sea que intentemos recordar las letras árabes, los elementos de la tabla periódica o los personajes más destacados de la Revolución de Terciopelo. Herramientas para la *retención*. La tercera sección se centrará en las técnicas de *comprensión*, que son las que necesitamos para resolver problemas matemáticos y científicos, además de para llevar a cabo proyectos largos y complejos, como trabajos académicos trimestrales, presentaciones laborales, planos y redacciones. Valorar cómo funcionan estos enfoques, o al menos cómo creen que funcionan los científicos, nos ayudará a recordarlos y, lo que es más importante, a decidir si tienen un valor práctico hoy, en nuestras vidas cotidianas. Y por último, la cuarta sección analizará dos maneras de poner de nuestra parte al subconsciente, para amplificar las técnicas que habremos descrito. A esta parte de la historia la llamo «aprender sin pensar», y es reconfortante descubrirla... y exponerla.

El tesoro al final del arco iris no es necesariamente el éxito esplendoroso. Ésta es una meta noble, y buena suerte a todos los que cuentan con la genética, el deseo, la suerte y los contactos necesarios para obtener ese premio de la lotería. Pero apuntar a una meta tan difusa hace que una persona corra el riesgo de adorar un ideal y marrar el blanco. No, este libro habla de algo que es, al mismo tiempo, más humilde y más grandioso: cómo integrar en la vida cotidiana el exotismo de materias nuevas, de tal modo que pasen a formar parte de nosotros. Cómo hacer que el aprendizaje sea más una parte de la vida y menos una tarea aislada. Aprovecharemos los últimos descubrimientos científicos para desenterrar las herramientas necesarias para cumplir este propósito, sin sentirnos enterrados ni oprimidos. Y demostraremos que algunas de las cosas que nos han enseñado a considerar nuestros peores enemigos (la pereza, la ignorancia, la distracción) pueden obrar también a nuestro favor.

Primera parte

La teoría básica

Capítulo 1

. . . .

El contador de historias

La biología de la memoria

En el fondo, la ciencia cognitiva es un estudio del músculo mental que hace el trabajo, el cerebro vivo, y de la manera en que gestiona el flujo de imágenes, sonidos y aromas de la vida cotidiana.[1] El hecho de que lo consiga ya es milagroso. Que lo haga cotidianamente es más que extraordinario.

Piense en las oleadas de información que nos abordan a cada instante, el silbido de la tetera, ese atisbo de movimiento en el salón, la punzada de un dolor de espalda, el olor del tabaco. Luego añada las exigencias del típico modo multitarea; pongamos, preparar la comida mientras se vigila a un niño pequeño, contestar periódicamente los correos electrónicos de trabajo y coger el teléfono para ponerse al día con un amigo.

De locos.

La máquina que puede hacer todo esto a la vez es algo más que compleja: es un caldero de actividad. Burbujea más que un avispero al que hayan dado una patada.

Piense en algunas cifras. El cerebro humano medio contiene 100.000 millones de neuronas, las células que forman su materia gris.[2] Buena parte de esas células están conectadas con miles de otras neuronas, formando un universo de sinapsis interrelacionadas que se comunican inmersas en una tormenta eléctrica incesante y silenciosa, con una capacidad de almacenamiento, en términos digitales, de un millón de gigabytes. Esa capacidad basta para almacenar tres millones de programas televisivos. Esta máquina biológica zumba incluso cuando está «en reposo», cuando miramos sin verlo el comedero del canario o cuando soñamos despiertos con alguna isla, y usa en torno al 90 por ciento de la energía que quema mientras hacemos un crucigrama. Hay algunas partes del cerebro que también están muy activas durante el sueño.

El cerebro es un planeta oscuro, sin apenas rasgos sobresalientes, y es útil disponer de un mapa. Para empezar nos valdrá uno sencillo. La ilustración inferior señala diversas áreas que son cruciales para el aprendizaje: la corteza entorrinal, que actúa a modo de filtro de la información entrante; el hipocampo, donde comienza la formación de los recuerdos; y el neocórtex, donde se almacenan los recuerdos conscientes una vez que se han clasificado como dignos de ser conservados.

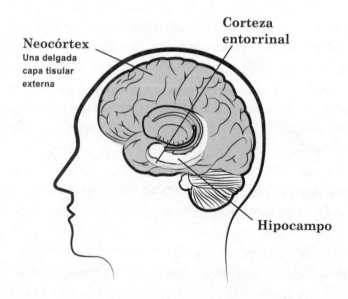

Neocórtex
Una delgada
capa tisular
externa

**Corteza
entorrinal**

Hipocampo

Este diagrama es algo más que una instantánea: indica cómo funciona el cerebro. El cerebro cuenta con módulos, componentes especializados que se reparten el trabajo. La corteza entorrinal hace una cosa, y el hipocampo otra. El hemisferio derecho realiza funciones distintas a las del izquierdo. También existen áreas sensoriales exclusivas, que procesan lo que usted ve, escucha y siente. Cada una desempeña su propia labor, y juntas generan un todo coherente, un registro constantemente actualizado del pasado, el presente y el futuro posible.

En cierto sentido, los módulos cerebrales son como especialistas en un equipo de producción cinematográfica. El camarógrafo encuadra las tomas, acerca la imagen y la aleja, acumulando metraje. El ingeniero de sonido graba, trastea con el volumen y filtra el ruido de fondo. Hay editores y guionistas, un diseñador gráfico, un estilista de atrezo, un compositor que trabaja para aportar un tono, un sentimiento (el contenido emocional), además de alguien que lleva la contabilidad, gestiona las facturas, los datos y las cifras. Y hay un director, que decide qué partes van en cada lugar, y que cohesiona todos esos elementos para contar una historia con sentido. No cualquier historia, por supuesto, sino aquella que explique mejor el «material» que fluye a través de los sentidos. El cerebro interpreta escenas en los instantes posteriores a que sucedan, insertando a vuelapluma juicios, significados y contexto. También los reconstruye más adelante (*¿Qué quiso decir exactamente el jefe con ese comentario?*), escrutando el metraje originario para ver cómo y dónde encaja en la película general.

Es la historia de una vida, nuestro propio documental privado, y el «equipo» de filmación es como una metáfora estimulante de lo que sucede tras las bambalinas. Cómo se forma un recuerdo; cómo se recupera; por qué parece desvanecerse, cambiar o volverse más claro con el paso del tiempo. Y cómo podríamos manipular cada paso para hacer que los detalles sean más ricos, más vivos, más diáfanos.

Recuerde que el director de este documental no es un licenciado en cinematografía, o una estrella de Hollywood con todo su séquito. Es usted.

Antes de adentrarnos en la biología del cerebro, quiero decir algo sobre las metáforas. Son imprecisas, prácticamente por definición. Oscurecen tanto como revelan. Y a menudo redundan en beneficio propio,* estando diseñadas para cumplir cierto propósito deseado, de la misma manera que la teoría del «desequilibrio químico» sobre la depresión respalda el uso de fármacos antidepresivos. (Nadie sabe qué provoca una depresión o por qué la medicación produce esos efectos.)

Esto tiene su justificación. Sin duda, nuestra metáfora del equipo de rodaje es inexacta, pero también lo es la comprensión científica de la biología de la memoria, hablando en plata. Lo máximo que podemos hacer es dramatizar lo más importante para el aprendizaje, y el equipo de filmación nos lo permite.

Para ver cómo, sigámosle el rastro a un recuerdo concreto de nuestro cerebro.

Vamos a hacer que sea un recuerdo interesante, no como la capital de Ohio, el número de teléfono de un amigo o el nombre del actor que interpretó a Frodo. No, vamos a elegir el primer día de secundaria. Esos pasos vacilantes por el pasillo principal, la presencia burlona de los otros chicos, el repiqueteo metálico de las taquillas que se cierran de golpe. Todo el mundo que tenga más de catorce años recuerda algún detalle de ese día, y lo normal es que sea un videoclip entero.

Ese recuerdo existe en el cerebro como una red de células interrelacionadas. Esas células se activan o «encienden» a la vez, como una batería de luces en el escaparate navideño de unos grandes almacenes. Cuando se encienden las bombillas azules, aparece la imagen de un trineo; cuando se encienden las rojas, es un copo de nieve. De una manera muy parecida, nuestras redes neuronales producen patrones que el cerebro interpreta como imágenes, pensamientos y sentimientos.

Las células que se conectan para formar esas redes se llaman neuronas. Una neurona es, básicamente, un interruptor biológico. Recibe

---

* Esto es positivo.

señales de un lado y, cuando hace «clic» o se activa, envía una señal al otro, a las neuronas con las que está conectada.

La red neuronal que forma un recuerdo concreto no es una serie aleatoria. Incluye muchas de las mismas células que se activaron cuando se formó por primera vez un recuerdo concreto, cuando escuchamos por primera vez ese golpeteo metálico de las taquillas. Es como si esas células fueran un testigo colectivo de esa experiencia. Las conexiones entre las células, llamadas sinapsis, se engruesan con el uso reiterado, facilitando la transmisión más rápida de las señales.

Intuitivamente esto tiene sentido; muchas experiencias recordadas nos dan la sensación de que son una recreación mental. Pero hasta 2008 los científicos no capturaron directamente la formación y la recuperación de los recuerdos en células cerebrales humanas individuales. En un experimento, unos médicos de la Universidad de California, Los Ángeles (UCLA), insertaron electrodos semejantes a filamentos en lo profundo de los cerebros de trece personas que padecían epilepsia y aguardaban una intervención quirúrgica.[3]

Ésta es una práctica habitual. La epilepsia no se comprende bien; los diminutos huracanes de actividad eléctrica que provocan los ataques parecen surgir de la nada. Estas borrascas a menudo se originan para todos los individuos en la misma región cerebral, pero el punto exacto varía de una persona a otra. Los cirujanos pueden extirpar esos pequeños epicentros de actividad, pero primero tienen que localizarlos siendo testigos de un ataque epiléptico y grabándolo. Para eso sirven los electrodos, para determinar la localización exacta. Y esto lleva tiempo. Los pacientes pueden pasarse varios días en el hospital con los implantes de electrodos hasta que sobreviene un ataque. El equipo de UCLA aprovechó ese periodo de espera para responder a una pregunta fundamental.

Cada uno de los pacientes vio una serie de videoclips de entre cinco y diez segundos de duración sacados de programas bien conocidos, como *Seinfeld* y *Los Simpsons*, estrellas como Elvis o lugares famosos del mundo. Después de una pausa breve, los investigadores pidieron a cada persona que recordase libremente la mayor cantidad posible de vídeos, diciendo sus títulos a medida que les venían a la mente. Durante la primera visualización de los vídeos, un ordenador había registrado la activación de unas cien neuronas. El patrón de activación era distinto para cada vídeo; algunas neuronas se activaban furiosamente mientras otras se mantenían pasivas. Cuando más tarde uno de los pacientes recordó uno de los videoclips, pongamos de Homer Simpson, el cerebro mostró exactamente el mismo patrón que al principio, como si estuviera repitiendo la experiencia.

El autor principal del estudio, Itzhak Fried, profesor de neurocirugía en UCLA y en la Universidad de Tel Aviv, me dijo: «Es increíble ver esto es una única prueba; el fenómeno es intenso, y sabíamos que estábamos escuchando en el lugar adecuado».

Allí concluyó el experimento, y no queda claro qué les sucedió con el paso del tiempo a los recuerdos de aquellos videoclips breves. Si una persona había visto cientos de episodios de *Los Simpsons*, era posible que no conservara mucho tiempo aquel vídeo de cinco segundos de

Homer Simpson. Pero también podía ser que sí. Si algún elemento de su participación en el experimento le resultó especialmente chocante (por ejemplo, si el paciente veía a un hombre con una bata blanca que manipulaba los cables conectados a su cerebro mientras él veía carcajearse a Homer), ese recuerdo podría venirle a la mente fácilmente durante toda su vida.

Mi primer día de instituto fue en septiembre de 1974. Aún veo el rostro del profesor al que abordé en el pasillo mientras el timbre señalaba el comienzo de la primera clase. Yo estaba perdido, el pasillo estaba atestado de gente, mi mente daba vueltas a la posibilidad de llegar tarde, de perderme algo. Aún veo los rayos de la polvorienta luz matutina en aquel pasillo, las feas paredes de color verde azulado, un chico más mayor frente a su taquilla, escondiendo un paquete de Winston. Me acerqué al maestro y le dije «Perdone», con una voz que me salió más alta de lo que pretendía. Se detuvo y consultó mi programa de clases; tenía un rostro amable, gafas de montura metálica, un cabello pelirrojo como una aureola.

«Ven conmigo», me dijo, esbozando una media sonrisa. «Estás en mi clase.»

¡Salvado!

No he pensado en este episodio durante más de treinta y cinco años, y sin embargo ahí está. No sólo me viene a la mente, sino que lo hace con todo detalle, y cuanto más tiempo paso recordando el incidente, se perfila con mayor claridad: siento cómo la mochila me resbala del hombro mientras extiendo mi programa; ahora mi vacilación al caminar, porque no quería andar al lado de un profesor. Le seguí unos pasos por detrás.

Este tipo de viaje en el tiempo es lo que los científicos denominan recuerdo episódico o autobiográfico, por motivos evidentes. Posee cierto grado de la misma textura sensorial que la experiencia originaria, la misma estructura narrativa. No pasa lo mismo con la capital de Ohio ni con el número de teléfono de un amigo. No recordamos exactamente cuándo o dónde aprendimos esas cosas. Eso es lo que los in-

vestigadores llaman recuerdos *semánticos*, insertos no en escenas na-
rrativas, sino en una red de asociaciones. La capital de Ohio, Columbus,
puede traernos a la mente imágenes de una visita que le hicimos, del
rostro de un amigo que se mudó a Ohio o aquel acertijo de la escuela
primaria: «¿Qué es redondo por ambos lados y estrecho en medio?»
(Ohio). Esta red es factual, no escénica. Sin embargo, también «rellena
los huecos» cuando el cerebro recupera «Columbus» de la memoria.

En un universo repleto de maravillas, esto debe figurar entre las
más imponentes: algunos marcapáginas moleculares hacen que esas
redes neuronales estén accesibles durante toda la vida, y nos conceden
nada menos que nuestra historia, nuestra identidad.

Los científicos aún no saben cómo funcionan esos puntos de libro.
No es como un vínculo digital en la pantalla de un ordenador. Las
redes neuronales están sometidas a un flujo constante, y la que se formó allá en 1974 es muy diferente a la que tengo hoy. He perdido algunos detalles y colores, y sin duda también la he modificado retrospec-
tivamente, quizá bastante.

Es como escribir sobre una aventura magnífica que tuvimos en un
campamento de primaria a la mañana siguiente de haberse producido
y luego volver a escribir sobre ella seis años más tarde, ya en el instituto. La segunda redacción es muy distinta. Usted ha cambiado, al igual
que su cerebro, y la biología de este cambio está envuelta en el misterio y coloreada por la experiencia personal. Aun así, la propia escena
(el argumento) está fundamentalmente intacta, y los investigadores
tienen cierta idea sobre dónde debe vivir ese recuerdo y por qué. Cu-
riosamente, esto nos tranquiliza un tanto. Si nos da la sensación de
que tenemos justo en la coronilla aquel primer día en el instituto, la
elección del lenguaje nos proporciona una coincidencia idónea, porque, en cierto sentido, allí es exactamente donde está.

• • •

Durante buena parte del siglo xx los científicos creyeron que los recuerdos eran difusos, que estaban distribuidos por las áreas cerebrales

que respaldan el pensamiento, como la pulpa de una naranja. La verdad es que dos neuronas cualesquiera se parecen bastante, y o se activan o no lo hacen. Ninguna zona única del cerebro parecía esencial para la formación de los recuerdos.

Los científicos saben desde el siglo XIX que *algunas* habilidades, como el lenguaje, están concentradas en regiones cerebrales concretas. Sin embargo, ésas parecían excepciones. En la década de 1940, el neurocientífico Karl Lashley demostró que las ratas que aprendieron a recorrer un laberinto quedaban relativamente ilesas cuando se les provocaban heridas quirúrgicas en diversas áreas cerebrales. Si existiera un único centro de la memoria, al menos una de aquellas incisiones habría provocado un déficit considerable. Lashley llegó a la conclusión de que prácticamente cualquier área del cerebro pensante podía respaldar la memoria; si una zona padecía una lesión, otra podía compensar la pérdida.

Sin embargo, en la década de 1950 esta teoría empezó a derrumbarse. Los científicos especializados en el cerebro descubrieron, primero, que las neuronas inmaduras (las neuronas bebé, por así decirlo) están codificadas para congregarse en puntos determinados del cerebro, como si les hubiesen asignado de antemano una labor. «Eres una célula visual, dirígete a la parte posterior del cerebro.» «Tú, la de ahí, eres una célula motora; vete directa a la zona motora.» Este descubrimiento desacreditó la hipótesis de las «partes intercambiables».

El golpe definitivo llegó cuando una psicóloga británica llamada Brenda Miller conoció a un señor de Hartford, Connecticut, llamado Henry Molaison.[4] Molaison era latonero y mecánico de maquinaria, y le costaba conservar un empleo porque padecía ataques devastadores, hasta dos o tres al día, que apenas se anunciaban de antemano y que a menudo le hacían perder el conocimiento. Ya no conseguía gestionar su vida, que se había convertido en un campo de minas. En 1953, a la edad de veintisiete años, llegó a la consulta de William Beecher Scoville, un neurocirujano del Hartford Hospital, con la esperanza de encontrar alivio.

Probablemente Molaison padecía cierto tipo de epilepsia, pero la medicación anticomicial, el único tratamiento estándar que estaba disponible en aquel entonces, no le ayudaba. Scoville, un cirujano famoso y muy dotado, sospechó que, fuera cual fuese la causa de los ataques, se originaba en los lóbulos temporales mediales. Cada uno de estos lóbulos (hay uno en cada hemisferio, como una imagen especular, como el corazón de una manzana partida por la mitad) contiene una estructura llamada hipocampo, que participa en muchas disfunciones que provocaban ataques.

Scoville decidió que la mejor opción consistía en extirpar quirúrgicamente del cerebro de Molaison dos pedacitos con forma de dedo, que contuvieran el hipocampo. Era una apuesta; también era una época en que muchos médicos, y Scoville destacaba entre ellos, consideraban que la cirugía del cerebro era un tratamiento prometedor para una amplia variedad de trastornos mentales, incluyendo la esquizofrenia y la depresión aguda. Y es cierto que, después de la intervención, Molaison padeció muchos menos ataques.

También perdió la capacidad de formar recuerdos nuevos.

Cada vez que desayunada, cada vez que se encontraba con un amigo, cada vez que paseaba al perro en el parque, era como si lo hiciese por primera vez. Aún conservaba algunos recuerdos anteriores a la operación, de sus padres, el hogar de su infancia o sus paseos por el bosque cuando era niño. Tenía una memoria a corto plazo excelente, la capacidad de retener en la mente un número de teléfono o un nombre durante treinta segundos más o menos, si se aplicaba a ello, y podía mantener una conversación informal. Sin embargo, no podía trabajar y vivía el momento más que cualquier místico.

En 1953, Scoville describió los problemas de su paciente a dos médicos de Montreal, Wilder Penfield y Brenda Milner, una joven investigadora que trabajaba con él. Milner pronto empezó a tomar cada pocos meses el tren nocturno que iba a Hartford, para pasar tiempo con Molaison y explorar su memoria. Fue el principio de una colaboración de lo más inusual, que duró una década, durante la cual Milner sometió a Molaison a experimentos nuevos, que él aceptaba, asintiendo con la cabeza y comprendiendo plenamente el propósito de los mismos... durante el breve tiempo que se lo permitía su memoria a corto plazo. En aquellos momentos pasajeros, afirma Milner, eran colaboradores, y esa colaboración alteraría rápidamente y para siempre la comprensión del aprendizaje y de la memoria.

En su primer experimento, realizado en el despacho de Scoville, Milner pidió a Molaison que intentara recordar los números 5, 8 y 4. Luego salió del despacho para tomarse un café y volvió veinte minutos después, preguntándole: «¿Cuáles eran los números?» Él los recordaba, porque durante el tiempo en que ella estuvo fuera los había ido ensayando mentalmente.

—Vale, eso está muy bien —dijo Milner—. ¿Y recuerda mi nombre?

—No, lo siento —contestó él—. Mi problema es la memoria.

—Soy la doctora Milner, y vengo de Montreal.

—¡Ah, Montreal, en Canadá! Una vez estuve en Canadá, fui a Toronto.

—Ah. ¿Aún se acuerda de los números?

—¿Números? —repuso Molaison—. ¿Qué números?

«Era un hombre muy amable, muy paciente, que siempre intentaba hacer las tareas que le encomendaba», me dijo Milner, que actualmente es profesora de neurociencia cognitiva en el Montreal Neurological Institute de la Universidad McGill. «Sin embargo, cada vez que yo entraba en el cuarto era como si no nos conociésemos.»

En 1962, Milner publicó un estudio trascendental en el que ella y Molaison (referido como H. M. para proteger su privacidad) demostraron que una parte de su memoria estaba intacta. En una serie de pruebas, ella le pidió que dibujase una estrella de cinco puntas en una hoja de papel mientras contemplaba en un espejo la mano con que dibujaba.[5] Es una actividad complicada, y Milner la dificultó aún más. Hizo que dibujara una línea entre dos estrellas de cinco puntas, una dentro de otra, como si buscara el camino por un laberinto con forma de estrella.

Cada vez que H. M. abordaba el reto, le parecía una experiencia totalmente nueva. No recordaba haberlo hecho antes. Sin embargo, a base de práctica acabó haciéndolo bien. Milner declaró: «En determinado momento, después de muchas pruebas, me dijo: "¡Vaya, era más fácil de lo que había pensado!"».

Las consecuencias de la investigación de Milner tardaron un tiempo en arraigar. Molaison no lograba recordar nombres, rostros, datos o experiencias nuevas. Su cerebro podía registrar la información, pero, al carecer de hipocampo, no podía retenerla. Es evidente que esta estructura y otras adyacentes (que habían extirpado mediante la cirugía) son necesarias para la formación de esos recuerdos.

Sin embargo, sí podía desarrollar nuevas habilidades, como dibujar la estrella y, ya de anciano, usar un andador. Esta capacidad, llamada aprendizaje motor, no depende del hipocampo. El trabajo de Milner demostró que había al menos dos sistemas cerebrales que gestionaban la memoria, uno consciente y el otro inconsciente. Podemos recordar y anotar hoy lo que hemos aprendido en clase de historia, o en geometría, pero no podemos hacerlo de la misma manera con el entrenamiento de fútbol o de gimnasia, ni con nada parecido. Esos tipos de habilidad física se acumulan sin que tengamos que pensar mucho en ellos. Es posible que recordemos qué día de la semana fue el primero que aprendimos a montar en bicicleta a los seis años, pero no podemos detallar las habilidades físicas concretas que condujeron a ese progreso. Esas habilidades (el equilibrio, la dirección, el movimiento de los pedales) se refinaron solas y se cohesionaron de repente, sin que tuviéramos que ser conscientes de ellas o «estudiarlas».

Por lo tanto, la teoría de que la memoria estaba distribuida uniformemente era errónea. El cerebro tenía áreas específicas que gestionaban diversos tipos de formación de recuerdos.

La historia de Henry Molaison no concluyó aquí. Una de las alumnas de Milner, llamada Suzanne Corkin, prosiguió más adelante el trabajo con él en el Massachusetts Institute of Technology. A lo largo de cientos de estudios repartidos en más de cuarenta años, Corkin demostró que Molaison conservaba muchos recuerdos preoperatorios, de la guerra, de Franklin Delano Roosevelt y de la distribución de su hogar de la infancia. La doctora Corkin me dijo: «Los llamamos recuerdos de fondo. Él tenía esos recuerdos, pero no podía situarlos con exactitud en el tiempo; no podía construir una narrativa».

Los estudios realizados sobre otros pacientes con lesiones en las mismas áreas cerebrales demostraron un patrón parecido «antes y después». Sin un hipocampo funcional, las personas no pueden formar recuerdos nuevos, conscientes. Prácticamente todos los nombres, hechos, rostros y experiencias que conservan son anteriores a su lesión. Por consiguiente, esos recuerdos, una vez formados, deben residir en otro punto fuera del hipocampo.

Los científicos sabían que el único candidato viable era la delgada capa externa del cerebro, el neocórtex. El neocórtex es la sede de la consciencia humana, un intrincado tapiz de *patchwork* en el que cada sección tiene un propósito especializado. Los componentes visuales están en la parte posterior. Las áreas de control motor están a los lados, cerca de las orejas. Una sección del lado izquierdo ayuda a interpretar el lenguaje; otra cercana gestiona el lenguaje hablado, así como el escrito.

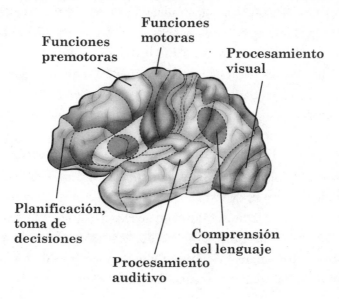

Funciones motoras

Funciones premotoras

Procesamiento visual

Planificación, toma de decisiones

Comprensión del lenguaje

Procesamiento auditivo

Esta capa (la «coronilla» del cerebro, por así decirlo) es la única área que cuenta con las herramientas necesarias para recrear la rica textura sensorial de un recuerdo autobiográfico, el surtido de asociaciones fácticas para la palabra «Ohio» o el número 12. La red del primer día de instituto (o las redes, porque es probable que haya muchas) debe radicar allí, si no del todo al menos en gran parte. Mi recuerdo del primer día es predominantemente visual (el cabello pelirrojo, las gafas, las paredes de color verde azulado) y auditivo (el ruido en el pasillo, los golpes de las taquillas al cerrarse, la voz del profesor), de modo que la red cuenta con multitud de neuronas en las cortezas visual y auditiva. La suya puede incluir el aroma de la cafetería, el peso muerto de la mochila sobre sus hombros, y dispondrá de muchas células en esas secciones corticales.

Hasta el punto en que es posible localizar un recuerdo en el cerebro, podemos decir que está ahí: primariamente en zonas vecinas al neocórtex, no en una dirección única.

El hecho de que el cerebro pueda encontrar ese recuerdo y traerlo a la vida con tanta rapidez, instantáneamente para la mayoría de nosotros, acompañado de emociones y varias capas de detalles, desafía cualquier explicación sencilla. Nadie sabe cómo sucede. Es este acceso inmediato el que crea lo que para mí es el mayor espejismo cerebral: pensar que los recuerdos están «archivados» como escenas de vídeo que se pueden abrir con un interruptor neural, y que se pueden cerrar con la misma facilidad.

La verdad es más extraña... y mucho más útil.

• • •

El riesgo que corremos al escudriñar el cerebro demasiado a fondo es que podemos perder de vista lo que hay fuera, es decir, a la persona. Y tampoco se trata de un ser humano genérico, sino de uno real. Es alguien que bebe leche directamente del envase, se olvida de los cumpleaños de sus amigos y no logra encontrar las llaves de casa, y ya no hablemos de calcular la superficie de una pirámide.

Hagamos un alto para recapitular. El primer plano del cerebro nos ha ofrecido un atisbo de lo que hacen las células para formar un recuerdo. Se activan en conjunto durante una experiencia. Luego se estabilizan en forma de red por medio del hipocampo. Por último, se consolidan en el neocórtex en una disposición cambiante que preserva los puntos básicos del argumento. A pesar de ello, para entender lo que hace la gente para *recuperar* un recuerdo (para recordar), es necesario dar un paso atrás para obtener una panorámica. Hemos hecho un zum, estilo Google Maps, para ver las células al nivel de la calle; ahora toca alejar la imagen para echar un vistazo al organismo más amplio: a las personas cuyas percepciones revelan los secretos de la recuperación de los recuerdos.

Estas personas en cuestión son, una vez más, pacientes epilépticos (con los que la neurociencia tiene una deuda eterna).

En algunos casos de epilepsia, los fogonazos de actividad cerebral se propagan como un incendio químico, barriendo amplios sectores del cerebro y provocando el tipo de ataques que padecía H. M. de joven, que afectaban a todo su organismo y lo sumían en la inconsciencia. Es tan difícil vivir con esos ataques, y resisten hasta tal punto el tratamiento farmacológico, que la gente se plantea someterse a neurocirugía. Por supuesto, nadie pasa por la misma intervención a la que se sometió H. M., pero existen otras opciones. Una de ellas se denomina sección del cuerpo calloso. El cirujano secciona las conexiones entre los hemisferio izquierdo y derecho del cerebro, de modo que las tormentas de actividad quedan confinadas a uno de ellos.

Esto aplaca los ataques, sin duda, pero ¿a qué precio? Los hemisferios izquierdo y derecho del cerebro no pueden «hablarse» en absoluto; la sección del cuerpo calloso (o callosotomía) debería provocar lesiones graves, alterando drásticamente la personalidad de una persona, o al menos sus percepciones. Sin embargo, no es así. De hecho, los cambios son tan sutiles que los primeros estudios sobre los pacientes a quienes se les practicó en la década de 1950 no detectaron ninguna diferencia en el pensamiento o en la percepción. No se produjo una merma del coeficiente de inteligencia (CI) ni un déficit del pensamiento analítico.

Los cambios debían estar allí (en la práctica, habían *cortado por la mitad* el cerebro), pero para descubrirlos haría falta una serie de experimentos muy inteligentes.

A principios de la década de 1960, un trío de científicos del Instituto Tecnológico de California al fin lo consiguió, diseñando un modo de presentar imágenes fugaces a un solo hemisferio por vez.[6] ¡Bingo! Cuando los pacientes callosotomizados veían la imagen de un tenedor sólo con el hemisferio derecho, no sabían decir qué era. No podían ponerle nombre. Debido a la conexión interrumpida, su hemisferio izquierdo, que es la sede del lenguaje, no recibía información procedente del derecho. Y el hemisferio derecho, que «veía» el tenedor, carecía de lenguaje para describirlo.

Y aquí estaba la trampa: el hemisferio derecho podía dirigir la mano que controlaba para que *dibujase* el tenedor.

Este trío de científicos no se detuvo ahí. En una serie de experimentos con esos pacientes, el grupo demostró que el hemisferio derecho también podía identificar objetos mediante el tacto, eligiendo correctamente una taza o un par de tijeras después de haber visto la imagen de uno de esos objetos.

Las consecuencias eran claras. El hemisferio izquierdo era el intelectual, el creador de palabras, y podía desconectarse del derecho sin una pérdida significativa del CI. El hemisferio derecho era el artista, el experto visual-espacial. Los dos trabajaban a la par, como copilotos.

Este trabajo se difundió entre el gran público rápidamente, y para describir tipos de habilidades y de personas empezó a oírse frases como: «Él es más del hemisferio derecho; ella tiende más al izquierdo». Además, nos daba la sensación de que estaba bien: nuestra sensibilidad artística, abierta y sensual, debe proceder de un lugar distinto al de la fría lógica.

¿Qué tiene que ver todo esto con la memoria?

Tuvo que pasar otro cuarto de siglo para saberlo. Y no sucedió hasta que los científicos formularon una pregunta más fundamental: si tenemos esos dos copilotos, ¿por qué no *sentimos* que tenemos dos cerebros?

Michael Gazzaniga, coautor de los estudios del Instituto Tecnológico de California Caltech junto a Roger Sperry y Joseph Bogen en la década de 1960, declaró: «A fin de cuentas ésa era la pregunta. Si contamos con esos sistemas separados, ¿cómo es que el cerebro crea una sensación de unidad?»

Esa pregunta se cernió sobre este campo durante décadas, sin que nadie la respondiera. Cuanto más profundizaban los científicos, más abstruso parecía el misterio. Las diferencias entre los hemisferios derecho e izquierdo del cerebro revelaron una visión del trabajo clara y fascinante. Sin embargo, los científicos no paraban de encontrar otras divisiones más intrincadas. El cerebro posee miles, quizá millones, de módulos especializados, cada uno de los cuales se encarga de una habilidad especial: por ejemplo, uno calcula un cambio en la luminosidad, otro analiza un tono de voz, un tercero detecta cambios en las expresiones faciales. Cuantos más experimentos hacían los científicos, más especializaciones encontraban, y todos esos miniprogramas funcionan al mismo tiempo, a menudo en *ambos* hemisferios a la vez. Es decir, que el cerebro crea una sensación de unidad no sólo a pesar de la existencia de sus dos copilotos izquierdo y derecho, sino en medio de una cacofonía de voces que rivalizan entre sí y provienen de todas partes; sería el equivalente neural al griterío que impera en la Cámara de Comercio de Chicago.

¿Cómo lo hace?

La sección del cuerpo calloso volvería a ofrecer una respuesta.

A principios de la década de 1980, el doctor Gazzaniga realizó más experimentos distintivos con pacientes callosotomizados, esta vez añadiendo una variante. Por ejemplo, en uno de ellos presentaba a un paciente dos imágenes fugaces: el hemisferio izquierdo del hombre veía una pata de pollo y el derecho un paisaje nevado. (Recuerde que el hemisferio izquierdo es donde radica la habilidad lingüística y que el derecho es holístico, sensual; no atribuye nombres a lo que ve.) Entonces el doctor Gazzaniga pedía al paciente que eligiese imágenes relacionadas con las dos que había visto, eligiéndolas entre una colección visible para ambos hemisferios; por ejemplo, un tenedor, una pala, un pollo y un cepillo de dientes. El hombre elegía el pollo para emparejarlo con la pata y la pala con el paisaje nevado. Hasta aquí, todo bien.

Entonces el doctor Gazzaniga le preguntó por qué había elegido aquellos objetos... y se llevó una sorpresa. El hombre tenía una respuesta rápida para una de sus elecciones: el pollo va con la pata. Su hemisferio izquierdo vio la pata; tenía palabras para describirla y un buen razonamiento para conectarlo con el pollo.

Sin embargo, su hemisferio izquierdo *no* había visto la imagen de la nieve, sólo la pala.[7] Había elegido la pala por instinto, pero carecía de una explicación consciente para hacerlo. Ahora, cuando le pedían que aclarase el vínculo, buscó en su cerebro la representación simbólica de la nieve y no encontró nada. Contemplando la imagen de la pala, el hombre dijo: «Y la pala hace falta para limpiar el gallinero».

El hemisferio izquierdo adelantaba una explicación basada en lo que veía: la pala. Riéndose al recordar aquel experimento, Gazzaniga me dijo: «Se estaba inventando una milonga de las buenas. Toda una ocurrencia».

A lo largo de estudios posteriores él y otros demostraron que el patrón se repetía. El hemisferio izquierdo toma cualquier dato que recibe y cuenta una historia a la consciencia. Lo hace sin cesar durante la vida cotidiana, y a todos nos han pillado con las manos en la masa; por ejemplo, cuando hemos oído a alguien susurrar nuestro nombre y hemos llenado los huecos con hipótesis sobre qué estaban diciendo de nosotros aquellas personas.

La cacofonía de voces en el cerebro nos parece coherente porque algún módulo o red proporciona una narración constante. «Sólo tardé veinticinco años en formular la pregunta correcta para averiguarlo», dijo Gazzaniga. «La pregunta era "¿Por qué? ¿Por qué eligió la pala?"».

Lo único que sabemos sobre este módulo es que se ubica en algún punto del hemisferio izquierdo. Nadie tiene idea de cómo funciona o de cómo cohesiona tantas informaciones con semejante rapidez. Pero sí tiene nombre. Gazzaniga decidió bautizar a nuestro sistema narrador del hemisferio izquierdo como «el intérprete».

Retomando la metáfora del cine, éste es nuestro director. Es el que encuentra sentido a cada escena, buscando patrones e insertando juicios basados en el material; es el que encaja en un todo mayor los datos deslavazados, para comprender una materia. No sólo encuentra sentido, sino que *elabora una historia*, como lo expresó Gazzaniga, creando significado, narrativa, causa y efecto.

Es más que un intérprete; es un contador de historias.

Este módulo es esencial para formar un recuerdo. Se dedica afanosamente a responder la pregunta «¿Qué acaba de pasar?» en el momento, y esos juicios se codifican por medio del hipocampo. Sin embargo, ésta es sólo una parte del trabajo. También responde a las preguntas «¿Qué pasó ayer?», «¿Qué preparé anoche para cenar?». Y, para la clase sobre religiones mundiales, «¿Cuáles fueron las cuatro verdades fundacionales del budismo?»

En este caso también reúne toda la evidencia disponible, aunque esta vez no obtiene los indicios sensoriales o fácticos del exterior del cerebro, sino del interior. *Piense.* Para recordar las verdades del Buda, empiece con una sola, o con un fragmento de una. *Angustia.* El Buda habló de la angustia. Dijo que la angustia había que... comprenderla. Eso es, ésa es la primera verdad. La segunda tenía algo que ver con la meditación, con no actuar, con renunciar. ¿Renunciar a la angustia? Sí, eso era, o algo muy parecido. Otra verdad nos trae a la mente un sendero de montaña, que recorre un monje vestido con una túnica, el camino. ¿Recorrer el camino, seguir el camino?

Y así prosigue. Cada vez que rebobinamos parece surgir un detalle nuevo: el olor del humo en la cocina, la llamada telefónica de una teleoperadora. La sensación de tranquilidad cuando leemos «renunciar a la angustia»...; no, era «abandonar *las fuentes* de la angustia». No era seguir el camino, sino *cultivar* el camino. Estos detalles parecen «nuevos» en parte porque en cada momento el cerebro absorbe mucha más información de lo que somos conscientes, y esas percepciones pueden salir a la superficie cuando recordamos. Es decir, que el cerebro no almacena datos, ideas y experiencias como lo hace un ordenador, como un archivo que clicamos y abrimos, y que siempre nos muestra la misma imagen. El cerebro inserta esos datos en redes de percepciones, hechos y pensamientos, y a cada instante se forman combinaciones ligeramente distintas de todos ellos. Y ese recuerdo que acabamos de recuperar no borra el anterior, sino que se imbrica con él y se solapan. Nada se pierde del todo, pero el rastro del recuerdo se altera para siempre.

Tal como dicen los científicos, cuando usamos nuestros recuerdos, los alteramos.

Después de toda esta charla sobre las neuronas y las redes celulares; después de los ratones de Lashley y de H. M.; después de hablar del hipocampo, los pacientes sometidos a callosotomía y el contador de historias, esta conclusión parece elemental, incluso anodina.

No lo es.

• • • • • • • • • • • • • •

Capítulo 2

El poder del olvido

Una nueva teoría del aprendizaje

Los concursos de memoria son espectáculos engañosos, sobre todo en las últimas rondas.

En ese momento sólo queda un puñado de personas en el escenario, y sus rostros manifiestan toda una variedad de expresiones de agotamiento, terror y concentración. La apuesta es elevada, ya han recorrido un largo camino y cualquier error puede acabar con todo. En una escena particularmente dura de ver extraída del documental *Spellbound*, sobre el concurso de deletreo Scripps National Spelling Bee, un niño de doce años se encalla en la palabra «*opsimath*». Parece estar familiarizado con la palabra, le da vueltas y vueltas, hay un momento en que parece que ya la tiene..., pero entonces introduce una «o» en el lugar equivocado.

¡Clang!

Suena una campana (que quiere decir: *¡Respuesta incorrecta!*), y el niño abre los ojos como platos, incrédulo. El público deja escapar un grito ahogado, seguido de un aplauso de consolación por el esfuerzo realizado. El niño baja del escenario, conmocionado. Se repiten escenas como ésta cada vez que otro de los concursantes bien preparados se equivoca al deletrear una palabra. Se quedan encogidos delante del micrófono, o parpadean sin ver nada, antes de que el público los envuelva en el mismo aplauso tibio. Por el contrario, los que pasan a la siguiente ronda parecen estar llenos de confianza en sí mismos, condensados en sí mismos. La ganadora sonríe cuando escucha su última palabra («*logorrhea*») y la deletrea a la perfección.

Estas competiciones tienden a dejarnos dos impresiones. Una es que los concursantes, sobre todo los ganadores, deben ser sobrehumanos. ¿Cómo es posible que hagan esas cosas? Sus cerebros no sólo deben ser más grandes y rápidos, sino también *diferentes* de la versión estándar (es decir, la nuestra). A lo mejor incluso tienen memoria «fotográfica».

No es así. Sí, es verdad que algunas personas nacen con ventajas genéticas en su capacidad memorística y en su velocidad de procesamiento (aunque aún no se ha identificado un «gen de la inteligencia» ni se sabe con certeza cómo funcionaría). También es cierto que este tipo de competiciones tiende a centrarse en personas procedentes de la zona alta del espectro, personas que sienten interés por acumular datos simplemente porque sí. Aun así, un cerebro es un cerebro, y todos los cerebros sanos funcionan igual. Si cuentan con suficiente preparación y devoción, todos son capaces de realizar hazañas memorísticas aparentemente imposibles. Y, según lo que dicen los científicos, la memoria fotográfica no existe, al menos no de la forma que la imaginamos.

La otra impresión es más insidiosa, porque refuerza una hipótesis frecuente y autodestructiva: olvidar equivale a fracasar. Esto parece evidente. El mundo está tan lleno de despistes, adolescentes obnubilados, llaves perdidas y el temor de la demencia progresiva que olvidar algo nos parece disfuncional u ominoso. Si el aprendizaje consiste en aumentar las habilidades y el conocimiento, olvidar supone perder una parte de lo que se ha ganado. Parece el enemigo del aprendizaje.

No lo es. La verdad es prácticamente lo contrario.

Por supuesto, puede ser un desastre saltarse el cumpleaños de una hija, olvidar qué sendero lleva de vuelta a la cabaña o quedarse en blanco a la hora de un examen. Sin embargo, el olvido también tiene grandes ventajas. Una es que se trata del filtro *antispam* más sofisticado de la naturaleza. Es lo que permite que el cerebro se concentre y que acudan a la mente los datos que andábamos buscando.

Una manera de dramatizar este hecho sería hacer que todos esos prodigios del deletreo volvieran a subir al escenario para celebrar otro tipo de competición, un torneo acelerado de lo evidente. Rápido: dime el título del último libro que has leído. La última película que has visto. El supermercado local. El nombre del secretario de Estado. Los campeones de la World Series. Y luego aún más rápido: tu contraseña de Gmail, el segundo nombre de tu hermana, el del vicepresidente de Estados Unidos.

Dentro de este concurso hipotético, todas y cada una de esas mentes tan reconcentradas se quedarían en blanco. ¿Por qué? No debido a una mera distracción o preocupación. No, esos chavales están alerta y muy concentrados. Tan concentrados, en realidad, que bloquean los datos triviales.

Piense en ello: para conservar en la memoria tantas palabras difíciles y no equivocarse al deletrearlas, el cerebro debe aplicar un filtro. En otras palabras, el cerebro debe suprimir (olvidar) información alternativa, de modo que «apático» no se convierta en «hepático», o «penumbra» en «penúltima», y debe impedir que cualquier dato trivial salga a la superficie, ya sean letras de canciones, títulos de libros o nombres de actores de cine.

Practicamos sin cesar este tipo de olvido concentrado, sin pensar mucho en ello. Por ejemplo, para cambiar una contraseña del ordenador tenemos que impedir que la antigua nos ronde por la cabeza; para aprender un idioma nuevo, debemos mantener a raya las palabras equivalentes en nuestra lengua natal. Cuando nos sumergimos plenamente en un tema, una novela o un cálculo, es natural bloquear incluso los sustantivos más comunes: «¿Me puedes pasar el *comosellame*, eso para comer?»

Tenedor.

Tal como dijo un psicólogo estadounidense del siglo xix, William James: «Si lo recordásemos todo, en la mayoría de ocasiones tendríamos tantos problemas como si no recordásemos nada».[1]

Durante las últimas décadas, el estudio del olvido ha impuesto una reconsideración fundamental sobre cómo funciona el aprendizaje. En cierto sentido, también ha alterado lo que significan las palabras «recordar» y «olvidar». «La relación entre aprender y olvidar no es tan simple y, en ciertos sentidos importantes, es lo contrario a lo que da por hecho la gente», me dijo Robert Bjork, un psicólogo de la Universidad de California en Los Ángeles. «Todos damos por hecho que es malo, un fallo del sistema. Pero lo más habitual es que el olvido sea amigo del aprendizaje.»

Lo que sugiere esta investigación es que los «perdedores» en los concursos de memorización no tropiezan porque recuerden demasiado poco. Han estudiado decenas, quizá centenares de miles de palabras, y a menudo están familiarizados con la palabra que acaban deletreando mal. En muchos casos se equivocan porque recuerdan demasiado. Si rememorar es solamente eso, *re-memorar* las percepciones, datos e ideas repartidos por redes neuronales interconectadas en medio de la tenebrosa tormenta del cerebro, olvidar supone bloquear el ruido de fondo, la estática, de modo que destaquen las señales correctas. La agudeza de lo primero depende de la fortaleza de lo segundo.

Otro gran beneficio del olvido no tiene nada que ver con su propiedad activa de filtro. El olvido normal (esa decadencia pasiva que tantas veces lamentamos) también es útil para aprender ulteriormente. A esto lo considero la propiedad creadora de músculo que tiene el olvido: para que fortalezcamos el aprendizaje cuando repasamos el material debe producirse alguna «anomalía». Sin olvidar un poco, a usted no le beneficiaría seguir estudiando. Olvidar es lo que permite que aumente el aprendizaje, como un músculo ejercitado.

Este sistema dista mucho de ser perfecto. Es cierto que tenemos un recuerdo instantáneo e impecable de muchos datos aislados: Seúl es la capital de Corea del Sur, 3 es la raíz cuadrada de 9, y J. K. Rowling es la autora de los libros de Harry Potter. Sin embargo, ningún recuerdo complejo nos viene a la mente dos veces de la misma manera, en parte porque el filtro del olvido bloquea algunos detalles relevantes junto a muchos irrelevantes. A menudo vuelven a emerger detalles que antes estuvieron bloqueados u olvidados. Esta alteración de la memoria es más evidente, quizá, cuando se refiere a ese tipo de episodios de la infancia que todos contamos y adornamos. Aquella vez que tomamos prestado el coche familiar, a los catorce años; cuanto nos perdimos en el metro la primera vez que visitamos la ciudad. Después de contar las mismas cosas un número suficiente de veces, puede resultar difícil saber qué es cierto y qué no lo es.

La conclusión no es que la memoria no es otra cosa que un montón de datos sueltos y un catálogo de historias embellecidas. La conclusión es que traer a la mente cualquier recuerdo altera su accesibilidad y, con frecuencia, su contenido.

Existe una teoría emergente que explica estas ideas y otras relacionadas.[2] Se llama la nueva teoría del olvido por desuso, para distinguirla de otro principio más antiguo y obsoleto que decía, sencillamente, que con el paso del tiempo, si los recuerdos no se usan, se desvanecen totalmente del cerebro. No obstante, la nueva teoría es mucho más que una actualización. Es un reacondicionamiento que presenta el olvido como el mejor amigo del aprendizaje, no como su rival.

Por lo tanto, un nombre mejor sería «la teoría de olvidar para aprender». Esta frase capta sus consecuencias literales y su espíritu general, su voz tranquilizadora. Por ejemplo, una de sus implicaciones es que olvidar una buena parte de lo que acabamos de aprender, sobre todo cuando se trata de una materia nueva, no es necesariamente una evidencia de pereza, de déficit de atención o de un carácter reprobable. Por el contrario, es una señal de que el cerebro trabaja como debe hacerlo.

Nadie sabe por qué debemos ser unos jueces tan incompetentes del olvido y de otras habilidades mentales que son tan indispensables, tan automáticas, que nos parecen profundamente familiares. Sin embargo, lo somos. Y resulta útil saber por qué.

● ● ●

Entonces, volvamos al principio. Volvamos al primer laboratorio de todos los dedicados al aprendizaje, a su único ocupante y a su contribución más importante: la curva del olvido. La curva del olvido es precisamente lo que sugiere el nombre, una gráfica de la pérdida de memoria con el paso del tiempo. En concreto, plasma el ritmo en el que la información recién aprendida se desvanece de la memoria. Es como la curva del aprendizaje, pero invertida:

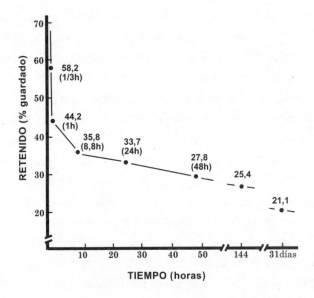

Esta curva, que se publicó por primera vez a finales de la década de 1880, no es precisamente impresionante. Es lo que cualquiera dibujaría si le pidieran que adivinase cómo cambian los recuerdos con el paso del tiempo. Sin embargo, a su creador, Hermann Ebbinghaus, no le gustaban las adivinanzas. Era una persona precisa por naturaleza, y exigía siempre evidencias. Tenía que ser así, dadas sus ambiciones. A finales de la década de 1870, siendo un joven doctorando en filosofía, se paseó por toda Europa sin dejar de cavilar. Pretendía aunar la filosofía y la ciencia, aplicar la medición rigurosa a algún aspecto de la naturaleza o de la psicología humanas. El único problema es que no sabía por dónde empezar. Una tarde, mientras echaba un vistazo en un puesto de libros de segunda mano en París, tomó de la estantería un volumen titulado *Elementos de psicofísica*, de Gustav Fechner. Fechner, un científico con tendencia al misticismo, percibía una conexión matemática entre el mundo interior, mental, y el exterior, natural. Sostenía que toda experiencia humana, incluso una tan efímera como el recuerdo, debería poderse reducir a unidades mensurables que se pudieran insertar en algún tipo de ecuación. La reputación de Fechner como científico (había realizado experimentos elegantes sobre el sentido del tacto) prestó cierta verosimilitud a algunas de sus ideas más atrevidas.

A medida que leía, Ebbinghaus sintió que algo cambiaba en su interior; fue una sensación que años más tarde describiría a un alumno. Seguramente también atisbó su futuro en aquel preciso instante, porque más tarde dedicó a Fechner su mayor obra, *La memoria: una contribución a la psicología experimental*.

La ecuación del recuerdo. ¿Existió alguna vez? Y si fue así, ¿se podía poner por escrito?

Los recuerdos tienen infinitas formas y tamaños. Hay los que duran una hora y los que duran toda la vida; hay fechas y números, recetas y recitales; por no mencionar anécdotas, percepciones emocionales, la mirada en el rostro de un niño la primera vez que lo dejan en la parada del autobús el primer día de colegio, la sonrisa de complicidad que intercambian dos amigos cuando piensan que nadie les ve... El tapiz de gafes y desilusiones que compone una vida. Nuestra *capacidad* para recordar datos concretos también varía mucho. A algunos se les dan bien los nombres y los rostros; a otros, recordar números, fechas, fórmulas. ¿Cómo es posible medir semejante espectro multiforme, y mucho menos estudiarlo?

Toda una generación de científicos anteriores a Ebbinghaus se había limitado básicamente a no hacer nada, dejando pasar la pregunta. Era demasiado. Las variables eran abrumadoras.

Sin embargo, donde otros detectaban una cautela justificada, Ebbinghaus veía falta de coraje. Al explicar sus motivos para buscar la ecuación de la memoria, escribió: «En el peor de los casos, preferimos la resignación que nace del fracaso de unas investigaciones serias antes que del asombro persistente e impotente frente a las dificultades». Si nadie más aceptaba el reto, lo haría él. Para estudiar cómo almacena el cerebro la nueva información, necesitaba una información que fuera, realmente, nueva. Una lista de sustantivos, nombres o cifras no le servía; la gente va por el mundo con un enorme almacén de asociaciones para todas estas cosas. Incluso los esbozos abstractos tienen una cualidad evocadora, que recuerda a Rorschach. Si mira el tiempo suficiente una nube, empezará a parecerse a la cabeza de un perro, lo cual a su vez activa en el cerebro cientos de circuitos relacionados con los perros. Nuestro cerebro puede darle sentido a casi cualquier cosa.

Sigue siendo un misterio cómo llegó Ebbinghaus a su solución.[3] El psicólogo estadounidense David Shakow, mucho más tarde, en un ensayo biográfico, escribió: «¿Fue una invención, en el sentido habitual del término, es decir, deliberada? ¿O fue en gran medida un descubrimiento? ¿Qué papel desempeñaron el balbuceo de un bebé, una progresión transitoria a la infancia, la lectura de El galimatazo y los insultos que dirige un cochero parisiense a uno londinense?»

Lo que creó Ebbinghaus fue un catálogo de sonidos sin sentido. Se trataba de sílabas sueltas que formó al introducir una vocal entre dos consonantes. RUR, HAL, MEK, BES, SOK, DUS. En su mayor parte carecían de significado.

Ebbinghaus había encontrado sus «unidades» de memoria genéricas.

Creó unas 2.300; era un fondo de todas las sílabas posibles, o al menos tantas como se le ocurrieron. Elaboró listas de las sílabas, agrupaciones aleatorias que contenían entre siete y treinta y seis sílabas.

Entonces empezó a memorizar una lista por vez, leyendo las sílabas en voz alta, marcando el ritmo con un metrónomo, fijándose en cuántas repeticiones necesitaba para alcanzar una puntuación perfecta.

Cuando consiguió un puesto como instructor en la Universidad de Berlín en 1880, llevaba a sus espaldas más de ochocientas horas de práctica con sus sonidos sin sentido. Siguió trabajando en su pequeño despacho, paseando de un lado a otro; era un hombre fornido, de barba poblada y con gafas a lo Ben Franklin, escupiendo sílabas a un ritmo de hasta 150 por minuto. (En otra época u otro país, seguramente se lo habrían llevado y le habrían puesto una camisa de fuerza.) Se ponía a prueba en diversos intervalos: veinte minutos después de estudiar. Una hora. Un día después, luego una semana. También variaba la duración de sus sesiones de práctica, y descubrió (¡sorpresa!) que el aumento de las sesiones de práctica, por lo general, le proporcionaba mejores puntuaciones en los exámenes y reducía su índice de olvidos.

En 1885 publicó sus resultados en *La memoria: una contribución a la psicología experimental*, donde describía una manera sencilla de calcular el porcentaje olvidado después de una sesión de estudio. La ecuación no era gran cosa, pero fue el primer principio riguroso de la rama emergente de la psicología, y precisamente lo que se había propuesto descubrir una década antes en un puesto de libros en París.

Ebbinghaus había encontrado su ecuación (otros la expresarían como una gráfica).

No había cambiado el mundo. No obstante, sí que inauguró la ciencia del aprendizaje. Una generación más tarde, el científico británico Edward Tichener escribió: «No es exagerado decir que el uso de sílabas absurdas como medio para el estudio por asociación señala el progreso más considerable en este capítulo de la psicología desde los tiempos de Aristóteles».

La curva del olvido de Ebbinghaus atrajo la atención de muchos teóricos, y no la soltó. En 1914 un influyente investigador estadounidense sobre la enseñanza, Edward Thorndike, convirtió la curva de

Ebbinghaus en una «ley» del aprendizaje. La llamó la ley del desuso, que afirmaba que la información aprendida, si no se usa continuadamente, se desvanece por completo de la memoria; es decir, o la usa o la pierde.

La ley parecía sólida. Sin duda parecía encajar con la experiencia, definiendo qué creía la mayoría de personas sobre el aprendizaje, que es lo que se sigue pensando hoy. Sin embargo, esa definición esconde más de lo que revela.

● ● ●

Veamos un ejercicio sencillo que podemos hacer en casa, es indoloro y está repleto de nutrientes literarios. Dedique cinco minutos a leer los versos que aparecen a continuación. Léalos cuidadosamente e intente memorizarlos. Están sacados del poema *El naufragio del Hesperus*, de Henry Wadsworth Longfellow.

Al alba, en la playa desierta,
un pescador atónito miraba
la forma de una bella joven
sujeta a un mástil que en el mar flotaba.

La sal marina se congeló en su pecho,
en sus ojos las lágrimas saladas;
y vio su pelo, como las pardas algas,
que entre las olas subía y bajaba.

Así fue como naufragó el Hesperus,
inmerso en nieve y la tiniebla.
¡Cristo nos guarde de esta muerte aciaga,
en la costa de la Angustia del Normando!

Muy bien. Ahora deje el libro, tómese un café, dé un paseo, escuche las noticias. Distráigase unos cinco minutos, el mismo tiempo que dedicó a memorizar el poema. Luego, siéntese y ponga por escrito todos los versos que recuerde. Guarde el resultado (lo necesitará más tarde).

Éste fue precisamente el examen que un profesor e investigador británico llamado Philip Boswood Ballard empezó a poner a niños de primaria a principios de la década de 1900, en el barrio trabajador londinense de East End.[4] A aquellos niños se les consideraba alumnos ineficientes, y Ballard sentía curiosidad por saber por qué. ¿Se trataba de un déficit en el aprendizaje inicial? ¿O quizá más adelante sucedía algo que interfería en el recuerdo? Para descubrirlo les hizo estudiar diversos materiales, incluyendo baladas como la de Longfellow, para ver si lograba localizar el origen de sus problemas educativos.

El detalle es que aquellos niños no manifestaron ningún déficit cognitivo que pudiese detectar Ballard. Al contrario.

Sus puntuaciones a los cinco minutos de estudiar no fueron nada del otro mundo. A algunos les fue bien y a otros no. Sin embargo, Ballard no había acabado. Quería saber cómo afectaría el paso del tiempo a aquellos versos memorizados. ¿Mermaba el recuerdo, de alguna manera, varios días después de que los niños hubieran estudiado? Para descubrirlo los sometió a otro examen dos días más tarde. Los alumnos no esperaban que volvieran a examinarlos, y sin embargo sus puntuaciones mejoraron en una media del 10 por ciento. Unos días después, Ballard los examinó una vez más, de nuevo sin anunciárselo.

«J. T. mejoró de quince a veintiún versos en tres días», escribió, hablando de una alumna. «Dice que le parecía ver los versos delante de sus ojos.» Hablando de otro que mejoró en una semana, porque consiguió recordar once versos en lugar de los tres del primer examen, comentó: «Imaginaba las palabras escritas en la pizarra [en este caso los versos los aprendieron leyéndolos en la pizarra]». Un tercero, que recordó nueve versos en el primer examen y trece unos días más tarde, dijo a Ballard: «Cuando empecé a escribir, podía imaginar el poema sobre el papel que tenía delante».

Esta mejora no fue solamente curiosa: fue una contradicción radical de la teoría de Ebbinghaus.

Ballard dudó de lo que estaba viendo, y durante los años siguientes realizó cientos de pruebas adicionales donde participaron más de diez mil sujetos. Los resultados fueron los mismos: la memoria mejoraba durante los primeros días sin necesidad de estudiar más, y por lo general los alumnos sólo empezaban a olvidar al cabo de cuatro días.

Ballard publicó sus descubrimientos en 1913, en un ensayo que, según parece, ha provocado más confusión que otra cosa.[5] Pocos científicos apreciaron lo que había hecho, e incluso hoy día es poco más que una nota a pie de página en la psicología; es un personaje aún más desconocido que Ebbinghaus. Aun así, Ballard sabía lo que tenía entre manos. «No sólo tendemos a olvidar lo que hemos recordado una vez», escribió, «sino que tendemos a recordar lo que una vez olvidamos».

La memoria no presenta una sola tendencia con el paso del tiempo, hacia la decadencia. Presenta dos.

La otra, la «reminiscencia», como la bautizó Ballard en aquel entonces, es una especie de crecimiento, un burbujeo de datos o palabras que no recordamos haber aprendido nunca. Ambas tendencias se manifiestan en los días posteriores a nuestro intento de memorizar un poema o una lista de palabras.

¿Qué era lo que estaba pasando?

Una de las pistas la hallamos en Ebbinghaus. Había sometido a prueba la memoria usando solamente sílabas carentes de sentido. El cerebro no tiene ningún lugar donde «meter» estos tríos de letras. No están relacionados entre sí ni con nada más; no forman parte de un lenguaje o un patrón estructurados. Por lo tanto, el cerebro no retiene durante mucho tiempo las sílabas sin sentido, *porque no lo tienen*. El propio Ebbinghaus admitía esto, escribiendo que quizá su famosa curva no fuese aplicable a nada más que a lo que él había estudiado directamente.

Recuerde que el olvido no es sólo un proceso pasivo de decadencia, sino también uno activo de filtrado. Trabaja para bloquear la información molesta, para eliminar el desorden inútil. Las sílabas sin sentido son ruido; *El naufragio del Hesperus*, de Longfellow, no lo es. El poema podrá sernos útil o no en nuestra vida cotidiana, pero al menos está inserto en una malla de redes neurales que representan palabras y patrones que reconocemos. Esto podría explicar por qué existe una diferencia entre la eficacia con la que recordamos sílabas sin sentido y la que manifestamos al recordar un poema, un relato corto u otro material que tiene sentido. Sin embargo, no explica el *aumento* de la claridad después de dos días sin ensayar, las «lágrimas saladas» y «el pelo, como las pardas algas» que suben a la superficie desde las profundidades neuronales. Aquellos niños «ineficaces» del East End demostraron a Ballard que recordar y olvidar no son procesos relacionados entre sí de la manera que todos daban por hecho.

La curva del olvido era engañosa y, como mucho, incompleta. Quizá incluso fuera necesario sustituirla por otra cosa.

• • •

Durante las décadas posteriores a la publicación de los descubrimientos de Ballard los científicos sintieron un modesto interés por «la mejora espontánea». Razonaban que el efecto debería ser fácil de detectar en todo tipo de aprendizaje. Pero no lo era. Los investigadores realizaron muchos experimentos, y los resultados se dieron a conocer por todas partes. En una prueba realizada en 1924, por ejemplo, los sujetos estudiaban una lista de palabras y se sometían a un examen justo después. Luego pasaban por otro examen en diversos intervalos de tiempo: ocho minutos, dieciséis minutos, tres días, una semana. Por regla general a medida que pasaba el tiempo acertaban menos, no más.[6]

En un experimento realizado en 1937, los sujetos que memorizaban sílabas sin sentido manifestaron cierta mejora espontánea después de un examen inicial, pero sólo durante unos cinco minutos, lapso tras el cual sus puntuaciones caían en picado.[7] Un estudio de 1940 muy citado descubrió que los recuerdos que tenían las personas de un conjunto de palabras, otro de frases breves y otro de un párrafo en prosa mermaban durante un periodo de veinticuatro horas.[8] Incluso cuando los investigadores detectaban la mejora de cierto tipo de material, como la poesía, percibían un efecto adverso en otra cosa, como las listas de vocabulario. Matthew Hugh Erdelyi, del Brooklyn College, en su historia sobre esta época,[9] *The Recovery of Unconscious Memories*, escribió: «Los psicólogos experimentales empezaron a trabajar con el enfoque de Ballard y, como si se debatieran en arenas movedizas, cada vez se vieron más inmersos en la confusión y en las dudas».

Estos sentimientos encontrados condujeron inevitablemente a preguntas sobre los métodos de Ballard. ¿De verdad los niños a los que sometió a examen recordaron más con el paso del tiempo, o quizás esa mejora se debía a algún error en el diseño del experimento? No era una pregunta retórica. ¿Qué pasaría si, por ejemplo, los niños hubieran ensayado la poesía por su cuenta, entre un examen y otro? En ese caso, Ballard no tenía nada.

En un ensayo influyente que contenía todas las investigaciones publicadas hasta 1943, un teórico británico del aprendizaje, C. E. Buxton, llegó a la conclusión de que el efecto de mejora espontánea de Ballard era «un fenómeno "ahora lo ves, ahora no lo ves"», es decir, un espejismo.[10] No pasó mucho tiempo antes de que muchos científicos aceptasen la opinión de Ballard y abandonaran la investigación. Había cosas mucho mejores que hacer con las herramientas de la psicología que perseguir fantasmas, y sin duda mucho más prestigiosas desde el punto de vista cultural.

La terapia freudiana estaba en pleno auge, y sus ideas sobre los recuerdos recuperados superaban fácilmente en atractivo sexual a los extractos de Longfellow de Ballard. Los conceptos que tenían estos dos hombres sobre el recuerdo eran prácticamente idénticos, pero Freud hablaba de traumas emocionales reprimidos. Afirmaba que excavar en esos recuerdos y «trabajarlos» podía aliviar la ansiedad crónica e incapacitante. Podía cambiar vidas. Si eran fantasmas, eran mucho más cercanos a la realidad que un puñado de versos recitados.

Además, a mediados de siglo el verdadero interés por aprender ciencias se centraba en el refuerzo. Era el momento álgido del behaviorismo. El psicólogo estadounidense B. F. Skinner demostró cómo las recompensas y los castigos podían alterar la conducta y acelerar el aprendizaje en muchas circunstancias. Skinner comparó entre sí diversos programas de recompensa y obtuvo resultados sorprendentes: la recompensa automática para una respuesta correcta no origina un gran aprendizaje; las recompensas ocasionales y periódicas son mucho más eficaces. La obra de Skinner, que tuvo una influencia tremenda entre los educadores, se centraba en mejorar la enseñanza, no tanto en las peculiaridades de la memoria.

Sin embargo, los hallazgos de Ballard no desaparecieron del todo. Siguieron marinándose en las mentes de un grupo reducido de psicólogos que no podían descartar la idea de que era posible que algo importante se les estuviera escurriendo entre los dedos. En las décadas de 1960 y 1970, esos pocos curiosos empezaron a separar la poesía de las cosas sin sentido.

El efecto Ballard era y es real. No fue el resultado de un error en el diseño del experimento; los niños de sus estudios no podían haber ensayado unos versos que no recordaron después del primer examen. No podemos practicar lo que no recordamos. El motivo de que los investigadores tuviesen tantos problemas para aislar la «reminiscencia» de Ballard fue que el punto fuerte de este efecto depende en gran medida del material utilizado. En el caso de las sílabas sin sentido, y en el de la mayoría de listas de vocabulario o frases aleatorias, es cero: no hay una mejora espontánea en las puntuaciones de los test al cabo de uno o dos días. Por el contrario, la reminiscencia es sólida para las imágenes, fotografías, dibujos, cuadros... y para la poesía, con sus imágenes lingüísticas. Además, necesita tiempo. Ballard había identificado el «surgimiento» de nuevos versos en los primeros días después del estudio, cuando el efecto es más intenso. Otros investigadores lo habían buscado demasiado pronto (al cabo de unos minutos) o demasiado tarde (después de una semana o más).

Matthew Erdelyi fue uno de los investigadores cruciales para clarificar las reminiscencias, y empezó sometiendo a examen a un colega más joven, Jeff Kleinbard, que en aquel entonces estudiaba en la Universidad de Stanford.[11] Erdelyi facilitó a Kleinbard un conjunto de cuarenta imágenes que debía estudiar en una sola sesión, con la excusa de que «debía tener la experiencia de ser un sujeto de investigación» antes de realizar experimentos propios. En realidad, *era* un sujeto de investigación, y durante la semana siguiente Erdelyi lo sometió a examen repetidas veces, sin previo aviso. Los resultados fueron tan claros y confiables (en los exámenes de los dos primeros días Kleinbard recordaba cada vez más cosas) que los dos organizaron estudios más amplios. En uno de ellos hicieron que un grupo de jóvenes intentase memorizar una serie de sesenta dibujos. Los participantes veían los dibujos uno a la vez, proyectados en una pantalla, con un lapso de tiempo de cinco segundos entre ellos: eran dibujos sencillos de cosas como una bota, una silla y un televisor.

El grupo hizo una prueba inmediatamente después y durante siete minutos intentó recordar los sesenta objetos, escribiendo una palabra por objeto recordado (los dibujos no iban acompañados de palabras). La puntuación media fue de 27. Sin embargo, diez horas más tarde la media fue de 32; un día después, de 34; al cabo de cuatro días había ascendido a 38, donde se estancó. Un grupo de comparación, que estudió sesenta *palabras* proyectadas en diapositivas, pasó de 27 imágenes recordadas a 30 durante las diez primeras horas… y nada más. Sus puntuaciones descendieron ligeramente con el paso de los días siguientes. Pronto estaba fuera de toda duda que la memoria, como lo expresó Erdelyi en un ensayo reciente, «es un sistema heterogéneo, abigarrado, que mejora y empeora con el paso del tiempo».

Esto enfrentó a los teóricos a un acertijo aún mayor. ¿Por qué mejora con el tiempo el recuerdo de imágenes mientras que el de una lista de palabras no lo hace?

Los científicos ya habían especulado sobre las respuestas. Quizá fuera cuestión de disponer de más tiempo para escudriñar la memoria (dos exámenes en vez de uno). O quizá la demora entre pruebas relajase la mente, aliviara la fatiga. Sin embargo, no fue hasta la década de 1980 cuando los psicólogos contaron con suficientes evidencias firmes como para empezar a construir un modelo más completo que explicara el efecto Ballard y otras peculiaridades de la memoria. La teoría que surgió no es tanto un espectacular mapa de cómo funciona la mente, sino más bien un conjunto de principios basados en la investigación, una teoría que incluye a Ebbinghaus y a Ballard, además de muchas otras ideas y personajes aparentemente opuestos. Los científicos que mejor han sostenido esta teoría y la han caracterizado con mayor claridad son Robert Bjork, de la UCLA, y su esposa, Elizabeth Ligon Bjork, también de la UCLA. Ellos han sido en gran medida los padres de la nueva teoría del desuso (la llamamos «olvidar para aprender»).[12]

El primer principio teórico es éste: toda memoria tiene dos capacidades sólidas, una para almacenar y otra para recuperar.

El poder de almacenar es simplemente eso, la medida de lo bien que se ha aprendido algo. Aumenta sin cesar con el estudio, y más radicalmente con el uso. La tabla de multiplicar es un buen ejemplo. Nos la inculcan en primaria, y la usamos constantemente durante la vida, en una amplia variedad de circunstancias, desde cuadrar la cuenta bancaria hasta calcular propinas o ayudar a hacer los deberes a nuestro hijo de cuarto de primaria. Su capacidad de almacenamiento es enorme.

Según la teoría de los Bjork, el poder de almacenar puede aumentar, pero nunca merma.

Esto no quiere decir que todo lo que vemos, oímos o decimos quede almacenado para siempre, hasta que morimos. Más del 99 por ciento de las experiencias es pasajero, inmediato y fugaz. El cerebro retiene solamente lo que es relevante, útil o interesante, o lo que puede serlo en el futuro. Lo que quiere decir es que todo lo que hemos grabado en la memoria *deliberadamente* (las tablas de multiplicar, un número de teléfono de la infancia, la combinación de nuestra primera taquilla) está allí para siempre. Al principio esto parece increíble, dado el tremendo volumen de información que asimilamos y lo insustancial que es buena parte de ella. Sin embargo, recuerde que en el capítulo 1 decíamos que biológicamente hay espacio de sobra: en términos digitales, hay espacio para almacenar tres millones de programas de televisión. Esto es más que de sobra para registrar todos los segundos de una larga vida, de la cuna a la tumba. El volumen no es un problema.

Por lo que respecta a lo intrascendente, es imposible demostrar que está *todo* allí, cada detalle sin importancia. Aun así, de vez en cuando el cerebro nos envía un susurro de minucias que nos dejan perplejos. Esto le pasa a todo el mundo durante su vida; voy a darle un ejemplo de la mía propia. Cuando investigaba para escribir este libro, pasé algún tiempo en bibliotecas universitarias, de las antiguas, las que tienen sótanos y subsótanos repletos de rimeros de libros que producen la ligera sensación de encontrarse en un yacimiento arqueológico. Creo que fue el olor a moho lo que una tarde me indujo a recordar un periodo de 1982, todo un mes, cuando trabajé en la biblioteca de mi universidad. Iba a la caza de un libro viejo en algún rincón aislado de la biblioteca de la Universidad de Columbia, sintiéndome claustrofóbico y perdido, cuando acudió un nombre a mi mente. Larry C____. Era el nombre del hombre de la biblioteca que era (creo) mi supervisor. Le vi una vez. Un tipo encantador; lo único es que yo no tenía ni idea de que sabía su nombre. Aun así, allí estaba, viéndole con los ojos de mi mente, saliendo de aquella reunión, e incluso fijándome en que sus zapatos náuticos estaban desgastados en el talón, como les pasa a los de algunas personas, lo cual los hacía inclinarse el uno hacia el otro.

Una reunión. Unos zapatos. Algo totalmente absurdo. Sin embargo, seguramente sabía su nombre y debí almacenar aquella imagen de su persona saliendo del cuarto. ¿Por qué narices habría guardado aquella información? Porque, en determinado momento de mi vida, me resultó útil. Y la teoría de olvidar para aprender dice: si lo guardé, estará allí de por vida.

Es decir, que ningún recuerdo se «pierde» en el sentido de que se desvanece, que desaparece. Más bien, lo que pasa es que en ese momento no podemos acceder a él. Su *poder de recuperación* es bajo, o casi cero.

Por otro lado, el poder de recuperación es una medida del grado de facilidad con el que una información viene a la mente. También aumenta con el estudio y con el uso. Sin embargo, si no hay refuerzo el poder de recuperación se reduce enseguida, y su capacidad es relativamente escasa (comparada con el almacenamiento). En un momento dado, si nos ofrecen una pista o un recordatorio, sólo podemos recordar un número limitado de cosas.

Por ejemplo, el tono de llamada de un móvil que hace *¡cuac, cuac!* y que oímos en el autobús puede traernos a la mente el nombre de un amigo que tiene el mismo tono, así como el de varias personas a quienes les debemos una llamada. También puede activar una visión más antigua, la del perro de la familia que saltaba en plancha a un lago para perseguir a un grupo de patos; o su primer impermeable, de color amarillo chillón y con un pico de pato en la capucha. Y habrá miles de otras asociaciones con el *¡cuac!* que escapan al radar, pero algunas de las cuales en su momento tuvieron sentido.

Comparada con la capacidad de almacenamiento, la de recuperación es voluble. Puede aumentar rápidamente, pero también mermar con la misma celeridad.

Una manera de pensar en el almacenamiento y la recuperación es imaginar una fiesta multitudinaria a la que asisten todas las personas que haya conocido en su vida (y que tienen la misma edad que la última vez que las vio). Mamá y papá; su maestra de primero; los vecinos de la puerta de al lado, recién llegados; el tipo que enseñaba educación vial en el primer año de universidad. Todos están ahí, relacionándose. La recuperación consiste en la velocidad con la que nos viene a la mente el nombre de una persona. El almacenamiento, por el contrario, consiste en lo *familiar* que nos resulta la persona. De mamá y papá no hay quien se escape (recuperación alta, almacenamiento alto). El nombre de la maestra de primero no nos viene a la mente (recuperación baja), pero no cabe ninguna duda de que la que está allí, al lado de la puerta, es ella (almacenamiento alto). Por el contrario, los vecinos nuevos se acaban de presentar («Justin y Maria», recuperación alta), pero aún no le resultan familiares (almacenamiento bajo). Mañana por la mañana le costará más recordar sus nombres. Por lo que respecta al señor que daba clase de educación vial, el nombre no le viene a la cabeza, y también le costaría señalarlo si formase parte de una fila de gente. Solamente le dio clases dos meses (recuperación baja, almacenamiento bajo).

Recuerde que el acto de encontrar y adjudicar nombre a cada persona aumenta ambas capacidades. La maestra de primero, una vez que la reintroduzca en su mente, será fácilmente recuperable. Esto se debe a la faceta pasiva del olvido, el desvanecimiento del poder de recuperación con el paso del tiempo. La teoría dice que esa reducción facilita un aprendizaje más profundo una vez que se detecta de nuevo el dato o el recuerdo. Una vez más, piense en este aspecto de la teoría de «olvidar para aprender» como si hablara de la creación de un músculo. Hacer flexiones de brazos fortalece los músculos, que, después de un día de reposo, estarán *más* fuertes la próxima vez que haga el ejercicio.

Y eso no es todo. Cuanto más tengamos que esforzarnos por recuperar un recuerdo, mayor será el clímax de nuestra capacidad para recuperar y almacenar (aprender) posteriormente. Los Bjork llaman a este principio *dificultad deseable*, y en las próximas páginas quedará clara la importancia que tiene. Aquel profesor de educación vial, una vez lo detecte, se volverá *mucho* más familiar de lo que lo fue antes, y es posible que recuerde cosas de él que había olvidado que sabía; no sólo su nombre y su apodo, sino su sonrisa torcida, sus frases favoritas.

Los Bjork sostienen que el cerebro desarrolló este sistema por un buen motivo. En su juventud de homínido nómada, el cerebro actualizaba constantemente su mapa mental para adaptarse a los cambios climáticos, el terreno y los depredadores. La capacidad de recuperación evolucionó para actualizar rápidamente la información, teniendo siempre a mano los detalles más relevantes. Vive al día. Por otro lado, la capacidad de almacenamiento evolucionó para permitir que el individuo, en caso necesario, reaprendiese los viejos trucos rápidamente. Pasan las estaciones, pero se repiten, lo mismo que pasa con el clima y el entorno. La capacidad de almacenamiento planifica para el futuro.

Esta combinación de recuperación veloz y almacenamiento sólido (la liebre y la tortuga) no es menos importante para la supervivencia en nuestros tiempos. Por ejemplo, los niños que crecen en hogares estadounidenses aprenden a mirar a la gente a los ojos cuando les hablan, sobre todo a un maestro o a un progenitor. Los niños de hogares japoneses aprenden lo contrario: mantén la mirada gacha, sobre todo cuando hables con una figura de autoridad. Para pasar con éxito de una cultura a otra, la gente tiene que bloquear (u *olvidar*) sus costumbres nativas, para absorber y practicar rápidamente las nuevas. Es difícil de olvidar el comportamiento natal, porque su poder de almacenamiento es elevado. Pero bloquearlo para hacer la transición a una cultura nueva fomenta su poder de recuperación.

Y ser capaz de hacer esto puede ser cuestión de vida o muerte. Por ejemplo, un australiano que se traslada a Estados Unidos debe aprender a conducir por el lado derecho de la carretera en lugar del izquierdo, alterando prácticamente cualquier instinto de conductor que ya posea. No tiene mucho margen de error; si se distrae un momento pensando en Melbourne acabará en la cuneta. Una vez más, el sistema de la memoria olvida todos los instintos antiguos dejando espacio para los nuevos. Y eso no es todo. Si veinte años después le entra nostalgia y regresa a Australia, tendrá que volver a aprender a conducir por la izquierda. Sin embargo, ese cambio le resultará mucho más fácil que el primero. Los viejos instintos siguen allí, y su poder de almacenamiento continúa siendo elevado. Un perro viejo reaprende con facilidad los trucos antiguos.

Bjork escribe: «Si lo comparamos con algún tipo de sistema en el que los recuerdos obsoletos deban rescribirse o borrarse, tener recuerdos inaccesibles pero almacenados tiene ventajas importantes. Dado que esos recuerdos son inaccesibles, no interfieren en la información y los procedimientos actuales. Pero como permanecen en la memoria se pueden reaprender, al menos bajo determinadas circunstancias.

Por lo tanto, olvidar es esencial para aprender nuevas habilidades y para la conservación y readquisición de las antiguas.

Volvamos ahora con nuestro amigo Philip Ballard. El primer examen que hicieron sus alumnos no sólo medía en qué grado se acordaban del poema sobre el *Hesperus*. También aumentó el poder de almacenamiento y recuperación del verso que recordaban, anclándolo con mayor firmeza en la memoria y haciendo que fuera más fácilmente accesible que antes de hacer el examen. Sometidos inesperadamente al mismo examen dos días después, la mayoría de los versos que recordaron en el examen número uno volvieron a la mente clara y rápidamente y, como resultado de ello, sus cerebros tuvieron tiempo para ir a la búsqueda de más palabras, usando los versos recordados a modo de guía, de puzle completado a medias, del conjunto de indicios que los llevaron a recordar algunos versos más. Después de todo, se trata de un poema preñado de imágenes y significados, precisamente los materiales que tienen mayor capacidad de despertar los recuerdos.

Voilà! El examen les va mejor.

Sí, es cierto que el *Hesperus* acabará desvaneciéndose si el cerebro deja de pensar en él, y los alumnos con el tiempo no lo recordarán en absoluto. Pero un tercer examen, y un cuarto, anclarían el poema en la memoria con mayor riqueza si cabe, dado que el cerebro (al que ahora se le exige que use el poema regularmente) seguiría buscando patrones dentro del poema, y quizá conseguiría desvelar medio verso o dos en cada examen sucesivo. Si la primera vez el alumno sólo recordó la mitad del poema, ¿lo recordaría todo si se somete a un número suficiente de exámenes? No es probable. Recuperamos una parte, no todo.

Pruébelo usted mismo, después de uno o dos días. Anote todo lo que recuerde del poema *El naufragio del Hesperus*, sin repasarlo. Concédase el mismo tiempo que se dio en el primer examen al principio del capítulo. Compare los resultados. Si es como la mayoría, en el segundo examen recordará un poco más.

Usar la memoria la altera, y para bien. Olvidar permite y profundiza el aprendizaje, filtrando la información que nos distrae y permitiendo algún olvido que, después de reutilizado, aumenta el poder de recuperación y de almacenamiento hasta un nivel superior al que tenía originariamente. Éstos son los principios básicos que nos ofrece la biología cerebral y la ciencia cognitiva; son la columna vertebral de las diversas técnicas de aprendizaje que veremos a continuación y nos ayudan a entenderlas.

Segunda parte

La retentiva

Capítulo 3

• • • • • • • • • • • • • •

Dejar las buenas costumbres

El efecto del contexto sobre el aprendizaje

No se olvide de tomar sus vitaminas para la mente.

Cuando yo estaba en la universidad, esto era un consejo habitual previo a los exámenes, al menos entre aquellos que frecuentábamos una tienda medio *hippy* en el centro de Boulder, donde vendían pastillas. Allí, en una estantería detrás del mostrador, entre ampollas de suero marrón, semillas de loto y bálsamo de cáñamo, había unas botellitas de algo llamado «Ayuda para el estudio». En la etiqueta de la parte posterior había una lista de hierbas, raíces, fibra y «extractos naturales».

El ingrediente no tan secreto era, probablemente, *speed*.

Una dosis proporcionaba un subidón de confianza y motivación, además de permitir pasar una noche dedicada al estudio reconcentrado. El efecto secundario, después de varias dosis, era que, al ser retirado de forma irregular, el alumno se dormía repentinamente, sin soñar en nada, lo cual no era lo ideal para manejar maquinaria pesada y constituía un peligro evidente y manifiesto cuando se sometía a un examen largo. El alumno cerraba los ojos un segundo y se quedaba frito; el bolígrafo repicaba al caer al suelo, y seguramente el chaval se despertaba al oír las palabras: «Se ha acabado el tiempo. Entreguen sus exámenes, por favor».

El consejo de «no te olvides de tus vitaminas» significaba, sobre todo, «mantente en vela». En caso de duda, toma una dosis extra para cruzar la meta. Sin embargo, con el tiempo empecé a preguntarme si allí participaba algún otro factor. Cuando estudiaba a base de vitaminas, trabajaba sumido en una especie de alocado abandono, hablando conmigo mismo, paseando de un lado para otro. Y cuando llegaba la hora de hacer el examen, quería recuperar parte de aquella energía desproporcionada. Quería escuchar aquella conversación interna, disfrutar de la misma conexión física con el material. Empecé a pensar (todos lo hicimos) que tomar la «Ayuda para el estudio» justo antes de hacer el examen posibilitaba aquella conexión. No sólo nos mantenía alerta, sino que nos hacía sentirnos intelectualmente más cercanos a lo que habíamos estudiado, y como resultado recordábamos más cosas.

¿Creíamos de verdad que esto era así? No, claro que no, nunca lo sometimos a prueba; de haber querido hacerlo, no habríamos sabido cómo. Sin embargo, sentíamos que teníamos un amuleto de la suerte, una manera de mantener «la cabeza en su sitio» durante el examen igual que mientras estudiábamos. Además, eso era esencial, sobre todo durante la semana de los exámenes finales, cuando el mismo día teníamos que hacer dos y a veces tres. Ese tipo de presión empuja a las personas a adoptar sus peores hábitos, ya sean el chocolate y el tabaco, las vitaminas para el cerebro, la onicofagia, cajas de Coca-Cola *light* o sustancias más potentes. Cuando alguien está atrincherado en este modo psicológico de supervivencia, puede aliviarle mucho creer que su «ayuda para el estudio» favorita también mejora el rendimiento en el examen. Así que nos lo creíamos.

Nuestra teoría decía: «Química cerebral. Lo que necesitas es la misma química cerebral».

Durante mucho tiempo después consideré que aquella forma de teorizar era una pura racionalización, la mente del alumno no licenciado que se justificaba lo mejor que sabía. En aquel entonces teníamos tantísimas teorías absurdas, sobre las citas, sobre cómo hacerse millonario o cómo estudiar, que yo pasaba de toda la lista. Sin embargo, hay millones de estudiantes que han desarrollado alguna versión de la teoría de la química cerebral, y creo que su atractivo permanente reside en algo más profundo que las ganas de creérsela. La teoría encaja perfectamente con lo que nos han contado desde el primer día sobre los buenos hábitos de estudio: sed coherentes.

La coherencia ha sido un punto de referencia en los manuales sobre enseñanza desde la década de 1900, y este principio está imbricado en todo lo que damos por hecho respecto a los buenos hábitos de estudio. Desarrolle un ritual, una rutina diaria, busque un único lugar y reserve un tiempo para estudiar y nada más. Encuentre un rincón privado de la casa o de la biblioteca, y un momento apacible del día, temprano o tarde. Estas ideas se remontan como mínimo a los puritanos y a su ideal del estudio entendido como devoción, pero no han cambiado ni un ápice. Una guía de la Universidad de Baylor[1] empieza diciendo: «Elija un lugar que sea silencioso y carente de distracciones»; pero este manual podría haberse redactado en cualquier universidad. Prosigue diciendo:

«Cree un ritual de estudio al que pueda recurrir cada vez que estudie.»

«Use tapones para los oídos o auriculares para aislarse del ruido.»

«Diga que no a quienes pretendan que altere su tiempo dedicado al estudio.»

Etcétera. Todo se centra en la coherencia.

Y, si lo pensamos, la teoría de la química cerebral de la «Ayuda para el estudio» también lo hace. Es posible que usar la misma «vitamina» (vale, vale, la misma sustancia psicoactiva) para prepararse y, luego, para hacer el examen no sea muy puritano que digamos. Pero, desde luego, coherente sí que es.

Y, desde el punto de vista de la razón, es correcto.

Tal como han aprendido por las malas millones de alumnos, estudiar cuando uno no está en condiciones supone una pérdida de tiempo en más de un sentido. Sin embargo, en términos generales, rendimos mejor en los exámenes cuando tenemos el mismo estado mental que cuando estudiábamos; y, sí, eso incluye los estados de embriaguez leve producidos por el alcohol o la marihuana, así como el empujón propio de los estimulantes. Los estados de ánimo, las preocupaciones y las percepciones también son importantes: cómo nos sentimos al estudiar, dónde estamos, qué vemos y oímos. La investigación científica de estas influencias (el contexto mental interno, por así decirlo, así como el externo) ha revelado unas dimensiones sutiles del aprendizaje de las que somos conscientes pocas veces, o nunca, pero que podemos aprovechar para optimizar nuestro tiempo. Lo paradójico del caso es que, por el camino, esta investigación también ha tirado por tierra la doctrina de la coherencia.

● ● ●

La historia comienza a siete metros bajo el agua, justo enfrente de la costa de Oban, Escocia.

Oban, en el estrecho de Mull y situada frente a las islas conocidas como las Hébridas del sur, es un destino muy apetecible para los submarinistas.[2] Está bastante cerca del *Rondo*, un vapor estadounidense que se hundió en esas aguas en 1934 y que está posado, escorado y con la proa hacia abajo, a 45 metros bajo el agua, y que es como un imán para los submarinistas exploradores. En la misma zona hay otra media docena de barcos naufragados, entre ellos el *Thesis* irlandés, que naufragó en 1889, y el *Hispania* sueco, que se hundió en 1954; y las aguas bullen de cazones, pulpos, sepias y esas babosas psicodélicas que se llaman nudibranquios.

Fue allí donde, en 1975, un par de psicólogos de la cercana Universidad de Stirling reclutaron a un grupo de buceadores para participar en un curioso experimento sobre el aprendizaje.[3]

Los psicólogos, D. R. Gooden y A. D. Baddeley, querían someter a prueba una hipótesis que respaldaban muchos teóricos del aprendizaje: que las personas recuerdan más de lo que han estudiado cuando vuelven al mismo lugar donde estudiaron. Ésta es una variante de la típica situación en una novela negra: «Ahora, señora Higgins, quiero que volvamos a la noche del asesinato. Dígame exactamente lo que vio y oyó». Como el detective, los psicólogos suponían que las características del lugar del estudio (la iluminación, el papel de las paredes, la música de fondo) ofrecen «pistas» al cerebro para que libere más información. La diferencia es que la señora Higgins intenta visitar de nuevo una escena dramática, un recuerdo autobiográfico, y los investigadores aplicaban la misma idea (o *reintegración*, como la llamaban ellos) a lo que el psicólogo estonio Endel Tulving llamaba «recuerdos semánticos».

La idea parece inverosímil. ¿Quién se va a acordar qué sonaba por sus auriculares mientras se aprendía la definición del triángulo isósceles, o de un enlace iónico, o del papel de Viola en *La duodécima noche*? Y cuando Godden y Baddeley idearon su experimento, la evidencia para la reintegración fue, como mucho, escasa. En un experimento previo, por ejemplo, los participantes intentaron memorizar listas de palabras que escuchaban por unos auriculares mientras tenían la cabeza dentro de una caja que contenía luces de colores parpadeantes (dos tuvieron que dejarlo porque se mareaban).[4] En otro experimento, los sujetos estudiaban sílabas sin sentido mientras estaban amarrados a una tabla, que se movía sobre un eje como un subibaja, como si se tratase de una broma cruel de patio de colegio.[5]

La reintegración parecía aumentar la memoria, pero Gooden y Baddeley no estaban convencidos. Querían probar la teoría de la reintegración en un entorno que fuera inusual y que estuviera en la naturaleza, es decir, que no hubiera sido creado por psicólogos imaginativos. De modo que pidieron a un grupo de dieciocho submarinistas que estudiaran una lista de treinta y seis palabras mientras estaban sumergidos a siete metros de profundidad.[6] Los investigadores dividieron a los submarinistas en dos grupos. Una hora después, un grupo se sometió a un examen sobre las palabras, que se hizo en tierra firme, mientras los otros se pusieron el equipo e hicieron el examen bajo el mar, usando un micrófono sumergible para comunicarse con los encargados de la puntuación, que estaban en tierra. Los resultados, sin duda, dependieron mucho de dónde se hizo cada test. Los submarinistas que lo hicieron bajo el agua acertaron más que quienes la hicieron en tierra, recordando un 30 por ciento más de palabras. Eso es mucho, y los dos psicólogos concluyeron que «el recuerdo es mejor si se reintegra el entorno donde se aprendieron los datos».[7]

A lo mejor las burbujas que desfilaban junto a las máscaras de buceo fueron una pista, acentuando las vocales de las palabras estudiadas. Quizá fuera el sonido rítmico de la respiración en la boquilla, o el peso de la bombona, añadido a la visión de la multitud de nudibranquios. O el hecho de que esos recuerdos semánticos formaron parte de un acto episódico (aprender mientras buceaban). Quizá fuera todo esto junto. Sea como fuere, parecía que la reintegración funcionaba... para aprender bajo el agua.

El experimento Oban insufló tranquilidad y estímulo a lo que luego se convertiría en una exploración un tanto caótica de la influencia que tiene el contexto sobre la memoria. Los materiales de estudio en estos experimentos fueron casi siempre listas de palabras, o parejas de vocablos, y los exámenes se centraban normalmente en el recuerdo libre. Por ejemplo, en una investigación las personas que estudiaron una lista de sílabas sin sentido escritas sobre tarjetas de color gris azulado recordaron un 20 por ciento más de ellas en un examen posterior, cuando las tarjetas eran del mismo tono gris (en contraposición, por ejemplo, al color rojo).[8] En otra, los alumnos que recibieron preguntas de examen del mismo instructor que impartía el material acertaron un 10 por ciento más que cuando se las daba la persona que vigilaba el examen, a la que no conocían.[9]

Un psicólogo llamado Steven M. Smith realizó varios experimentos interesantes en este área, y vale la pena examinar uno de ellos con detalle para ver cómo miden los científicos las llamadas pistas textuales y cuál es su opinión sobre ellas.[10] En 1985 Smith, de la Universidad de Texas A&M, reunió a un grupo de cincuenta y cuatro alumnos de primero de psicología, que son las cobayas habituales de los psicólogos, y les pidió que estudiaran una lista de cuarenta palabras. Dividió a los estudiantes en tres grupos. Uno de ellos estudió en silencio. Otro estudiaba mientras sonaba de fondo un tema de jazz, «People Make the World Go Round», de Milt Jackson. El tercero escuchaba el *Concierto para piano número 24 en do menor* de Mozart. La música ya estaba sonando cuando los sujetos llegaron a sus aulas asignadas, y no tenían motivos para pensar que era relevante para el experimento. Pasaron diez minutos memorizando las palabras y luego se fueron.

Los alumnos regresaron a la sala de estudios dos días después y, sin previo aviso, les hicieron un examen para ver cuántas palabras podrían recordar libremente. Esta vez, Smith cambió la música para muchos de ellos. Subdividió los tres grupos. Algunos de los que habían estudiado escuchando jazz repitieron música; otros estudiaron con música de Mozart, y otros en silencio. Lo mismo pasó con quienes habían estudiado con Mozart o en silencio: hicieron el nuevo examen en las mismas circunstancias o en una de las otras dos. No cambió nada más.

Excepto sus puntuaciones, claro.

Smith descubrió que quienes estudiaron escuchando la música de Milt Jackson e hicieron el examen con la misma música recordaron una media de veintiuna palabras, el doble que aquellos que estudiaron con Jackson e hicieron el examen escuchando a Mozart o en silencio. De igual manera, quienes estudiaron con Mozart recordaron casi el doble de palabras cuando volvieron a escuchar su música que cuando había silencio o sonaba jazz de fondo.

El desenlace: de quienes estudiaron e hicieron el examen en las mismas circunstancias, el grupo de silencio/silencio fue el que rindió menos.[11] Como media, recordaron la mitad de las palabras que recordaron los grupos jazz/jazz o música clásica/música clásica (once frente a veinte). Esto es extraño, y planteó una pregunta inesperada: ¿no sería que de alguna manera el silencio *inhibe* el recuerdo? La respuesta fue que no. Si hubiera sido así, quienes estudiaron escuchando jazz habrían rendido menos cuando hicieron el examen en silencio que al escuchar a Mozart (o viceversa para aquellos que estudiaron con música clásica de fondo). Y no fue así.

Entonces, ¿qué hacemos con este resultado? Las puntuaciones más altas en el examen encajan con la teoría de la reintegración: la música de fondo se imbrica subliminalmente en el tejido del recuerdo almacenado. Pongamos la misma música y es más probable que la mente recuerde más palabras. Las puntuaciones más bajas en la sala en silencio (después de estudiar en silencio) son más difíciles de explicar. Smith sostuvo que podían deberse a una *ausencia* de pistas que reinstaurar. Los estudiantes «no codifican la ausencia de sonido más de lo que podrían codificar la ausencia de cualquier tipo de estímulo, como el dolor o una comida», escribió. Como resultado, el entorno donde se estudia se empobrece, comparado con aquel que tiene música de fondo.

Por supuesto, por sí solos los experimentos como los de Smith y los otros no nos dicen cómo estudiar. No podemos crear nuestra banda sonora personal para un examen, y sin duda no podemos remodelar la sala de examen con los mismos muebles, papel y ambiente que el lugar donde estudiamos. Y aunque pudiéramos, no queda claro qué pistas son importantes o lo realmente fuertes que son. Aun así, esta investigación establece un par de ideas que son valiosas en el desarrollo de una estrategia de estudio. La primera es que nuestras hipótesis sobre el aprendizaje son sospechosas, por no decir incorrectas. Disponer de *algo* que defina el entorno de estudio, como la música, es mejor que nada (¡qué descrédito para la santidad del lugar de estudio silencioso!).

La segunda idea es que la experiencia de estudiar tiene más dimensiones de las que percibimos, algunas de las cuales pueden influir en la retención. Es cierto que las pistas contextuales que describen los científicos (música, luz, colores de fondo) son efímeras, lo cual es un incordio. Son subconscientes, y normalmente ilocalizables. A pesar de ello, es posible reconocerlas en el trabajo en nuestras propias vidas. Piense en un caso en que *recuerde* exactamente dónde y cuándo aprendió algo. No estoy hablando de si formó parte del equipo de superestrellas deportivas del instituto o si fue elegida la reina del baile. Me refiero a un recuerdo factual, académico, *semántico*, como quién mató al archiduque Francisco Fernando o cómo y por qué murió Sócrates.

En mi caso, se trata de una noche en 1982, ya tarde, cuando estaba en el edificio de matemáticas de la universidad estudiando para un examen. En aquel entonces los edificios estaban abiertos toda la noche, y uno podía entrar y sentarse en un aula a solas, crearse su propio espacio, usar la pizarra, y no tener que bregar con compañeros de piso que entrasen con cervezas u otras tentaciones. Yo frecuentaba las instalaciones constantemente, y a veces la única otra persona que rondaba por allí era un señor mayor que daba vueltas por los pasillos, desaliñado pero amable, un ex profesor de educación física. De tanto en tanto se dejaba caer por mi aula y decía algo así como: «¿Sabes por qué se usa el cuarzo en los relojes?» Yo le decía que no, y él me lo explicaba. Era un tío legal, sabía de lo que hablaba, y una noche se coló en el aula y me preguntó si yo sabía cómo derivar el teorema de Pitágoras usando figuras geométricas. No, no lo sabía. El teorema de Pitágoras, la ecuación más famosa de las matemáticas, afirma que la suma del cuadrado de los dos catetos de un triángulo rectángulo es igual al cuadrado de la hipotenusa. En mi mente se expresaba $a^2 + b^2 = c^2$, y no tengo ni idea de dónde estaba cuando aprendí esto.

Sin embargo, aquella noche descubrí una manera sencilla (y además elegante) de derivarlo, y aún recuerdo cómo iba vestido aquel hombre (pantalones azules, subidos hasta el pecho), escucho su voz (casi inaudible, murmurando) y recuerdo con exactitud en qué punto de la pizarra dibujó la figura (en la esquina inferior izquierda):

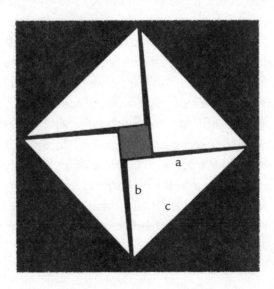

La prueba se hace calculando el área del cuadrado más grande (c al cuadrado) y haciendo que sea igual a la suma de las figuras que están dentro: cuatro triángulos (área: ½ b × c veces 4) más el área del cuadrado pequeño ([a-b] al cuadrado). Pruébelo. Simplifique el lado derecho de esa ecuación y fíjese en lo que obtiene. Yo lo recuerdo cada vez que estoy sentado a solas en algún aula o sala de conferencias bajo una luz fluorescente amortiguada, como cuando soy el primero en llegar a una reunión. Esas pistas traen a mi mente el recuerdo de aquella noche y la propia demostración (aunque hace falta perder un poco de tiempo para colocar los triángulos en su sitio).

Éstas son pistas contextuales, cuando son conscientes y visibles. El motivo por el que las recuerdo es que también forman parte de una escena, un recuerdo autobiográfico. La ciencia nos dice que, al menos por lo que respecta a la retención de datos nuevos, los subconscientes también son valiosos, aunque no siempre lo son (cuando nos involucramos en una tarea analítica carecen de importancia), y no necesariamente lo son todos ellos. Sólo a veces. Vale, ¿y qué? Cuando se trata de aprender, aprovechamos cualquier ventaja que podamos obtener.

También recuerdo otra cosa de aquella noche. Normalmente, cuando me visitaba el Fantasma de la Física Pasada, yo no tenía mucha paciencia. Tenía trabajo que hacer. Podía pasarme sin la conferencia sobre las propiedades del cuarzo. Sin embargo, aquella noche había acabado casi la sesión de estudio y estaba de un talante abierto, expansivo. Me alegré de estar allí sentado escuchando, e incluso de oír que «los alumnos de física de hoy día no aprenden nada de esto. . .»

Aquel estado de ánimo también formaba parte de mi «entorno», ¿no es cierto? Tuvo que serlo, porque lo recuerdo. Si no, no me habría quedado escuchando la lección. Si la teoría de los psicólogos sobre las visiones y sonidos reintegrantes era correcta, tendrían que demostrar que también se aplicaba a los estados mentales internos (los celos, la ansiedad, el mal humor, la confianza), es decir, todo ese batiburrillo de emociones que nos pasan por la cabeza.

La pregunta era: ¿cómo lo harían?

Nadie que haya pasado por una ruptura sentimental intensa mientras estudiaba dudará sobre el impacto que tiene el estado de ánimo sobre el aprendizaje. El estado anímico colorea todo lo que hacemos, y cuando es extremo puede determinar lo que recordemos. La demostración más clara la encontramos en la psiquiatría y en el estudio del trastorno bipolar. Las personas que padecen este problema son los atletas de elite del reino emocional. Sus estados de ánimo fluctúan entre semanas o meses de una actividad pletórica de vida, casi extravagante, y periodos de depresión tenebrosa, paralizante, y saben demasiado bien que esos ciclos determinan lo que recuerdan y lo que no. La psicóloga Kay Redfield Jamison, que está diagnosticada como bipolar, escribió: «Dentro de este tipo de perturbación existen tipos concretos de dolor, euforia, soledad y terror. Cuando estás pletórica es impresionante. Las ideas y los sentimientos son veloces y frecuentes como las estrellas fugaces, y las vas siguiendo hasta que encuentras otros mejores y más brillantes... Pero, en algún momento, todo cambia. Las ideas rápidas lo son demasiado, y hay un número excesivo; la confusión más aplastante sustituye a la claridad. Se pierde memoria».[12]

En realidad, los investigadores demostraron en 1974 que las personas con trastorno bipolar tienen una memoria que depende de su estado anímico: cuando tienen un episodio, recuerdan mejor lo que sucedió durante las fases anteriores en que también tuvieron un episodio.[13] Y viceversa: cuando están deprimidas, recuerdan acontecimientos y conceptos que habían aprendido cuando estaban por los suelos. Tal como lo expresan los autores del estudio: «las asociaciones o sucesos episódicos [...] pueden regenerarse más completamente cuando el sujeto tiene un estado de ánimo parecido, más que cuando experimenta uno distinto».

Sin embargo, la bipolaridad es un trastorno extraordinario, y los científicos que estudian el aprendizaje no pueden aprovecharlo para medir los efectos que tienen las emociones sobre el resto de nosotros. En la mayoría de personas los estados de ánimo vienen y van, coloreando nuestra experiencia, no definiéndola. Su impacto sobre la memoria, si es que tiene alguna importancia, sería mucho más débil que el que experimentan las personas afectadas de trastorno bipolar. Y medir este impacto de forma rigurosa supondría inducir el mismo estado anímico en grupos de personas, de una forma confiable y constante. Esto es una misión dificultosa, de modo que los científicos que estudian el aprendizaje empezaron a centrarse no en los estados de ánimo en sí mismos, sino en la influencia de los «estados mentales internos» divergentes: los estados alterados.

Después de todo, era la década de 1970, cuando cientos de miles de jóvenes experimentaban con drogas psicotrópicas, sobre todo con LSD y marihuana. Estos consumidores recreativos, muchos de ellos estudiantes universitarios, no sentían interés por el efecto de las drogas sobre sus notas; se lo pasaban bien, y punto. No obstante, circuló todo tipo de rumores sobre los posibles beneficios de estas sustancias sobre el aprendizaje. Se decía que los alucinógenos «expandían la mente», que eran capaces de abrir nuevas maneras de pensar sobre el mundo. La marihuana permitía al cerebro percibir conexiones que antes ignoraba (con frecuencia demasiadas, lo cual daba como resultado unas sesiones nocturnas, ya de madrugada, repletas de auténticas idioteces). Es evidente que los estados alterados intensificaban la experiencia; pero ¿y la memoria?

La rigurosa investigación sobre nuestro entorno de estudio interno partió de las drogas, concretamente de las recreativas. Y su patrocinador principal fue el gobierno de Estados Unidos que, a partir de principios de la década de 1970, financió una serie de experimentos que podría llamarse «la serie estudiar bajo los efectos». En aquel entonces ya había aparecido toda una batería de informes de investigación que sugerían que algunas drogas, como los barbitúricos y el alcohol, consumidos en cantidad moderada, podían favorecer el aprendizaje; era lo que se conocía como el efecto «Ayuda para el estudio». Los investigadores financiados por el gobierno querían investigar sobre ello.

Estos experimentos tendían a seguir una misma pauta: drogar a personas y pedirles que estudiasen algo; luego someterlas a un examen unas horas más tarde, después de haberles vuelto a administrar drogas o un placebo. Echaremos un vistazo más a fondo a uno de estos estudios, para dejar claro lo que pueden hacer unos científicos comprometidos y unos drogadictos convencidos cuando se juntan. En 1975, un equipo investigador dirigido por James Eric Eich, del National Institute of Mental Health, se dispuso a probar el efecto que tenía el cannabis en la retención (una vez más, listas de palabras), además de descubrir algo sobre *cómo* altera la droga lo que hace el cerebro con la información recién estudiada.[14] Los investigadores reclutaron a treinta alumnos, entre universitarios y recién graduados, les llevaron a su laboratorio y les dieron un porro a cada uno. La mitad recibió uno de verdad y la otra un «cigarrillo de marihuana placebo», que parecía auténtico y olía como tal, pero que no proporcionaba THC, el componente activo. «Los sujetos daban caladas profundas, retenían el humo quince segundos y repetían el proceso cada sesenta segundos», escribieron los autores. «Con la ayuda de una boquilla, tardaban unos ocho minutos en fumarse todo el cigarrillo.» No se trataba de novatos. Como media, los participantes fumaban porros unas cinco veces por semana. Al cabo de veinte minutos, quienes habían fumado el cannabis auténtico estaban moderadamente colocados, según indicaban sus propias valoraciones y el examen de sus constantes, como el pulso. Quienes fumaron el placebo no manifestaron los mismos cambios fisiológicos.

En ese momento, los treinta se pusieron a estudiar.

Se les entregaron unas hojas de papel y se les dio un minuto y medio para intentar memorizar cuarenta y ocho palabras. Los términos aparecían agrupados por categorías (por ejemplo, «Un tipo de vehículo: tranvía, autobús, helicóptero, tren» o «Un instrumento musical: violonchelo, órgano, trompeta, banjo»). Las categorías formaban parte de la manipulación experimental. Todos buscamos patrones cuando intentamos memorizar una lista larga de objetos, agrupando aquellos que tienen un aspecto o un sonido parecido, o que están relacionados de alguna manera. Los científicos querían ver si fumar marihuana influía en estas pistas «de alto rango» que usamos para recuperar información más adelante, de modo que proporcionaron las categorías. Transcurridos los noventa segundos, les quitaron las hojas. Cuatro horas después, cuando se habían desvanecido los efectos de la droga, los participantes volvieron al laboratorio y fumaron otro porro. Algunos de los que habían recibido un porro auténtico la primera vez recibieron un placebo la segunda, y viceversa. Otros fumaron el mismo tipo de cigarrillo las dos veces. Veinte minutos después, sin haber estudiado nada, hicieron una prueba.

Algunos se sometieron a una prueba de recuerdo libre, escribiendo en seis minutos el máximo número de palabras que lograsen recordar. Otros hicieron un test de «recuerdo asistido», en el que veían las listas de categorías («Un tipo de vehículo»), y anotaban todas las palabras que recordaban de esa categoría. Y, como era de esperar, en la prueba de recuerdo libre, quienes fumaron un porro auténtico en ambas ocasiones recordaron un 40 por ciento más que quienes fumaron uno de verdad para estudiar y un placebo para hacer el examen. Hasta cierto punto, también se dio la situación inversa: quienes inicialmente estudiaron fumando un placebo rindieron más cuando fumaron otro placebo que aquellos que estudiaron con placebo y luego fumaron un porro auténtico. La memoria de los participantes funcionó mejor cuando su cerebro estaba en el mismo estado durante el estudio y durante los exámenes.

¿Por qué? La prueba de recuerdo asistido (la que tenía categorías) contribuyó a dar una respuesta. Las puntuaciones de este test eran uniformemente altas, sin tener en cuenta lo que fumaron los estudiantes o cuándo lo hicieron. Este descubrimiento sugiere que el cerebro almacena más o menos el mismo *número* de palabras cuando está ligeramente embriagado que cuando no lo está; sea como fuere, las palabras están ahí. Sin embargo, el cerebro debe organizarlas de una forma distinta para recuperarlas más adelante. Esa «clave de recuperación» viene a la mente con mayor facilidad cuando el cerebro está en el mismo estado, colocado o sobrio. Sin embargo, la clave se vuelve innecesaria cuando las categorías están impresas y visibles en la página. No hace ninguna falta, porque el sujeto dispone de una pista externa. Como escribieron los autores: «La accesibilidad de pistas de recuperación (como las que producen una dosis moderada de marihuana) parece depender, en parte, de la restauración de aquel estado en el momento del recuerdo deseado».[15]

El estudio de porros y placebos también nos da una idea de hasta qué punto son efectivas estas pistas mnemotécnicas internas e inducidas por la droga. No lo son tanto. Si le damos a alguien una pista externa (como el nombre de una categoría), esto supera fácilmente las pistas internas. Lo mismo resultó ser cierto cuando los mismos investigadores estudiaron el alcohol y otras drogas: las pistas internas y externas pueden ser buenos recordatorios, pero no son nada comparadas con los indicios sólidos.

La personalidad del cerebro discente que nos revela todo este trabajo sobre las pistas externas e internas es un compañero de mesa de mirada huidiza. Sigue la conversación principal (los deberes escolares, la notación musical, los datos puros y duros) y, de vez en cuando, participa de ella. Al mismo tiempo, también periódicamente echa un vistazo rápido a su alrededor, examinando el cuarto, esbozando lo que ve, oye y huele, además de registrar las reacciones internas, sus sentimientos y sensaciones. Esas características (la música de fondo, una vela parpadeante, una punzada de hambre) ayudan a nuestro compañero a recordar más adelante cosas que se dijeron durante la conversación, sobre todo cuando el tema era novedoso. Aun así, una pista sólida es mejor.

Una vez más, enfoco esto en términos de la prueba geométrica del teorema de Pitágoras. Al recordar aquella escena de madrugada en el edificio de matemáticas hace tres décadas, puedo empezar a reconstruir la prueba, pero, como dije, hace falta dedicar algo de tiempo a situar los triángulos en su lugar. Sin embargo, si alguien esboza una parte del dibujo, todo vuelve a la mente de inmediato. La pista sólida que ofrece el dibujo parcial supera a las más débiles que proporcionan la recuperación de mi entorno de estudio.

En un mundo que ofreciera pistas fuertes cuando fueran necesarias, este sistema sería ideal. Tanto como lo sería si, siempre que tuviéramos que realizar algún examen, pudiéramos recrear fácilmente el entorno exacto en el que estudiamos, poniendo de fondo la misma música que sonaba entonces, disponiendo de la misma luz vespertina, el mismo estado mental…, todas las características internas y externas que estaban presentes cuando el cerebro almacenó el material originariamente.

Voy a decir algo a favor de las «ayudas para el estudio»: yo podía controlar dónde, cuándo y qué dosis, y creo que las vitaminas me permitieron acumular más información en mi frágil mente en los momentos en que más lo necesitaba. Los estimulantes y otras sustancias se convierten en una muleta psicológica para muchas personas por el mismo motivo por el que los investigadores los usaron en sus estudios: son una forma rápida y fiable de reproducir un estado mental particular.

Pero existe una forma mejor. Hay una manera de explotar los efectos de las pistas internas y externas sin tener que apostarlo todo a un solo entorno o depender de una droga para respaldar el esfuerzo.

● ● ●

Eche un vistazo a la tabla inferior y vea si detecta algún patrón, un sistema para agrupar los números y las letras en la memoria:

6	6	8	0
5	4	3	2
1	6	8	4
7	9	3	5
4	2	3	7
3	8	9	1
1	0	0	2
3	4	5	1
2	7	6	8
1	9	2	6
2	9	6	7
5	5	2	0
x	0	1	x

¿Se rinde? Debería. No existe ningún buen patrón de almacenamiento, porque así lo quiso el hombre que la inventó. La diseñó para que sea lo más difícil posible de recordar, dándole una disposición aleatoria.

A mediados de la década de 1920, Alexander Luria, un neuropsicólogo de la Universidad de Moscú, estaba estudiando la memoria cuando conoció a un reportero periodístico llamado Solomon Shereshevsky. Éste había trabajado en un diario urbano y se había comportado de un modo que hizo que su editor lo mirase con suspicacia. Cada mañana, los miembros del personal se reunían para repasar una larga lista con las actividades del día, los sucesos, las personas y las noticias potenciales a las que el editor quería seguir la pista. Todos los reporteros tomaban notas aplicadamente, menos Shereshevsky, que ni siquiera llevaba un bloc. El editor, convencido de que el periodista era un holgazán, habló con él del tema.

Shereshevsky le contestó que no necesitaba tomar notas, sólo recordar. Luego procedió a detallar la larga lista de tareas mencionadas esa mañana, sin cometer un solo error. Y no sólo recordaba la lista de aquel día, sino también la del día anterior, y la del anterior a ése. Según dijo, simplemente recordaba las cosas. Aquella experiencia le pareció tan extraordinaria al editor que le recomendó que fuese a ver a Luria.[16]

Y así empezó la famosa colaboración. Durante las cuatro décadas siguientes, Luria sometió a diversas pruebas a Shereshevsky, o «S.», como lo llamaba en los informes para proteger su identidad; al final obtuvo una exploración panorámica de una de las memorias más amplias y precisas que haya conocido este mundo. Las hazañas memorísticas de S. parecían eludir toda explicación. Era capaz de estudiar durante quince minutos una parrilla de números aleatorios y recordarlos todos al cabo de una semana, un mes o incluso diez años después.

Podía hacer lo mismo con listas de palabras, poemas, extractos literarios breves, tanto en su idioma ruso nativo como en otros que eran completamente ajenos a él, como el italiano. Las amplísimas entrevistas que le hizo Luria acerca de su memoria, detalladas en su obra *Pe-*

queño *libro de una gran memoria: la mente de un mnemonista*, revelaron que S. padecía un trastorno llamado sinestesia, debido al cual las percepciones están mezcladas y son inusualmente vívidas. Los sonidos tienen formas, colores; las letras tienen gusto, fragancia. Como dijo S. a Luria: «Hasta los números me recuerdan imágenes. Tomemos el número uno. Se trata de un hombre orgulloso, apuesto. El dos es una mujer animosa, el tres un individuo taciturno… En cuanto el número ochenta y siete, lo que veo es una mujer obesa y un hombre que se atusa el bigote».[17] Adjudicaba un número inusual de pistas a cada cosa que memorizada, incluyendo imágenes generadas internamente *y* detalles del entorno cognoscitivo, como el sonido de la voz de Luria.

La capacidad de recordar palabras, números y voces que tenía Shereshevsky era tan completa que a menudo una actuación se solapaba a otra, sobre todo cuando tenían lugar en el mismo sitio y no había diferencias contextuales. Tenía que bloquear adrede el material relacionado. Como le dijo a Luria: «Escribir algo significa que sé que ya no tendré que recordarlo. Así que empecé a hacerlo con cosas pequeñas, como números de teléfono, apellidos, tareas pendientes de uno u otro tipo. Pero no llegaba a ninguna parte, porque en mi mente seguía viendo lo que había escrito».[18] Carecía de un filtro normal para el olvido, lo cual a menudo le frustraba.

El 10 de mayo de 1939 Luria pidió a Shereshevsky que estudiara una de sus matrices alfanuméricas. S. la examinó durante tres minutos. Tras una breve pausa, pudo recitarla sin error, una fila tras otra, columna tras columna o incluso en diagonal. Unos meses más tarde, Luria volvió a someterlo a prueba (sin previo aviso) sobre la misma tabla. «La única diferencia entre los dos episodios fue que para el segundo necesitó más tiempo para "reavivar" la situación en la que se había realizado originariamente el experimento», escribió Luria. «"Ver" la habitación en la que habíamos estado sentados; "escuchar" mi voz; "reproducir" una imagen de sí mismo contemplando la pizarra.»[19] S. volvió a habitar la sesión del 10 de mayo para devolver la parilla a su memoria.

Shereshevsky era un prodigio, y en gran medida sus métodos están fuera del alcance del resto de nosotros. No podemos revivir nuestro entorno de estudio con tantísimo detalle, e incluso, aunque pudiéramos, no habría posibilidades de que toda la tabla nos volviera a la mente con una claridad diáfana. Nuestras mentes no funcionan de la misma manera. Sin embargo, el uso que hacía S. de las percepciones múltiples (auditivas, visuales, sensoriales) nos indica cómo podemos aprovechar el contexto. Podemos multiplicar fácilmente el número de percepciones relacionadas con un recuerdo dado; la forma más sencilla es variar *dónde* estudiamos.

¿Hasta qué punto podría ayudarnos a recordar un sencillo cambio de entorno?

A mediados de la década de 1970, un trío de psicólogos realizó un experimento para responder a esta pregunta.[20] Steven Smith, Robert Bjork y otro psicólogo, Arthur Glenberg, que en aquel entonces formaban parte de la Universidad de Michigan, se preguntaron qué sucedería si la gente estudiara dos veces el mismo material, pero en dos lugares distintos. Proporcionaron a un grupo de estudiantes una lista de cuarenta palabras de cuatro letras, como «*ball*» (pelota) y «*fork*» (tenedor). La mitad de los estudiantes memorizaron las palabras en dos sesiones de diez minutos cada una, con varias horas de diferencia, ya fuera en una habitación pequeña y repleta de cosas, situada en un sótano, o en una habitación ordenada y con ventanas que daba a un patio. La otra mitad estudió las palabras en dos entornos: una vez en la habitación pequeña y sin ventanas y la siguiente en la otra, más bonita, que daba al patio. Dos grupos. Las mismas palabras. En el mismo orden. El mismo lapso de tiempo. Un grupo estuvo en el mismo lugar dos veces, el otro en dos sitios diferentes.

Smith me dijo: «Yo, el experimentador, también me consideraba parte del entorno. En la habitación pequeña del sótano tenía mi apariencia habitual, con el pelo largo y revuelto, una camisa de franela y botas de trabajo. En la sala de conferencias moderna, me peiné el cabello hacia atrás, me puse corbata y el traje que llevaba mi padre en mi *bar mitzvá*. Algunos de los alumnos que estudiaron en los dos entornos pensaron que era otra persona».

Después de la segunda sesión, los sujetos calificaron cada término para decidir si tenía connotaciones positivas o negativas para ellos. Esto era un truco para darles la impresión de que ya habían acabado de trabajar con aquellas palabras, que no tenían motivos para volver a pensar en ellas ni ensayarlas. Pero, no habían acabado. En la tercera fase del experimento, tres horas más tarde, los investigadores pidieron a los sujetos que anotasen todas las palabras que pudieran en un plazo de diez minutos. Este test se realizó en una tercera habitación «neutra», un aula normal. No se produjo un restablecimiento como en los anteriores estudios del contexto. La tercera sala era una donde los participantes *no habían estado antes*, y no se parecía a las otras dos donde habían estudiado.

La diferencia entre puntuaciones fue impresionante. El grupo que sólo estuvo en una habitación recordó una media de dieciséis de las cuarenta palabras. El grupo que estuvo en las dos recordó veinticuatro. Un simple cambio en el entorno mejoró el poder de recuperación (la memoria) en un 40 por ciento. O, como lo expresaron los autores, el experimento «evidenció una intensa mejora del recuerdo debida a la variación del contexto ambiental».

Nadie sabe con seguridad por qué el hecho de cambiar de cuarto puede ser mejor para estudiar que quedarse en un solo lugar. Una posibilidad es que el cerebro codifica un subconjunto de las palabras en una habitación, y otro ligeramente distinto en la otra. Esos dos subconjuntos se solapan, y dos subconjuntos son mejores que uno. O puede ser que estudiar en las dos habitaciones duplique el número de pistas contextuales relacionadas con cualquier palabra, hecho o idea individuales que se estudian. En una habitación, las paredes pintadas de beis, los fluorescentes y los rimeros de libros colorean el recuerdo de la palabra «tenedor»; en la otra, «tenedor» se entrelaza con la luz natural que penetra por la ventana, la vista de un viejo roble en el patio, el murmullo del aire acondicionado. El material se ha insertado en dos capas sensoriales, lo cual podía darle al cerebro al menos una oportunidad más para «revivir» lo que pueda de las condiciones en que estudió, y recuperar las palabras o los conceptos. Si la Puerta Número 1 no funciona, puede probar la Puerta Número 2. Nos pasamos el día realizando este cambio de perspectiva, cuando, por ejemplo, intentamos recordar el nombre de un actor. Buscamos escenas de su última película: allí vemos su rostro, pero no su nombre. Recordamos su rostro en el diario, su aparición fugaz en un programa televisivo, quizás incluso una vez que le vimos sobre un escenario. Usamos múltiples lentes mentales para localizar el nombre y, en general, más detalles.

Desde entonces, Smith se ha pasado a lo digital.[21] En lugar de pasear a los estudiantes de una sala a otra, utiliza videoclips cortos para crear trasfondos. En un experimento típico, divide a los participantes en dos grupos. Uno estudia, pongamos, veinte palabras en suajili durante cinco sesiones de diez minutos cada una. Las palabras aparecen en una pantalla, una por vez, superpuestas a un videoclip único sin sonido en las cinco sesiones (por ejemplo, una estación de tren). Ésta es la condición «entorno idéntico». El otro grupo estudia las mismas palabras, también a lo largo de cinco sesiones de diez minutos, pero los términos aparecen superpuestos a un vídeo distinto durante cada uno de los periodos de práctica (una tormenta, una estación de tren, un paisaje de desierto, un embotellamiento, una sala de estar). Se trata de un estímulo visual, nada más. Sin embargo, en los test realizados dos días más tarde, el grupo que vio fondos diferentes obtuvo mejores resultados, recordando una media de dieciséis palabras en suajili, comparadas con las nueve o diez que recordó el grupo que sólo vio un fondo.

Tengo que admitir que soy adicto a estas cosas. Me encanta este tipo de estudios, porque sólo soy capaz de estudiar veinte minutos, como mucho. Quiero creer que este tipo de inquietud puede mejorar el aprendizaje, y a menudo deseo que la evidencia sobre la variación de contextos fuera un poco más... concluyente.

Para ser sinceros, la investigación parece bastante inconexa. Los científicos siguen debatiendo qué pistas son más importantes, cuándo, y hasta qué punto son realmente fuertes. Dado que los efectos del contexto son sutiles, resulta difícil reproducirlos en los experimentos. La definición de «contexto», ya de entrada, es un blanco móvil. Si incluye el estado de ánimo, el movimiento y la música de fondo, por extensión podría significar *cualquier* cambio en la manera en que abordamos el estudio de nuestras listas de vocabulario, capítulos de historia o deberes de español. Piense en ello. Escribir notas a mano es un tipo de actividad; teclearlas en un teclado es otra diferente. Lo mismo se aplica a estudiar de pie en vez de sentado, o corriendo en una cinta continua. Daniel Willingham, toda una autoridad en la aplicación de técnicas discentes en las aulas, aconseja a sus alumnos que, cuando repasen el material para un examen, no dependan exclusivamente de sus apuntes. «Les digo que dejen a un lado sus apuntes, que creen una estructura totalmente nueva, reorganizando el material», me dijo. «Esto te obliga a pensar de nuevo en el material, y de una forma distinta.»

¿Acaso *cómo* hacemos algo no forma parte del «entorno», también?

Pues sí. No obstante, el mensaje más amplio que nos transmite la investigación sobre el contexto es que, al final, no es muy importante qué aspectos del entorno modifique, con tal de que siempre varíe lo que pueda. El filósofo John Locke describió en cierta ocasión el caso de un hombre que había aprendido a bailar mediante la práctica de un ritual estricto, siempre en la misma habitación, donde había un viejo baúl. Lamentablemente, escribía Locke, «la idea de este objeto notable del mobiliario hogareño se había mezclado hasta tal punto con los giros y los pasos de todos sus bailes que, aunque en aquella habitación bailaba estupendamente, sólo lo conseguía cuando estaba el baúl; no bailaba bien en ningún otro sitio, a menos que aquel baúl u otro ocupase el lugar adecuado de la sala».[22]

Esta investigación nos dice: saque el baúl del cuarto. Dado que no podemos predecir el contexto en el que tendremos que actuar, nos irá mejor si variamos las circunstancias en las que nos preparamos. Hemos de saber abordar los rompecabezas súbitos que nos plantea la vida, sus juegos informales y sus *jam sessions*, y la manera de hacerlo no es la tradicional de establecer una estricta rutina de prácticas. Por el contrario: pruebe otra habitación diferente, otro momento del día. Llévese la guitarra fuera, al parque, al bosque. Cambie de cafetería o de cancha deportiva. Ponga blues en vez de música clásica. Cada alteración de la rutina enriquece más la habilidad que se practica, haciendo que sea más intensa y más accesible durante un periodo de tiempo más dilatado. Este tipo de experimento refuerza por sí mismo el aprendizaje, y hace que lo que usted sabe cada vez sea más independiente de su entorno.

Capítulo 4

●●●●●●●●●●●●●●●

El espaciado

La ventaja de dividir el tiempo de estudio

La técnica más antigua en la ciencia memorística es también una de las más poderosas, fiables y fáciles de usar. Los psicólogos la conocen desde hace más de un siglo, y han demostrado que sirve para profundizar el aprendizaje de áreas temáticas o habilidades que exigen aprender cosas de memoria, como vocabulario extranjero, términos y conceptos científicos o escalas musicales. Sin embargo, en su mayor parte la enseñanza dominante ha pasado por alto esta técnica. Pocas escuelas la enseñan como parte del currículo habitual. Pocos son los estudiantes que han oído hablar de ella, excepto como ese tipo de consejo maternal que no pasa nada si no se le hace caso:

> «Cariño, ¿no crees que sería mejor que estudiases un poco más esta noche y un poco más mañana, en lugar de intentar aprenderlo todo de golpe?»

Esta técnica se denomina aprendizaje distribuido o, más frecuentemente, efecto de espaciado. Cuando distribuimos (o «espaciamos») nuestro tiempo de estudio, las personas aprendemos como mínimo lo mismo, y lo retenemos en la memoria mucho más tiempo que cuando lo condensamos en poco tiempo. Mamá tiene razón: es mejor hacer un poco hoy y otro poco mañana que hacerlo todo a la vez. Y no sólo es mejor, sino *mucho* mejor. El aprendizaje distribuido, en muchas ocasiones, puede duplicar la cantidad de cosas que recordamos luego. Esto no quiere decir que el esfuerzo intenso y reconcentrado no sirva para nada. El estudio nocturno ha resistido la prueba del tiempo, y tiene un largo historial como factor que ha mejorado la nota del examen al día siguiente. Sin embargo, por lo que respecta a su fiabilidad, este esprín nocturno se parece un poco a llenar en exceso una maleta barata: durante un tiempo el contenido aguanta en su sitio, pero luego todo se sale. Los investigadores que estudian el aprendizaje dicen que el resultado de esos «atracones» habituales puede ser nefasto entre un semestre y el siguiente. Los alumnos que lo practican «llegan al segundo trimestre y no recuerdan nada del primero», me dijo Henry Roediger III, psicólogo en la Universidad de Washington en San Luis. «Es como si no hubieran hecho la asignatura.»

El efecto del espaciado resulta especialmente útil para memorizar datos nuevos. Pruébelo con un par de listas de, pongamos, quince números de teléfono o palabras en ruso. Estudie una lista durante diez minutos hoy y otros diez mañana, y la otra durante veinte minutos mañana. Espere una semana y haga una prueba a ver cuántos elementos de ambas listas logra recordar. Ahora consúltelas de nuevo: la diferencia en lo que haya recordado de cada una debería ser destacable, y carece de explicación evidente. Me gusta pensar que el efecto del espaciado se parece al cuidado de los jardines en Los Ángeles, es una ciudad que tiene un clima desértico costero y que está enamorada de los céspedes perfectos. Cuando estuve viviendo en ella durante siete años, me enteré de que, para mantener uno de esos jardines, es mucho más eficaz regarlo durante media hora tres veces a la semana que una hora y media una vez a la semana. Anegar el césped hace que al día siguiente tenga un aspecto un poquito más radiante, pero no hay duda de que ese fulgor esmeralda se desvanece pronto. Una dosis saludable de agua cada dos días hará que su césped tenga tan buen aspecto como el de sus vecinos, y además usando la misma cantidad de agua o puede que menos. Lo mismo pasa con el estudio distribuido. No es que le dedique más horas, ni que se esfuerce más, pero recuerda más cosas durante más tiempo.

Un principio tan poderoso como éste debería haber hecho una transición rápida y cómoda del laboratorio a las aulas. ¿Qué alumno no querría mejorar su aprendizaje sin tener que invertir más tiempo o esfuerzo?

Pues eso no ha pasado, y por buenas razones. Una de ellas es que, como los padres saben muy bien, conseguir que un estudiante se siente a estudiar una sola sesión ya cuesta, así que no hablemos de que lo haga varias veces. La otra es que, durante buena parte de los últimos cien años, los psicólogos (exasperante e inexplicablemente) han confiado el estudio del espaciado a los experimentos breves en el laboratorio. Es como si los médicos descubrieran una cura para la diabetes y se pasaran cincuenta años caracterizando su estructura molecular en vez de administrarla a los pacientes. Sólo durante los últimos años los investigadores han definido cuáles son los mejores intervalos cuando se practica el estudio espaciado. ¿Qué es más eficaz, estudiar un poco hoy y otro poco mañana, hacerlo un día sí y otro no, o una vez a la semana? ¿Y qué pasa si es martes y el examen final de historia es el viernes? ¿Y si el examen es dentro de un mes? Los intervalos del espaciado, ¿cambian dependiendo de la fecha del examen?

Yo entiendo la historia del estudio distribuido como una demostración práctica de cómo interpretar la investigación, sobre todo del tipo que comentamos en este libro. La cultura de la ciencia consiste en edificar sobre la evidencia empírica anterior: probar, replicar y, si es posible, ampliar. Esta tradición tiene un valor insuperable, porque proporciona a los científicos un lenguaje compartido, un conjunto común de instrumentos, de modo que el doctor Smith de Glasgow sabe de qué habla la doctora Jones de Indianápolis cuando describe en un ensayo los resultados de un test de «pares-asociados». Sin esa *lingua franca*, ningún campo podría echar los cimientos de los descubrimientos consensuados. Los investigadores seguirían sus propias intuiciones, inventando sus pruebas y herramientas, creando un enjambre de resultados que podrían estar o no relacionados entre sí.

Sin embargo, esa tradición puede ser vinculante, y mantuvo confinado el efecto del espaciado, atrapado durante décadas en debates aparecidos en revistas especializadas. Para romper ese confinamiento fueron necesarios, en diversos grados, el trastorno social provocado por la guerra de Vietnam, el trabajo de un empecinado adolescente polaco y la frustración de un investigador veterano que dijo, básicamente: *¿Y cómo puedo usar esto en mi propia vida?* Ésta es una pregunta que todos deberíamos formular a cualquier ciencia que pretenda mejorar el aprendizaje, y contribuyó a hacer que el efecto del espaciado dejara de ser una curiosidad de laboratorio para ser algo que podemos aprovechar en la práctica.

● ● ●

Ya hemos conocido a Hermann Ebbinghaus, el hombre que otorgó a la ciencia del aprendizaje su primer lenguaje. Ese lenguaje estaba compuesto por sílabas sin sentido, y Ebbinghaus dedicó buena parte de su vida adulta a inventarlas, barajarlas, disponerlas en listas cortas, listas largas, estudiar las listas durante un cuarto de hora, media hora o más tiempo, y luego someterse a prueba, confrontando cuidadosamente cada prueba con la lista originaria y la duración de su estudio. Llevaba registros meticulosos, lo convertía todo en ecuaciones, repasaba y comprobaba esas ecuaciones, y luego recargaba y probaba diversos programas de memorización, incluyendo el del estudio espaciado. Descubrió que era capaz de aprenderse una lista de doce sílabas, repitiéndola sin ningún error, si realizaba sesenta y ocho repeticiones un día y siete más al siguiente. Sin embargo, obtenía el mismo resultado si sólo las repetía *treinta y ocho* veces, pero espaciándolas en un lapso de tres días. «Dado un número considerable de repeticiones», escribió, «es evidente que la distribución idónea de las mismas durante un lapso de tiempo es más beneficiosa que si se llevan a cabo en una sola ocasión».[1] Por lo tanto, el fundador de la ciencia del aprendizaje fue quien descubrió el poder del espaciado.

El siguiente científico que recibió el testigo marcaría el tono para una generación de investigadores que apenas avanzaría un centímetro. Adolf Jost, un psicólogo austriaco conocido sobre todo por su defensa de la eugenesia, hizo sus propios estudios sobre el espaciado (también con sílabas sin sentido) y, en 1897, formuló lo que se dio a conocer como la ley de Jost:[2] «Si dos asociaciones tienen la misma fuerza pero una edad distinta, una nueva repetición tiene un gran valor para la más antigua». Traducción: estudiar un concepto nuevo justo después de haberlo hecho no afirma apenas o nada la memoria; estudiarlo una hora más tarde, o al día siguiente, sí lo hace. Básicamente, Jost repitió uno de los experimentos de Ebbinghaus, hizo el mismo descubrimiento y sacó una ley de éste, bautizándola con su nombre. Se las arregló para que pareciese que ampliaba la investigación, cuando en realidad no lo hizo.

Otros psicólogos siguieron el mismo camino, al principio probando con más sílabas sin sentido y pasando gradualmente a listas de palabras o parejas de términos. En cierto sentido, durante la primera mitad del siglo xx, la ciencia retrocedió varios pasos. Los psicólogos que siguieron a Jost realizaron montones de experimentos con grupos reducidos de personas, para estudiar elementos «agrupados» o «espaciados» en intervalos de minutos o incluso de segundos, perdiéndose hasta tal punto en las nimiedades que hacia 1960 lo único que había conseguido la investigación era, sobre todo, demostrar que el efecto del espaciado «funcionaba» durante periodos de tiempo muy breves. Si a usted le dicen tres veces, una detrás de otra, que James Monroe fue el quinto presidente de Estados Unidos, lo recordará un tiempo; si se lo dicen tres veces, separadas por intervalos de diez minutos, lo recordará más tiempo.

Y es agradable saber esto si se está preparando para un concurso cultural contra su hermano de diez años. Pero este enfoque sobre los intervalos breves no respondía a una pregunta importante: ¿la práctica del espaciado, puede ayudar a las personas a construir y mantener una base de conocimientos que les sea útil en la escuela y en la vida?

En la década de 1970 un número cada vez mayor de psicólogos empezó a preguntarse justamente eso, porque tenían la sensación de que se estaba dilapidando una gran idea. Algunos cuestionaban toda la tradición investigadora del gremio, incluyendo su fe en los métodos de Ebbinghaus. «Todo esto empezó a pasar durante las protestas contra la guerra de Vietnam, cuando los estudiantes y los jóvenes cuestionaban la autoridad», me dijo Harry P. Bahrick, psicólogo en la Universidad Wesleyana de Ohio. «Eso fue lo que puso en marcha este debate, y la gente empezó a hablar. Nos habíamos pasado todos aquellos años postrándonos ante los gigantes en este campo y, ¿qué habíamos conseguido? A los maestros y a los alumnos les da igual cuántas palabras recuerdas o no durante un test de laboratorio de diez minutos. Lo que quieren saber es cómo afecta el efecto del espaciado a la eficacia con la que se aprende francés o alemán, o conceptos matemáticos y científicos. No se lo podíamos decir. Teníamos que hacer algo totalmente distinto.»

A Bahrick no le interesaba ampliar los descubrimientos de laboratorio. Quería abrir las puertas de par en par y dejar entrar aire fresco. Quería librarse de la influencia de Ebbinghaus, Jost y la vieja guardia, y probar intervalos largos, de semanas, meses, años: los periodos de tiempo relevantes para el aprendizaje en esta vida. ¿Cómo contribuye el aprendizaje distribuido a dominar una materia como, por ejemplo, mecánica del automóvil, o a adquirir habilidades musicales? ¿Ayuda en algún sentido, o los beneficios son nimios? Para responder convincentemente a estas preguntas, tendría que someter a prueba la adquisición del tipo de conocimiento que las personas no pueden obtener informalmente, en el trabajo, leyendo el diario o hablando con amigos. Eligió los idiomas extranjeros. Para el experimento que tenía en mente, los sujetos de su experimento tampoco podían ser cualesquiera. Tenía que encontrar a personas que pudieran someterse al experimento durante años; que no abandonasen el proyecto o perdieran el contacto; que no fingieran sus esfuerzos; y lo ideal sería que pudieran supervisar sus propios estudios.

Eligió a su esposa y a sus hijos. Los Bahrick son una familia de psicólogos. Su esposa, Phyllis, que es terapeuta, y sus hijas, Lorraine y Audrey, ambas investigadoras académicas, serían sujetos idóneos. Bahrick, que se incluyó como el participante número cuatro, me dijo: «No estoy seguro de que ellas quisieran hacer algo así, pero creo que quisieron complacerme. Y, con el paso de los años, se convirtió en un proyecto familiar divertido. Siempre teníamos algo de lo que hablar, y hablábamos mucho sobre el tema».

Las reglas eran las siguientes. Phyllis, Audrey y Lorraine estudiarían vocabulario en francés, y Harry estudiaría alemán. Compiló listas de trescientas palabras desconocidas para cada persona, y cada miembro de los Bahrick dividió su lista en seis grupos de cincuenta palabras y estudió cada uno de los grupos siguiendo una pauta distinta. Una de las listas la estudiaban una vez cada dos semanas; otra, una al mes; una tercera, una vez cada dos meses. Usaban tarjetas, en una de cuyas caras estaba la palabra en francés o en alemán y en la otra en inglés; dedicaban a cada sesión el tiempo que fuera necesario hasta recordar el significado de todas las palabras de aquella lista. La mayor parte del tiempo era una tarea rutinaria. Era aburrida. Nadie cobraba nada por aquel tiempo de estudio. Pero también fue un comienzo. Se había puesto en marcha el primer test verdaderamente a largo plazo del efecto del espaciado; como ellos lo llamaron, «el estudio de los cuatro Bahrick».[3]

• • •

El mejor programa para aprender idiomas extranjeros que hay en el mundo es lo que yo llamo el Método James.[4] Para utilizar este programa, no tiene más que seguir el ejemplo de los escritores estadounidenses Henry y William James, y crecer siendo el hijo de unos padres ricos y cultivados que se encarguen de que, durante su infancia, viaje por toda Europa y las Américas mientras le enseñan idiomas. Los James estaban decididos a que sus hijos tuvieran lo que su padre llamaba «una educación sensorial». El más famoso de los hermanos, el novelista Henry, estudió con tutores en París, Boloña, Ginebra y Bonn; pasó bastante tiempo viviendo en cada una de esas ciudades, a las que regresó periódicamente a lo largo de su vida. Como resultado, hablaba perfectamente francés, italiano y alemán.

El Método James integra en el desarrollo infantil el idioma extranjero unido a una enseñanza de primera categoría. Esto no es exactamente lo mismo que crecer en un hogar multilingüe, pero se parece bastante. Los niños absorben rápidamente un idioma nuevo cuando se ven obligados a hablarlo y comprenderlo (cuando viven con él), y eso es lo que hicieron los niños James hasta cierto punto. Tuvieron que memorizar verbos y sustantivos no ingleses, como el resto de nosotros, pero lo hicieron en una fase en la que aún se estaban desarrollando los módulos lingüísticos de su cerebro.

Si se lo puede permitir, es un buen plan.

Si no puede, si pasó su infancia más cerca de Geneva, Ohio, o de Paris, Texas, y le apetece estudiar farsí, se enfrentará a una tremenda desventaja. Tendrá que dedicarse a una memorización no tan sensorial, y además en grandes dosis, y lo hará en medio de un aislamiento relativo. No hay otro modo, ni trucos ni códigos secretos.

Pensemos en estudiar inglés como idioma extranjero, un reto al que se enfrentan millones de personas en el mundo si quieren aspirar a determinado puesto de trabajo, sin duda en el terreno científico, pero también en el gubernamental, en sectores de la economía digital, en el turismo y el comercio. Un hablante competente de inglés conoce entre veinte y treinta mil palabras, junto con cientos de frases hechas y expresiones. Cuando uno parte de cero, acumular la mitad de tantísimas palabras es una misión difícil. Según un cálculo, hacen falta aproximadamente dos horas de práctica al día durante unos cinco años. Y almacenar esas palabras sólo es parte de la misión. Recuerde que, según la teoría de olvidar para aprender, el almacenamiento y la recuperación son dos cosas distintas. El mero hecho de que haya estudiado (almacenado) la palabra «epítome» no quiere decir que pueda recuperarla cuando la lee o la escucha. Para construir la fluidez, para mantener siempre a mano este diccionario que no deja de crecer y poder utilizarlo, hace falta más tiempo del que se necesita para almacenar los vocablos.

¿Cuánto más?

En 1982, más o menos en la época en que Bahrick se embarcó en el estudio con su familia, un alumno universitario polaco de diecinueve años llamado Piotr Wozniak obtuvo una respuesta a esa pregunta basándose en su propia experiencia: demasiado tiempo.[5] Al ritmo que llevaba, Wozniak calculó que tendría que estudiar inglés cuatro horas al día durante años para estar lo bastante preparado como para leer artículos científicos y conversar con otros científicos. Sencillamente, no disponía de tiempo, porque tenía que compaginarlo con un montón de asignaturas de ciencia informática y biología. Tendría que descubrir un sistema más eficaz, si existía, y el único sujeto con el que contaba era él mismo. Empezó reuniendo una base de datos de unas tres mil palabras y 1.400 datos científicos en inglés, cosas que quería aprenderse. Dividió el total en tres grupos iguales y comenzó a estudiarlos siguiendo procesos diferentes. Probó con intervalos de dos días, cuatro días, una semana, dos semanas, y así sucesivamente. Tomó notas detalladas para detectar cuándo las palabras o datos recién aprendidos empezaban a resultar difíciles de recordar.

Empezó a ver un patrón. Descubrió que, después de una única sesión de estudio, podía recordar una palabra nueva durante un par de días. Pero si la volvía a estudiar al día siguiente, podía recordarla durante cosa de una semana. Después de una tercera sesión, realizada una semana después de la segunda, podía recordar la palabra durante casi un mes. Siguió refinando los intervalos ideales para mantener su nivel de inglés, y programó un ordenador para llevar un diario de su progreso. En aquella época escribió: «Estos intervalos óptimos se calculan con base en dos criterios contradictorios. Los intervalos deben ser lo más largos posibles para obtener la frecuencia mínima de repeticiones, y para aprovechar al máximo el llamado efecto del espaciado [...]. Los intervalos deben ser lo bastante cortos como para garantizar que aún se recuerden los conocimientos».[6]

Al cabo de poco tiempo, Wozniak vivía y aprendía siguiendo los ritmos de su sistema, aplicándolo a todos sus sujetos. El experimento inglés se convirtió en un algoritmo, luego en una misión personal, y por último, en 1987, lo convirtió en un paquete de *software* llamado SuperMemo. SuperMemo enseña de acuerdo con los cálculos de Wozniak. Proporciona tarjetas digitales y un calendario diario para estudiar, indicando cuándo se estudiaron por primera vez las palabras y representándolas de acuerdo con el efecto del espaciado. Cada palabra estudiada anteriormente aparece en pantalla justo antes de que esa palabra esté a punto de escapar al alcance de la recuperación. Es fácil de usar y, después de que Wozniak lo distribuyera como *freeware* en la década de 1990, el programa despegó, sobre todo entre los jóvenes que intentan aprender inglés en lugares como China y Polonia (ahora es una página web comercial y una aplicación).

En la práctica, Wozniak había reinventado a Ebbinghaus para la era digital. Su algoritmo respondía a una pregunta crucial sobre la distribución de los intervalos. Para adquirir y retener vocabulario extranjero, definiciones científicas u otras informaciones factuales, es mejor repasar el material uno o dos días después del estudio inicial; luego, una semana después, y luego un mes más tarde. Después de eso, los intervalos son más largos.

En 1992, los investigadores vieron que lo que empezó siendo una curiosidad de laboratorio tenía en realidad un tremendo potencial educativo. Un grupo había demostrado que enseñar a sumar a niños de quinto de primaria una vez al día durante diez días resultaba mucho más eficaz que hacerlo dos veces al día durante cinco días. Otro había demostrado que los alumnos de secundaria aprendían mucho mejor las definiciones de biología, tales como célula, mitosis y cromosoma cuando estudiaban en sesiones espaciadas que en una sola clase. Y es cierto que los intervalos cada vez mayores (como para SuperMe-

mo) parecían ser la forma más eficaz de construir una base de conocimientos, haciendo que el efecto del espaciado fuese «uno de los fenómenos más notables surgidos de la investigación de un laboratorio
sobre el aprendizaje», escribió un crítico, el psicólogo Frank N.
Dempster, de la Universidad de Nevada, Las Vegas.[7]

Al año siguiente, en 1993, el estudio de los cuatro Bahrick apareció
publicado en la revista *Psychological Science*. Si Wozniak contribuyó a
establecer los intervalos mínimos necesarios para mantener accesibles
los datos recién aprendidos, los Bahrick ofrecieron información sobre los intervalos *máximos* para el aprendizaje de por vida. Después de
cinco años, la familia alcanzó su máxima puntuación en la lista que
habían repasado siguiendo el programa más espaciado y duradero:
una vez cada dos meses, durante veintiséis sesiones. En el examen final recordaron un 76 por ciento de aquellas palabras, comparado con
el 56 por ciento en un test sobre palabras estudiadas una vez cada dos
semanas durante veintiséis sesiones.

Al principio del estudio, la espera de dos meses supuso que olvida-
ran muchas palabras frente a las que olvidaron cuando sólo esperaron
dos semanas. Esa diferencia se fue recortando rápidamente; recuerde
que durante cada sesión de estudio practicaban hasta saberse *todas* las
palabras de su lista. Hacia el final, el intervalo de dos meses mejoró el
rendimiento en un 50 por ciento. «¿Quién podía saberlo?», dijo
Bahrick. «Yo no tenía ni idea. Pensé que al cabo de dos meses se me
habría olvidado todo.»

Aún se sigue debatiendo por qué las sesiones de estudio espaciadas
tienen un impacto más fuerte sobre el aprendizaje. Seguramente ac-
túan diversos factores, dependiendo del intervalo. Es posible que los
intervalos muy breves (segundos o minutos, como en los primeros
estudios) indujeran al cerebro a interesarse progresivamente menos
en un dato cuando se repite múltiples veces en rápida sucesión. Acaba
de escuchar y almacenar el dato de que James Monroe fue el quinto
presidente. Si este mismo dato se repite una segunda y luego una tercera vez, el cerebro le presta una atención paulatinamente menor.

En el caso de intervalos intermedios de días o semanas, podrían intervenir otros factores. Recuerde la teoría de olvidar para aprender, que sostiene que el olvido ayuda al aprendizaje en dos sentidos: activamente, filtrando los datos antagónicos, y pasivamente, en el sentido de que cierto grado de olvido permite que la práctica ulterior profundice el aprendizaje, como un músculo que se ejercita.

El ejemplo que usamos en el capítulo 2 hablaba de conocer a unos vecinos nuevos («Justin y Maria, ¡unos nombres estupendos!»). Uno recuerda los nombres justo cuando acaba de escucharlos, dado que el poder de recuperación es elevado. Sin embargo, el poder de almacenamiento es bajo, y mañana por la mañana tendrá en la punta de la lengua los nombres escuchados. Eso pasará hasta que escuche gritar por encima del seto «¡Justin! ¡Maria!» y vuelva a recordarlos, al menos durante unos pocos días más. Es decir, que volver a escuchar los nombres activa un proceso mental, la recuperación (*¡Huy, sí! ¡Justin, como Timberlake, y Maria, como Sharapova!*), lo cual aumenta el poder de recuperación posterior un grado más que antes. Entre las dos prácticas ha transcurrido un día, lo cual permite que aumente esa capacidad.

El estudio espaciado (en muchas circunstancias, incluyendo el ejemplo de los vecinos) también aporta pistas contextuales, del tipo del que hablamos en el capítulo 3. Usted conoció esos nombres en la fiesta, rodeado de amigos y de conversaciones, con una copa de vino en la mano. La segunda vez, oyó que alguien los gritaba por encima del seto. Ahora los nombres están insertos en dos contextos, no sólo uno. Lo mismo sucede cuando repasamos una lista de palabras o hechos por segunda vez (aunque, por supuesto, el contexto será intrascendente si usted estudia en el mismo lugar los dos días).

Los efectos que hemos descrito son en gran medida subconscientes, y vuelan por debajo del radar. No los detectamos. Gracias a intervalos más largos, de un mes o más, y sobre todo con tres o más sesiones, empezamos a percibir algunas de las ventajas que nos proporciona el espaciado, porque son evidentes. En el caso de los Bahrick, los intervalos más largos les ayudaron a identificar palabras que, probablemente, tendrían problemas para recordar. Tal como me dijo Bahrick: «Cuando introduces espacios más largos, olvidas más, pero descubres cuáles son tus puntos débiles y los corriges. Descubres qué mediadores, qué pistas, asociaciones o indicios que has usado para cada palabra son los que funcionan, y cuáles no. Y si no funcionan, buscas otros nuevos».

Cuando abordo la tarea de aprender un material difícil que viene acompañado de un léxico nuevo (nuevos programas informáticos, los detalles de un seguro de vida, la genética de los trastornos psiquiátricos), puedo estudiar durante una hora y, al día siguiente, cuando retome el estudio, recordar algunos términos. Prácticamente ninguno. Al principio, los vocablos y los conceptos son tan extraños que mi cerebro no tiene manera de categorizarlos, no tiene un lugar donde ponerlos. Pues que así sea. Ahora considero que ese primer contacto es un paseo informal, una presentación, y sólo le dedico veinte minutos. Sé que en la segunda ronda (veinte minutos) obtendré mayor tracción, por no mencionar la tercera ronda (también de veinte minutos). No es que haya invertido más tiempo, pero recuerdo más.

En la década de 1990, después de un largo periodo de incubación en un laboratorio, el efecto del espaciado ya sabía volar solo y había madurado, demostrando durante ese proceso que era muy sólido. Los resultados de los estudios en aulas siguieron llegando: el repaso espaciado mejora la puntuación de los exámenes sobre las tablas de multiplicar, las definiciones científicas, el vocabulario. La verdad es que en la ciencia del aprendizaje nada se le puede comparar para obtener mejoras inmediatas, significativas y fiables para el aprendizaje. Aun así, el «espaciado» no tenía manual de instrucciones. Seguían vigentes las mismas preguntas sobre el tiempo: ¿cuál es el intervalo de estudio óptimo *dada la fecha del examen*? ¿Cuál es la ecuación de los lapsos de tiempo? ¿Existe?

• • •

Las personas que más se han esforzado por convertir el efecto del espaciado en una estrategia práctica para el aprendizaje cotidiano tienen una cosa en común: son maestros a la par que investigadores. Si los estudiantes fagocitan datos que luego no recuerdan, no toda la culpa es suya. Una buena clase debería conseguir que la materia arraigase, y el repaso espaciado (en clase) es una manera de conseguirlo. Por supuesto, los profesores ya dedican tiempo al repaso, pero normalmente motivados por su instinto o como parte de un currículo estándar, no guiados por la ciencia mnemotécnica. Melody Wiseheart, psicóloga en la Universidad de York de Toronto, me dijo: «Estoy cansada de ver cómo los alumnos asisten a mi clase de introducción a la psicología y al año siguiente ya no recuerdan nada. Es una pérdida de tiempo y de dinero, porque la gente paga mucho dinero por ir a la universidad. Además, como profesora quiero enseñar de tal manera que los alumnos aprendan y recuerden. Ése es mi trabajo. Está claro que quieres saber cuándo es el mejor momento para repasar los conceptos clave: dado el efecto del espaciado, ¿cuál es el mejor momento para repasar el material? ¿Cuál es la mejor programación para unos alumnos que se preparan para un examen?»

En 2008, un equipo de investigación dirigido por Wiseheart y Harold Pashler, psicólogo de la Universidad de California, San Diego, realizó un estudio amplio que proporcionó la primera buena respuesta a estas preguntas.[8] El equipo hizo participar a 1.354 personas de todas las edades, extraídas de un fondo de voluntarios en Estados Unidos y en el extranjero, que habían consentido en ser sujetos «remotos» de la investigación y que trabajaban online. El grupo de Wiseheart y Pashler les pidió que estudiasen treinta y dos datos abstrusos: «¿Qué país europeo consume más comida mexicana picante?»: Noruega. «¿Quién inventó el golf en la nieve?»: Rudyard Kipling. «¿En qué día de la semana zarpó Cristóbal Colón para el Nuevo Mundo en 1492?: Un viernes. «¿Cómo se llama el perro de las cajas de Cracker Jack?»: Bingo. Cada participante estudió dos veces los datos, en dos ocasiones distintas. Para algunos sólo mediaron diez minutos entre las dos sesiones. Para otros, el intervalo fue de un día. Para otro grupo, fue de un mes. El intervalo más dilatado fue de seis meses. Además, los investigadores variaron el momento en que se realizaba el examen final. En total, los investigadores contaron con veintiséis agendas de estudio diferentes que podrían comparar.

Los investigadores compararon los veintiséis calendarios de estudio, calculando los mejores intervalos *dadas distintas fechas de examen*. El grupo de Wiseheart y Pashler escribió:[9] «Por decirlo lisa y llanamente, si usted quiere descubrir la distribución óptima de su tiempo de estudio, tiene que decidir durante cuánto tiempo desea recordar algo». Los intervalos óptimos se pueden expresar como una tabla sencilla:

Tiempo hasta el examen	Primer intervalo de estudio
1 semana	1-2 días
2 meses	1 semana
3 meses	2 semanas
6 meses	3 semanas
1 año	1 mes

Eche un vistazo de cerca. Estos números no son exactos; existe un margen por ambos lados. Pero se acercan bastante. Si el examen es dentro de una semana, y quiere dividir su tiempo de estudio en dos, haga una sesión hoy y otra mañana, o una hoy y otra pasado mañana. Si quiere añadir una tercera, estudie el día antes del examen (menos de una semana después). Si falta un mes para el examen, la mejor opción es hoy, dentro de una semana (para dos sesiones); para una tercera sesión, espere otras tres semanas más o menos, o hasta el día anterior al examen. Cuanto más distante esté el examen (es decir, cuanto más tiempo tenga para prepararse), mayor será el intervalo óptimo entre las sesiones una y dos. El estudio por Internet descubrió que ese primer intervalo óptimo se reduce como una *proporción* del tiempo que falta hasta el examen. Si el examen es dentro de una semana, el mejor intervalo es un día o dos (del 20 al 40 por ciento). Si es dentro de seis meses, el mejor intervalo es entre tres y cinco semanas (del 10 al 20 por ciento). Si espacia más las sesiones de estudio, el rendimiento menguará con bastante rapidez. Tal como Wiseheart me dijo, hablando de la mayoría de estudiantes en la universidad, el instituto de secundaria o la escuela de ciclo medio, «básicamente esto significa que usted trabaja con intervalos de un día, dos, o una semana. Eso debería bastar en la mayoría de las situaciones».

Veamos un ejemplo. Digamos que al final del semestre, dentro de unos tres meses, hay un examen de alemán. La mayoría de nosotros se pasará al menos dos meses de ese plazo estudiando lo que *necesita* aprender para el examen, dejando como mucho unas pocas semanas para repasar, o menos (exceptuando a los licenciados). Digamos quince días, ésa será nuestra ventana. Por comodidad, concedámonos un tiempo total de estudio para ese examen: nueve horas. El calendario óptimo es el siguiente: tres horas el primer día; tres horas el octavo día; tres horas el decimocuarto día, día arriba o día abajo. En cada sesión de estudio repasaremos el mismo material. El día 15, si obedecemos el efecto del espaciado, nos irá como mínimo tan bien como en el examen, comparando esta técnica de estudio con una sesión de nueve horas de empollar sin descansar. La ventaja es que retendremos ese vocabulario durante *mucho* más tiempo; en el caso de este ejemplo, muchos meses. También nos irá mejor en los exámenes posteriores, como por ejemplo al principio del siguiente semestre. Y si el examen se retrasa unos pocos días, nos irá mucho mejor que si hubiéramos estudiado todo de golpe. Habremos aprendido como mínimo lo mismo y en la misma cantidad de tiempo; y además, lo conservaremos en la memoria.

Una vez más, amontonar datos da resultado cuando no hay más tiempo. Lo que pasa es que luego los olvidamos. El espaciado hace que los retengamos.

Sí, este tipo de enfoque exige una planificación; nada es totalmente gratis. Aun así, el estudio espaciado es lo más cercano a un regalo dentro de la ciencia del aprendizaje, y merece muchísimo la pena probarlo. Elija sabiamente la materia. Recuerde que el espaciado es, principalmente, una técnica de retención. Idiomas extranjeros. Vocabulario científico. Nombres, lugares, fechas, geografía, la memorización de discursos. Disponer de más datos a bordo también podría ayudarle mucho a comprenderlos, y algunos investigadores estudian precisamente este fenómeno, para las matemáticas y para otras ciencias. Sin embargo, por ahora ésta es una estrategia de memorización. William James, a quien educaron sensorialmente, y que se convirtió en el filósofo-decano de la psicología estadounidense temprana, no dejó nunca de dar consejos sobre cómo enseñar, aprender y recordar (por lo general, restaba importancia a los tutores y respaldaba plenamente los viajes que tuvo la fortuna de poder hacer). Sin embargo, vemos que en su libro de 1901 titulado *Charlas a los maestros sobre psicología pedagógica. Serie: Los ideales de la vida*, rompe una lanza sobre el efecto del espaciado: «Estudiar sin descanso pretende grabar datos en la memoria mediante una aplicación intensa antes del examen. Pero algo que se aprende así no puede formar muchas asociaciones. Por otro lado, la misma materia recurrente *en diversos días* y contextos distintos, cuando se lee, se recita o se hace referencia a ella una y otra vez, se relaciona con otras cosas y se repasa, se integra bien en la estructura mental».[10]

Después de más de cien años de investigaciones, al fin podemos decir cuáles son esos días.

Capítulo 5

• • • • • • • • • • • • •

El valor oculto de la ignorancia

Las múltiples dimensiones de los exámenes

En algún momento de nuestras vidas todos conocemos al Estudiante que Borda el Examen sin Esforzarse. «No tengo ni idea de lo que pasó», dice ella, sosteniendo su examen con una puntuación de 99 por ciento. «¡Si apenas he estudiado!» Es un tipo de persona que nunca podremos esquivar del todo, incluso de adultos, como pronto descubren los padres que tienen niños en edad escolar. «No sé por qué será, pero es que Daniel supera la puntuación máxima en estos exámenes estandarizados», dice mamá (¡atónita!) cuando vamos a buscar a nuestros hijos. «Seguro que de mí no lo ha sacado.» Por mucho que nos preparemos, por muy temprano que nos levantemos, siempre hay alguien que lo hace mejor con menos esfuerzo, alguien que se pone las pilas por arte de magia cuando llega el momento.

No estoy aquí para explicar el funcionamiento de ese niño o niña. No conozco ningún estudio que analice la realización de exámenes como una habilidad distintiva, aislada, ni tengo evidencia alguna de que exista un don innato, como el oído absoluto en música. No necesito la investigación para saber que existe este tipo de personas; lo he visto demasiadas veces con mis propios ojos. También soy lo bastante mayor como para saber que sentir envidia no es un buen sistema para estrechar la distancia existente entre nosotros y ellos. Esforzarse más tampoco lo es. (Créame, ya lo he intentado.)

No, la única manera para desarrollar ese toque mágico para hacer exámenes consiste en comprender más a fondo qué *es* exactamente un examen. La verdad no es tan evidente como podría parecer, y tiene más facetas de las que podría imaginarse.

Lo primero que hay que decir de los exámenes es: los desastres son un hecho. Todo el mundo los padece. ¿Quién no ha dado la vuelta a la hoja del examen para descubrir una serie de preguntas que parecían pertenecer a otra asignatura? Yo tengo una anécdota favorita sobre esto, una historia que recuerdo cada vez que fracaso estrepitosamente. De adolescente, Winston Churchill se pasó semanas preparándose para el examen de acceso a Harrow, la prestigiosa escuela británica para jóvenes. Deseaba con todas sus fuerzas entrar en ella. El gran día, en marzo de 1888, abrió el sobre del examen y descubrió que, en lugar de historia y geografía, aquella prueba era sobre latín y griego. Se quedó en blanco, como escribiría más adelante, y no pudo responder una sola pregunta. «Escribí mi nombre en la parte superior de la página. Escribí el número de la primera pregunta, "1". Después de reflexionar mucho, rodeé la cifra con un paréntesis, así: "(1)". Pero después no pude recordar absolutamente nada relacionado con el tema que fuese relevante o cierto. Aparte de eso, de la nada surgieron un borrón y varias manchas en la hoja. Me quedé dos horas enteras contemplando aquel triste espectáculo, y luego unos ujieres compasivos recogieron mi folio y lo llevaron a la mesa del director».[1]

Y ése era *Winston Churchill.*

Lo siguiente que hemos de decir no es tan evidente, aunque está fundamentado en un tipo mucho más frecuente de examen fallido. Consultamos la hoja de preguntas y vemos preguntas conocidas sobre la materia que hemos estudiado, cosas que hemos resaltado con rotulador amarillo: nombres, ideas, fórmulas que el día anterior, sin ir más lejos, podíamos recitar sin problema. No hay preguntas trampa, nada insuperable, y aun así nos va de pena. ¿Por qué? ¿Cómo? A mí me pasó algo así en uno de los peores días posibles: un examen final de trigonometría que debía aprobar con nota para acceder a un curso de Colocación Avanzada, primer año. Me pasé semanas preparando el examen. Recuerdo que, cuando entré aquel día en el aula, me sentía bastante bien. Cuando repartieron los sobres, leí las preguntas y respiré aliviado. El examen contenía unos pocos de los conceptos que ya había estudiado además de otros tipos de preguntas familiares, que había practicado docenas de veces.

«Puedo hacerlo», pensé.

Sin embargo, mi puntuación rondó el 50 por debajo, el mismísimo ombligo de la mediocridad. (A día de hoy, una puntuación como ésa induciría a muchos padres a llamar a un psiquiatra.) ¿A quién eché la culpa? A mí mismo. Conocía el material, pero no escuchaba la melodía. Era un «petardo en los exámenes». Me daba de latigazos, pero por motivos equivocados.

El problema no era que yo no hubiese estudiado lo suficiente, o que careciera del «gen» de hacer bien los exámenes. No, mi error consistió en juzgar mal la profundidad de mis conocimientos. Caí en la trampa de lo que los psicólogos llaman efecto de flujo, la creencia de que los datos, fórmulas o argumentos que son fáciles de recordar *ahora mismo* seguirán siéndolo mañana o pasado mañana. El espejismo del flujo es tal que, una vez que sentimos que ya hemos bordado un tema o proyecto, damos por hecho que seguir estudiándolo no nos serviría de nada. Olvidamos que olvidamos. Son muchas las «ayudas» para el estudio que pueden crear la ilusión del flujo, incluyendo (sí) marcar texto con colores, elaborar una guía de estudio, e incluso los esquemas de capítulos que nos proporcione un profesor o un libro de texto. Las percepciones erróneas sobre el flujo son automáticas. Se forman subconscientemente, y nos hacen malos jueces de qué es lo que debemos estudiar de nuevo o practicar otra vez. Tal como me dijo Nate Kornell, psicólogo en el William College: «Sabemos que si estudias una cosa dos veces, en sesiones espaciadas, la segunda vez resulta más difícil procesar el material, de modo que la gente piensa que es contraproducente. Pero la verdad es lo contrario: aprendes más, aunque te resulte más arduo. El flujo engaña a la racionalidad».

De manera que acabamos atribuyendo nuestras malas notas en los exámenes a «la ansiedad por el examen» o, con demasiada frecuencia, a nuestra estupidez.

Recordemos el principio de la «dificultad deseable» de los Bjork: cuanto más tenga que esforzarse su mente para recuperar un recuerdo, mayor será el incremento en el aprendizaje (poder de recuperación y de almacenamiento). Por lo tanto, el flujo es la otra cara de esta ecuación. Cuanto *más fácil* resulta traer un dato a la mente, menor es el incremento del aprendizaje. Repetir datos justo después de haberlos estudiado no le aporta nada, no tiene beneficios memorísticos añadidos.

El espejismo del flujo es el culpable principal del rendimiento por debajo de la media en un examen. No es la ansiedad, ni la estupidez, ni la injusticia o la mala suerte.

El efecto de la fluidez.

La mejor manera de superar este espejismo y mejorar nuestra capacidad de sacar buenas notas es, adecuadamente, una técnica de estudio eficaz por propio derecho. La técnica no es exactamente una invención reciente; las personas la han estado usando desde los albores de la enseñanza formal, y es posible que incluso desde antes. Veamos lo que dijo el filósofo Francis Bacon, que la definió en 1620: «Si lee un texto veinte veces no se lo aprenderá de memoria con tanta facilidad como si lo lee diez veces mientras intenta recitarlo de vez en cuando y consulta el texto cuando le falle la memoria».[2] Y aquí tenemos al irrefrenable William James que, en 1890, reflexionaba sobre este mismo concepto: «Una curiosa peculiaridad de nuestra memoria es que las cosas se graban mejor en ella mediante una repetición activa que mediante una pasiva. Lo que quiero decir es que, al aprender (por ejemplo, de memoria), cuando casi nos sabemos la información, vale la pena esperar y recordarla haciendo un esfuerzo desde dentro, en vez de consultar de nuevo el libro. Si recuperamos los datos de la primera manera, seguramente los recordaremos la próxima vez; si lo hacemos de la segunda manera, es muy probable que volvamos a necesitar el libro».[3]

La técnica es el propio test. Sí, soy consciente de que esta lógica parece circular: mejorar el rendimiento en los test mediante los test. No se engañe: el autoexamen es algo más de lo que conoce. Un examen no es sólo un instrumento de evaluación, sino que altera lo que recordamos y *cambia* nuestra manera de organizar posteriormente ese conocimiento en nuestras mentes. Y lo hace de maneras que mejoran mucho nuestro rendimiento posterior.

• • •

Uno de los primeros registros sociales autoritativos del Nuevo Mundo fue el *Quién es quién en América*, y el primer volumen, publicado en 1899, contenía más de 8.500 entradas: biografías breves de políticos, líderes empresariales, sacerdotes, abogados de compañías ferroviarias, y diversos «americanos distinguidos».[4] Se trataba de biografías detalladas, concisas y con gran rigor histórico. Por ejemplo, hacen falta treinta segundos para enterarse de que Alexander Graham Bell recibió su patente por el teléfono en 1876, justo unos días después de su vigésimo noveno aniversario, cuando era profesor de fisiología vocal en la Universidad de Boston. Y que su padre, Alexander Melville Bell (la siguiente entrada), también fue inventor, un experto en declamación que desarrolló el discurso visible, un conjunto de símbolos utilizados para ayudar a los sordos a aprender a hablar. Y que *su* padre, Alexander Bell, sin nombre intermedio, de Edimburgo, fue pionero en el tratamiento de las dificultades del habla. ¿Quién sabía esto? Los dos Bell jóvenes, aunque nacidos en Edimburgo, al final se asentaron en Washington, D. C. El padre vivió en el 1.525 de la calle Treinta y cinco, y el hijo en el 1.331 de Connecticut Avenue. Sí, sí, las direcciones postales también figuran en las entradas. (Henry James: Rye, Isla de Wight.)

En 1917, un joven psicólogo de la Universidad de Columbia tuvo una idea: utilizar aquellas biografías sucintas para contribuir a responder a una pregunta. Entre otras cosas, Arthur Gates estaba interesado en descubrir cómo interactúa con la memoria la recitación. Durante siglos, los estudiantes que recibieron una educación clásica se pasaron incontables horas aprendiendo a recitar de memoria poemas épicos, monólogos de historia y pasajes de la Biblia; es una habilidad que hoy prácticamente ha desaparecido. Gates quería saber si existía una ratio ideal entre leer (memorizar) y recitar (practicar). Si usted quiere aprenderse de memoria el salmo 23 (*El Señor es mi pastor, nada me faltará...*) en, digamos, media hora, ¿cuántos de esos minutos deberá dedicar a estudiar los versículos impresos y cuántos a intentar recitarlos de memoria? ¿Cuál es la proporción que fija mejor ese material en su memoria? Descubrirlo hubiera sido crucial, sobre todo en una época en que la recitación era esencial para la enseñanza. Lo cierto es que hoy día resulta igual de útil, no sólo para los actores que intentan aprenderse la arenga sobre el día de San Crispín de *Enrique V*, sino para cualquiera que prepare una exposición, aprenda una canción o estudie poesía.

Para descubrir si existía esa ratio, Gates incluyó en su experimento a cinco aulas de una escuela local, que iban del tercero al octavo grado.[5] Asignó a cada alumno cierto número de entradas del *Quién es quién* para que las memorizara y recitase (los alumnos mayores recibieron cinco entradas, y los más pequeños tres). Les dio nueve minutos para estudiarlas, añadiendo instrucciones concretas sobre cómo usar ese tiempo: un grupo dedicaría un minuto y cuarenta y ocho segundos a memorizar, y siete minutos y doce segundos a practicar (recitando); otro dividiría su tiempo en dos, dedicando el mismo lapso a memorizar que a recitar; un tercer grupo dedicaría ocho minutos de su tiempo a memorizar, y sólo un minuto a recitar. Y así sucesivamente.

Tres horas después llegó el momento de la verdad. Gates pidió a cada alumno que recitase lo que pudiera recordar de las entradas que les había asignado:

«Edgar Mayhew Bacon, escritor... nacido... eeeh... el 5 de junio de 1855, en Nassau, Bahamas, y que... esto... asistió a escuelas privadas en Tarrytown, Nueva York; trabajó en una librería de Albany, y luego creo que se hizo artista... y luego escribió ¿*The New Jamaica*? ... ¿y *Sleepy Hollow*, quizá?»

Uno tras otro tras otro. Edith Wharton. Samuel Clemens. Jane Addams. Los hermanos James. Más de cien alumnos, recitando.

Y, al final, Gates obtuvo su ratio.

«En general», afirmó, «los mejores resultados son los obtenidos cuando se introduce la recitación después de dedicar a la lectura en torno al 40 por ciento del tiempo. Introducir la recitación demasiado pronto o demasiado tarde arroja peores resultados». En los grados superiores, el porcentaje era incluso menor, cercano a una tercera parte. «La superioridad de la lectura y la retención óptimas sobre la lectura por sí sola está en torno al 30 por ciento.»[6]

En otras palabras, que la forma más rápida de memorizar aquel discurso sobre el día de San Crispín es pasar la tercera parte del tiempo memorizándolo, y los dos tercios restantes recitándolo de memoria.

¿Este descubrimiento fue un hito? Pues la verdad es que sí. En retrospectiva, fue la primera demostración rigurosa de una técnica discente que hoy día los científicos consideran una de las más poderosas de todas. Sin embargo, en aquella época nadie lo vio así. Se trataba de un estudio realizado con un grupo de escolares. Gates tampoco especuló sobre las implicaciones más amplias de sus resultados, al menos no en el trabajo que publicó en los *Archives of Psychology*, «La recitación como un factor en la memorización», y el estudio generó pocos debates científicos y escaso seguimiento.

Creo que los motivos de que fuera así son bastante claros. Durante la primera mitad del siglo XX, la psicología era relativamente joven y avanzaba a trompicones, acicateada por sus famosos teóricos. Las ideas de Freud aún proyectaban una larga sombra y atraían cientos de proyectos de investigación. Los experimentos de Ivan Pavlov contribuyeron a impulsar varias décadas de investigaciones sobre el aprendizaje condicionado y los experimentos de estímulo-respuesta, muchos de ellos realizados en animales. La investigación sobre el aprendizaje se hallaba en una fase exploratoria, y los psicólogos estudiaban la lectura, las disfunciones del aprendizaje, la fonología, incluso el efecto que tenía la vida emocional de los estudiantes sobre sus notas. Y es importante decir que la psicología, como cualquier otra ciencia, avanza en parte mediante la recopilación retrospectiva de pistas. Un científico tiene una idea, una teoría o un objetivo y mira atrás para ver si hay algún cimiento sobre el que construir, si ha habido alguien que tuviera la misma idea o aportase resultados que la respaldasen. Es posible que la ciencia se levante sobre hombros de gigantes, pero un investigador activo a menudo tiene necesidad de rebuscar entre la literatura para saber quiénes son esos gigantes. Crear un fundamento lógico para un proyecto de investigación puede ser un ejercicio de minería de datos históricos, el de buscar hombros sobre los que edificar.

La contribución de Gates sólo es visible al mirar atrás, pero era inevitable que alguien reconociera su importancia. En aquel entonces tanto como ahora, la mejora de la educación era un tema que suscitaba mucho interés. Y así, al final de la década de 1930, más de veinte años más tarde, otro investigador descubrió en el estudio de Gates una justificación para su propio estudio. Herbert F. Spitzer era un doctorando en la Universidad Estatal de Iowa, que en 1938 iba buscando un proyecto de disertación. No le interesaba la recitación por sí misma, y no pertenecía al pequeño club de psicólogos académicos centrados en estudiar los recovecos de la memoria. Lo que le interesaba era mejorar los métodos de enseñanza, y una de las grandes preguntas que se cernía sobre los profesores, desde los mismos inicios de su profesión, era *cuándo* son más eficaces los exámenes. ¿Es mejor realizar un examen extenso al final del curso? ¿O tiene más sentido hacer exámenes periódicos en otros momentos anteriores del curso?

Solamente podemos conjeturar los pensamientos de Spitzer, porque no los definió en sus escritos. Sabemos que había leído el estudio de Gates, porque lo cita en su obra.[7] También sabemos que entendió el estudio de Gates como lo que era. En concreto, reconocía que la recitación de Gates era una forma de autoexamen. Estudiar un pasaje en prosa durante cinco o diez minutos, y luego pasar la página para recitar lo que uno pueda sin consultarlo, no es sólo práctica, es un examen, y Gates había demostrado que el autoexamen tenía un profundo efecto sobre el rendimiento final.

Es decir, que hacer un examen *es* estudiar, y hacerlo de una forma distinta y poderosa.

Spitzer entendió esto, y luego formuló la siguiente gran pregunta. Si hacer un examen (ya sea una recitación, un ensayo, un autoexamen, un examen sorpresa o uno programado) mejora el aprendizaje, ¿cuál es el mejor momento para hacerlo?

Para intentar descubrirlo organizó un experimento de gran envergadura, en el que incluyó a niños de sexto grado de noventa y una escuelas de educación primaria de nueve ciudades de Iowa; un total de 3.605 alumnos. Hizo que todos ellos estudiaran un artículo de seiscientas palabras, adecuado para su edad y parecido al que podían ponerles como deberes para casa. A algunos les dieron un artículo sobre los cacahuetes, y a otros sobre el bambú. Estudiaron el texto una vez. Entonces Spitzer dividió a los alumnos en ocho grupos, haciendo que durante los dos meses siguientes cada uno de esos grupos hiciera varias pruebas sobre los pasajes. Los exámenes para cada grupo eran los mismos, debían elegir una de entre cinco respuestas posibles a veinticinco preguntas. Por ejemplo, para los que habían estudiado el bambú:

¿Qué suele pasarle a una planta de bambú después de la floración?

a. Se muere
b. Produce un nuevo brote
c. Produce plantas nuevas desde la raíz
d. Empieza a ramificarse
e. Empieza a producir una corteza áspera

En esencia, Spitzer llevó a cabo lo que era, y probablemente sigue siendo, el experimento más grande con exámenes sorpresa de toda la historia. Los alumnos no tenían ni idea de que iban a hacerse exámenes ni cuándo. Cada grupo, además, se sometió a exámenes en momentos distintos. El grupo 1 lo hizo justo después de estudiar, otro grupo un día después, y un tercero tres semanas más tarde. El grupo 6 no hizo el primer examen hasta transcurridas tres semanas después de leer el pasaje. Una vez más, el tiempo del que dispusieron los alumnos para estudiar fue el mismo. También lo fueron las preguntas de las pruebas.

Sin embargo, los resultados de los grupos fueron muy variopintos, y se manifestó un patrón.

Los grupos que se sometieron a exámenes sorpresa poco después de leer el pasaje (una o dos veces dentro de la primera semana) consiguieron mejor nota en un examen final que se realizó al final de dos meses, obteniendo en torno al 50 por ciento de las respuestas correctas. (Recuerde que estudiaron el artículo sobre los cacahuetes o el bambú una sola vez.) Por el contrario, los grupos que hicieron su primer examen sorpresa dos semanas o más *después* de estudiar obtuvieron unas notas muy inferiores, menos del 30 por ciento en el examen final. Spitzer no sólo demostró que los exámenes son una técnica poderosa para estudiar, sino que deberían emplearse a lo largo del curso y no únicamente al final.

Su conclusión fue: «El recuerdo inmediato bajo la forma de un test es un método eficaz de contribuir a la retención de lo aprendido y, por consiguiente, debería emplearse con mayor frecuencia. Las pruebas de seguimiento o los exámenes son instrumentos docentes, y no se deben considerar meros instrumentos para evaluar el progreso de los alumnos».[8]

Seguramente para los investigadores de laboratorio que estudiaban la mejora de la retención, este descubrimiento debería haber despertado ecos bien sonoros. Recuerde por un instante la «reminiscencia» de Ballard, de la que hablamos en el capítulo 2. Los escolares en el experimento de *El naufragio del Hesperus* estudiaron el poema sólo una vez, pero siguieron mejorando en los test posteriores que realizaron días más tarde, recordando cada vez más versos del poema a medida que pasaba el tiempo. Esos intervalos entre el estudio (la memorización) del poema y la realización del examen (un día después, dos días, una semana) son exactamente los mismos que Spitzer descubrió que eran los más útiles para la retención. Gates y Spitzer habían demostrado que los alumnos pequeños de Ballard mejoraron no gracias a un milagro, sino porque cada test era una sesión de estudio adicional. Incluso entonces, después de que Spitzer publicase sus conclusiones en *The Journal of Educational Psychology*, éstas no despertaron el interés de los psicólogos.

«Sólo podemos conjeturar por qué no fue así», escribieron Henry Roediger III y Jeffrey Karpicke, que por aquel entonces también estaban en la Universidad de Washigton, en una crítica trascendental que hicieron en 2006 sobre el efecto del test, como ellos lo llamaban.[9] Sostuvieron que un motivo posible era que los psicólogos seguían centrados principalmente en la dinámica del olvido: «Cuando uno tiene el propósito de medir el olvido, los exámenes reiterados se consideran una fuente de confusión, algo que hay que evitar». Según palabras de un contemporáneo de Spitzer, «contaminaban» el olvido.

Es cierto que lo hacían y que lo hacen. Y resulta que esa contaminación induce unas mejoras en el pensamiento y en el rendimiento que nadie predijo en aquel momento. Pasaron más de treinta años antes de que alguien volviera a coger la pelota, viendo por fin las posibilidades que tenía lo que habían descubierto Gates y Spitzer.

¿Y aquella hoja de papel que entregó Winston Churchill con los borrones y demás? Los científicos saben hoy día que no fue en absoluto un fracaso, incluso aunque sacara un cero patatero.

• • •

Vamos a darnos un respiro de tanto análisis académico de ideas y hagamos un experimento sencillo, ¿vale? Algo ligerito, algo que nos clarifique el concepto sin que parezcan deberes para hacer en casa. He elegido dos pasajes breves de un escritor para que los disfrute; y debería disfrutarlos, porque desde mi punto de vista salieron de la pluma de uno de los humoristas más ácidos que haya pisado este mundo, aunque con cierta falta de equilibrio. Brian O'Nolan, dublinés, fue un funcionario público, un cierrabares extravagante que, entre 1930 y 1960, escribió novelas, obras de teatro y una columna satírica muy querida en *The Irish Times*. Y aquí viene su tarea: lea cuatro o cinco veces los dos extractos que aparecen a continuación. Dedique cinco minutos a cada uno; luego déjelos a un lado y siga haciendo sus tareas cotidianas o relájese. Ambos pasajes están sacados de un capítulo titulado «Agobios», de su obra *The Best of Myles*:[10]

Extracto 1: El hombre que sabe hacer maletas

Este monstruo te observa embutir en una bolsa de mano el contenido de dos armarios roperos. Por supuesto, lo consigues, pero se te ha olvidado meter los palos de golf. Maldices con mirada torva, pero tu «amigo» está encantado. Sabía que pasaría esto. Se acerca, te consuela y te aconseja que te vayas al piso de abajo y te relajes mientras él «arregla las cosas». Unos días más tarde, cuando deshaces la bolsa en Glengariff, descubres que no sólo metió tus palos de golf, sino también la alfombrilla del dormitorio, las herramientas del señor de la compañía del gas que había estado trabajando allí, dos jarrones ornamentales y una mesita para jugar a cartas. Todo a plena vista, menos la maquinilla de afeitar. Tienes que transferir siete libras a Cork para comprar una bolsa de cuero nueva (de cartón) para llevarte a casa todos esos trastos.

Extracto 2: El hombre que repone las suelas de sus zapatos

Inocentemente, te quejas sobre la calidad del calzado moderno. Enseñas burlón una suela rota. «Tengo que llevarla mañana al zapatero», dices ambiguamente. El monstruo se siente conmocionado frente a tamaña pasividad; ya te ha obligado a sentarte en un sillón, te ha quitado los zapatos y ha desaparecido con ellos en la recocina. Regresa en un lapso de tiempo increíblemente breve y te devuelve los zapatos, anunciando que están «mejor que nuevos». Por primera vez te fijas en los que lleva él y comprendes de inmediato por qué tiene los pies deformes. Vuelves a casa a trompicones, como si caminaras con zancos. Clavada en cada suela hay una tira de «cuero» de dos centímetros y medio, elaborada con laca, serrín y pegamento.

¿Lo ha captado todo? No es *La Reina Hada*, pero bastará para nuestro propósito. Hoy mismo, dentro de un rato (si sigue el programa, dentro de una hora), *re*estudie el primer extracto. Siéntese cinco minutos y reléalo unas pocas veces más, como si se dispusiera a recitarlo de memoria (cosa que hace en realidad). Cuando transcurran los cinco minutos, haga una pausa, tómese algo y póngase con el extracto 2. Esta vez, en lugar de reestudiarlo, hágase un examen. Sin mirar, escriba todo lo que recuerde de él. Si son diez palabras, estupendo. ¿Tres frases? Mejor todavía. Luego déjelo a un lado y no vuelva a consultarlo.

Al día siguiente, examínese de ambos pasajes. Concédase, pongamos, cinco minutos para recordar todo lo que pueda de cada uno.

Muy bien. ¿Cuándo lo hizo mejor?

Examine a fondo los resultados, contando las palabras y frases que recordó. Sin estar a su lado, mirando por encima de su hombro y evaluando su trabajo, voy a adelantar la hipótesis de que el examen sobre el segundo extracto le fue bastante mejor.

Esto es, básicamente, el protocolo experimental que han usado dos psicólogos (Karpicke, que hoy trabaja en Purdue, y Roediger) en una serie de estudios que llevaron a cabo durante los últimos diez años. Lo han usado repetidas veces, con estudiantes de todas las edades, y empleando una amplia gama de material: pasajes en prosa, parejas de palabras, materias científicas, temas médicos. Para dejar claro el impacto que tiene el autoexamen, repasaremos brevemente uno de sus experimentos. En un estudio de 2006, Karpicke y Roediger reclutaron a 120 universitarios y les pidieron que estudiasen dos pasajes relacionados con la ciencia, uno sobre el sol y el otro sobre las nutrias marinas.[11] Estudiaron uno de los dos pasajes en dos ocasiones, mediante dos sesiones de siete minutos. El otro lo estudiaron una sola vez, durante siete minutos, y durante la siguiente sesión de siete minutos les pidieron que escribieran todo lo que pudiesen recordar del pasaje sin consultarlo. (Éste fue el «test», como hicimos antes con los extractos de O'Nolan.) Por lo tanto, cada estudiante había estudiado un pasaje dos veces (sobre el sol o sobre las nutrias marinas), y el otro solamente una, tras lo cual los sometieron a un examen para recordar sin ayuda.

Karpicke y Roediger dividieron a los estudiantes en tres grupos, uno hizo un test cinco minutos después de las sesiones de estudio, otro realizó la prueba dos días después y otro una semana más tarde. Los resultados se aprecian fácilmente en la siguiente gráfica:

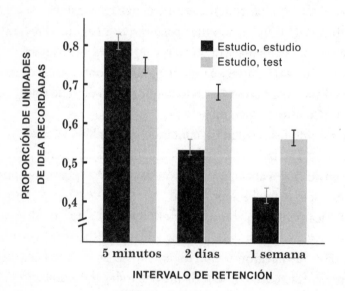

Hay dos conclusiones clave que se deben extraer de este experimento. Primero, Karpicke y Roediger hicieron que el tiempo de preparación fuera idéntico; los alumnos obtuvieron la misma cantidad de tiempo para intentar aprenderse los dos pasajes. Segundo, la preparación para el «test» *enterró* la preparación para el «estudio» cuando era realmente necesaria, para el test de una semana. En resumen, después de todo, hacer un test ≠ estudiar. De hecho, hacer test > estudiar, y por muchísima diferencia, en los test postergados.

«¿De verdad descubrimos algo que nadie había detectado antes? No, en realidad no», me dijo Roediger. Otros psicólogos, sobre todo Chizuko Izawa, habían percibido efectos parecidos en las décadas de 1960 y 1970 en la Universidad de Stanford. «Hubo gente que se fijó en los efectos de los test y se emocionó. Pero nosotros lo hicimos con un material distinto al de antes (los extractos en prosa, en este caso), y creo que eso fue lo que captó la atención del mundo. Demostramos que era aplicable a aulas reales, y evidenciamos lo potente que podía ser. Fue ahí cuando empezó a despegar la investigación.»

Roediger, que ha contribuido con una enorme cantidad de trabajos a la ciencia del aprendizaje, tanto con experimentos como con teorías, resulta que también es uno de los historiadores que trabajan en este campo. En un informe publicado en 2006, él y Karpicke analizaron los resultados de todo un siglo de experimentos sobre todo tipo de estrategias de retención (como el espaciado, el estudio reiterado y el contexto), demostrando que el efecto del test ha estado siempre ahí, como un «contaminante» fuerte y coherente, reduciendo la velocidad del olvido.[12] Sin embargo, si usted usa los exámenes sólo como una forma de evaluar, como una especie de competición física en el mundo educativo, no se apercibirá de que se trata de un entrenamiento añadido, que fortalece por sí solo los músculos memorísticos de los participantes.

El verbo «examinar» está cargado de sentidos que no tienen nada que ver con la ciencia del aprendizaje. Ha habido educadores y expertos que han debatido durante décadas sobre el valor que tienen los exámenes estandarizados, y las reformas que introdujo el presidente George W. Bush en 2001 (aumentando el uso de tales pruebas) sólo hicieron que añadir leña al fuego. Muchos docentes se quejan de que tienen que «enseñar para examinar», lo cual limita su capacidad de explorar a fondo diversas materias con sus alumnos. Otros atacan tales test como mediciones incompletas del aprendizaje, ciegas a todas las variantes del pensamiento creativo. Este debate, aunque no tiene relación con obras como las de Karpicke y Roediger, ha impedido en la práctica que sus descubrimientos y los de otros se apliquen en las aulas como parte de los currículos estándares. Robert Bjork, el psicólogo de UCLA, me dijo: «Cuando los profesores escuchan la palabra "examen", cargada con todas esas connotaciones negativas, dicen: "No necesitamos más exámenes, sino menos"».

En parte para reducir esta resistencia, los investigadores han empezado a llamar a los exámenes «práctica de recuperación». Esta expresión también es idónea por motivos teóricos. Si el autoexamen es más eficaz que el estudio por sí mismo (una vez que conocemos la materia objeto de estudio), algún motivo tiene que haber. Una de las razones es consecuencia directa del principio de la dificultad deseable acuñado por los Bjork. Cuando el cerebro recupera textos estudiados, nombres, fórmulas, habilidades o cualquier otra cosa, no hace nada diferente, ni *más difícil*, que cuando vuelve a ver la información o estudia de nuevo. Ese esfuerzo extra profundiza el poder de almacenamiento y de recuperación resultante. Conocemos mejor los hechos o las habilidades porque los recuperamos nosotros mismos, en lugar de meramente repasarlos.

Roediger va incluso más lejos. Cuando recuperamos con éxito un dato, sostiene, lo *re*almacenamos en la memoria de una forma distinta a como lo hicimos antes. El grado de almacenamiento no sólo ha aumentado: el propio recuerdo tiene conexiones nuevas y diferentes. Ahora está vinculado con otros hechos relacionados que también hemos recuperado. Se ha modificado la propia red de células que contienen el recuerdo. Usar nuestra memoria la altera de formas que no podemos anticipar.

Y es aquí donde la investigación sobre los exámenes da un giro asombroso.

¿Qué pasaría si cayera en sus manos el examen final para una asignatura el primer día, antes de haber estudiado nada? Imagínese que aparece en su bandeja de entrada, porque el profesor se lo ha enviado por error. ¿Le serviría tener ese examen? ¿Le ayudaría a prepararse para el examen de final de curso?

Por supuesto que sí. Leería cuidadosamente las preguntas. Sabría a qué prestar atención y qué parte de sus apuntes estudiar. Se le encendería una lucecita cada vez que el profesor mencionase algo relevante para una pregunta concreta. Si se lo tomase muy en serio, antes del final de curso habría memorizado la respuesta correcta a cada pregunta. El día del examen sería el primero en acabar, y saldría del aula con un sobresaliente en el bolsillo.

Y habría hecho trampa.

Pero ¿qué pasaría si, en lugar de eso, el primer día hiciera un examen que tocara los temas del examen final, pero *no* fuese una réplica? Catearía seguro, vamos. Quizá no entendiera ni una sola de las preguntas. Pero, sin embargo, dado lo que acabamos de descubrir sobre los exámenes, esa experiencia modificaría su forma de sintonizar posteriormente con la materia durante el resto del trimestre.

Ésta es la idea subyacente en el *pre-testing*, la realización de exámenes preliminares, la permutación más reciente del efecto del test. En una serie de experimentos, psicólogos como Roediger, Karpicke, los Bjork y Kornell han descubierto que, en determinadas circunstancias, los intentos fallidos de recuperación (es decir, las respuestas equivocadas) no son meras pifias aleatorias. Por el contrario, los propios intentos alteran nuestra manera de pensar y almacenar la información contenida en las preguntas. En algunos tipos de examen, en concreto los de múltiples opciones, aprendemos cuando respondemos equivocadamente, sobre todo cuando poco después nos dan la respuesta correcta.

Es decir, que *equivocarse al adivinar* aumenta la probabilidad que tiene una persona de acertar la pregunta, u otra relacionada, en un examen posterior.

Es cierto que, a simple vista, a esta afirmación parece que le falta algo. Suspender exámenes sobre temas que no conoce parece más una receta para el desánimo y el fracaso que una estrategia eficaz de aprendizaje. La mejor manera de apreciar esto es probándolo. Esto supone hacer otra prueba. Ha de ser breve, y versar sobre cosas de las que usted no sabe mucho; en mi caso, las capitales de países africanos. Elija doce países y pídale a un amigo que elabore un test sencillo de múltiples opciones, dando cinco respuestas posibles para cada país. Dedique diez segundos a cada pregunta; tras decidirse por una respuesta, pida a su amigo que le dé la correcta.

¿Listo? Ponga el silencio el *smartphone*, apague el ordenador y ¡adelante! Veamos unos ejemplos:

BOTSWANA:

- Gaborone
- Dar es Salaam
- Hargeisa
- Orán
- Zaria

(Amigo: «Gaborone»)

GHANA:

- Huambo
- Benin
- Accra
- Maputo
- Kumasi

(Amigo: «Accra»)

Lesoto:

- Lusaka
- Juba
- Maseru
- Cotonou
- N'Djamena

(Amigo: «Maseru»)

Etcétera. Acaba de hacer una prueba en la que, si es como yo, ha pegado tiros al aire y ha fallado casi todos. ¿El hecho de hacer este test ha mejorado su conocimiento de las doce capitales? Por supuesto que sí. Su amigo *le dio las respuestas* después de cada pregunta. No es de extrañar.

Pero no hemos acabado. Ésa fue la primera fase de nuestro experimento, la prueba anticipada o pretest. La segunda fase será lo que consideramos el estudio tradicional. Para hacerla tendrá que elegir otros doce países que no conozca bien, anotar las respuestas correctas al lado, y luego sentarse e intentar memorizarlas. Nigeria, Abuja. Eritrea, Asmara. Gambia, Banjul. Dedique la misma cantidad de tiempo que dedicó al test de múltiples opciones: dos minutos. ¡Y ya está! Por hoy, ya ha acabado.

Ahora ha estudiado eficazmente las capitales de veinticuatro naciones africanas. Ha estudiado la primera parte haciendo un pretest de múltiples opciones. La otra mitad la ha estudiado a la manera tradicional, memorizándolas directamente. Vamos a comparar su conocimiento de las doce primeras con el que tiene de las doce segundas.

Mañana, haga un test de múltiples opciones sobre los veinticuatro países, poniendo también cinco respuestas posibles para cada nación. Cuando acabe de hacerlo, compare los resultados. Si es como la mayoría de personas, habrá obtenido una puntuación entre el 10 y el 20 por ciento más elevada en el primer grupo, aquellas que adivinó antes de escuchar la respuesta correcta. Usando el argot propio de este campo, «sus intentos de recuperación infructuosos potenciaron el aprendizaje, aumentando el número de intentos de recuperación exitosos en exámenes ulteriores».

Dicho en español: el acto de adivinar activó su mente de una forma distinta y más exigente a como lo hizo la memorización pura y dura, profundizando la huella de las respuestas acertadas. Dicho en un español aún más claro, la prueba anticipada le inculcó la información de un modo que no pudo hacerlo la forma de estudiar tradicional.

¿Por qué? Nadie lo sabe seguro. Una explicación posible es que la prueba anticipada es otra manifestación de la dificultad deseable. Cuando tiene que adivinar primero en vez de estudiar directamente, le cuesta un poco más de esfuerzo. Una segunda posibilidad es que las conjeturas erróneas eliminen la ilusión del flujo, la impresión falsa de que conocía la capital de Eritrea porque la había visto o estudiado. Una tercera dice que, al memorizar sencillamente, sólo vio la respuesta correcta y no le despistaron las otras cuatro alternativas, que es lo que le pasaría en un test. Robert Bjork me dijo: «Imagine que está estudiando capitales y ve que la de Australia es Canberra. Vale, esto parece bastante sencillo. Pero cuando llega el examen, se encuentra con todo tipo de posibilidades: Sydney, Melbourne, Adelaide... y de repente ya no está tan seguro. Si solamente estudia la respuesta correcta, no aprecia todas las otras respuestas posibles que podrían venirle a la mente o aparecer en el examen».

Hacer un test de práctica también nos proporciona otra cosa: un atisbo de la mano del profesor. «Aunque las respuestas resulten incorrectas, éstas parecen mejorar el estudio ulterior», añadió Robert Bjork, «porque el test adapta nuestro pensamiento, en cierta forma, al tipo de material que hemos de aprender».

Esto es positivo, y no sólo para nosotros. También redunda en interés del docente. Usted puede enseñar todos los hechos y conceptos que quiera, pero al final lo más importante es cómo piensan los alumnos sobre ese material: cómo lo organizan mentalmente y cómo lo usan para emitir juicios sobre lo que es más importante y lo que lo es menos. Para Elizabeth Bjork, ésta parecía la mejor explicación a que un pretest fomenta la mejora de lo que se estudia posteriormente: induce a los alumnos a detectar más adelante los conceptos importantes. Para averiguarlo, decidió realizar un pretest en una de sus propias clases.

Bjork decidió empezar poco a poco, con su clase de Psicología 100B en la UCLA, que versaba sobre métodos de investigación. El primer día de clase no daría un examen *final* previo. «En realidad se trataba de un estudio piloto, y decidí hacer los test previos para tres disertaciones individuales», dijo. «Los alumnos harían cada pretest uno o dos días antes de cada disertación; queríamos comprobar si más tarde recordaban mejor el material.»[13]

Ella y Nicholas Soderstrom, becario postdoctoral, diseñaron los tres pretests breves incluyendo cuarenta preguntas en cada uno, todas ellas con múltiples opciones de respuesta. También redactaron un examen acumulativo para realizarlo *después* de las tres conferencias. La pregunta esencial que querían responder era: ¿los estudiantes comprenden y retienen mejor y durante más tiempo el material sobre el que les han examinado previamente que el material que no figura en un pretest, pero *sí* en las disertaciones? Para responderla, Bjork y Soderstrom hicieron algo inteligente en el examen final. Incluyeron en él dos tipos de preguntas: unas relacionadas con las preguntas del examen previo y otras no. «Si realizar un examen previo sirve de algo, a los alumnos deberían irles mejor las preguntas del pretest que aparezcan en un examen posterior que las referidas al material que tocamos en las conferencias, pero que no apareció en un examen previo», dijo Bjork. Esto es algo parecido al test sobre países africanos que pergeñamos antes. Las primeras doce capitales aparecieron en el «pretest» o ensayo previo; las doce segundas no, y se estudiaron al modo tradicional. Al comparar las puntuaciones de las primeras doce con las segundas, al realizar un examen general de las veinticuatro, pudimos juzgar si el pretest suponía o no una diferencia.

Bjork y Soderstrom compararon las notas de los estudiantes en la prueba piloto con las que obtuvieron en las preguntas que *no* estaban relacionadas con dicha prueba, y que aparecieron en el examen final acumulativo. Las preguntas relacionadas con el pretest se habían formulado con otras palabras, pero a menudo tenían algunas de las mismas respuestas posibles. Por ejemplo, veamos un par de estas preguntas relacionadas, una del ensayo previo y la otra del examen final:

¿Cuál de estas afirmaciones es cierta respecto a las explicaciones científicas?

a. Es menos probable que las verifique la observación empírica que otros tipos de explicación.
b. Se aceptan porque proceden de una fuente fiable o de una figura de autoridad.
c. Sólo se aceptan provisionalmente.
d. Se cuestionará la evidencia que sea incoherente con una explicación científica.
e. Todas las afirmaciones anteriores son ciertas.

¿Cuál de estas afirmaciones es cierta respecto a las explicaciones basadas en una creencia?

a. Es más probable que se verifiquen mediante la observación empírica que por medio de otros tipos de explicación.
b. Se aceptan porque proceden de una fuente fiable o de una figura de autoridad.
c. Se da por hecho que son absolutamente ciertas.
d. Si existe una evidencia que sea incoherente con una explicación basada en la creencia, se cuestionará esta última.
e. Son ciertas las afirmaciones b y c.

Los alumnos suspendieron todos los pretest. Luego, uno o dos días más tarde, asistieron a las conferencias donde, en la práctica, obtuvieron las respuestas correctas a las preguntas que habían intentado responder. Cuando el ensayo previo es más útil es cuando las personas obtienen un *feedback* inmediato (como nos pasó en la prueba sobre las capitales africanas).

¿Esos test suspendidos supusieron alguna diferencia para lo que recordaron más tarde los estudiantes? Eso lo diría el examen final, que abarcaba las tres conferencias sobre las que se hicieron los ensayos previos. Bjork y Soderstrom hicieron ese examen dos semanas después de pronunciadas las tres disertaciones, y aplicaron el mismo formato que en los anteriores test: cuarenta preguntas con cinco respuestas posibles cada una. De nuevo, algunas de esas preguntas estaban relacionadas con otras que surgieron en los pretest, y otras no. ¿Y cuál fue el resultado? Un éxito. La clase de Psicología 100B de Bjork obtuvo en las respuestas *relacionadas* una puntuación un 10 por ciento superior a aquellas que no lo estaban. No es para tirar cohetes, es un 10 por ciento, pero no está mal para un primer intento. Como ella me dijo: «La mejor manera en que podemos expresarlo por el momento es diciendo que, basándonos en los datos preliminares, someter a los alumnos a una prueba previa sobre temas que se tocarán en una conferencia mejora su capacidad para responder a preguntas relacionadas con esos temas cuando se les formulan en un examen final posterior». Afirmó que, incluso aunque los estudiantes suspendan un test, tienen la oportunidad de ver el vocabulario que aparecerá en las conferencias posteriores, y se harán una idea de qué tipos de preguntas y distinciones entre conceptos son las importantes.

El pretest no es un concepto totalmente nuevo. En un momento u otro, todos hemos hecho test de práctica para familiarizarnos con un tema... con resultados cuestionables. Los niños llevan años practicando con los SAT, de la misma manera que los jóvenes adultos han hecho MCAT, GMAT y LSAT.* Sin embargo, los SAT y los test similares son

---

* El SAT es una prueba de aptitud escolar. El MCAT es el examen de admisión a los programas de estudio de medicina; el GMAT es el examen de admisión para graduados en gestión de empresas, y el LSAT es la prueba de admisión para estudiar Derecho. *(N. del T.)*

exámenes sobre conocimientos generales, y los de práctica se centran sobre todo en reducir la ansiedad y en proporcionarnos una idea del formato y el tiempo. La investigación que han hecho los Bjork, Roediger, Kornell, Karpicke y otros es diferente. Estos investigadores defienden que los exámenes (previos o posteriores al estudio) proporcionan a los estudiantes el tipo de conceptos, términos y vocabulario que constituyen una base *especializada* de conocimientos sobre, pongamos, introducción a la química, hermenéutica bíblica o teoría musical.

En la escuela, un examen sigue siendo un examen. Eso no va a cambiar fundamentalmente. Lo que cambia es nuestra apreciación de lo que es un examen. Primero, gracias a Gates, el investigador de Columbia que estudió la recitación, pudimos ver que el examen es, como mínimo, el equivalente del estudio adicional: responder las preguntas de una prueba no sólo mide lo que se recuerda, sino que aumenta la retención general. Luego los exámenes demostraron ser *superiores* al estudio adicional en una amplia gama de materias académicas, y seguramente podemos decir lo mismo de ámbitos como la música y la danza, practicando de memoria. Ahora empezamos a comprender que algunos tipos de examen mejoran el aprendizaje ulterior, aunque saquemos mala nota en ellos.

¿Es posible que algún día los profesores den «exámenes finales previos» el primer día de clase? Es difícil saberlo. Un examen final previo para una clase de introducción al árabe o al chino podría ser un desastre, tan sólo porque las notaciones, símbolos y alfabetos son totalmente ajenos al nuestro. Yo conjeturo que es probable que los exámenes finales previos sean mucho más útiles para los cursos de humanidades y ciencias sociales, porque en esos cursos nuestras mentes disponen de cierto andamio lingüístico con el que trabajar antes de aventurar una hipótesis. «A estas alturas, no sabemos cuáles son las aplicaciones ideales del examen previo», me dijo Robert Bjork. «Aún es un área muy nueva.»

Además, en este libro pretendemos descubrir qué podemos hacer por nosotros mismos, en nuestro propio tiempo. Basándome en mis conversaciones con los Bjork, Roediger y otros investigadores que amplían los límites de la práctica de la recuperación, yo diría lo siguiente: el acto de examinar (recitación, autoexamen, examen previo, llámelo como quiera) es una técnica tremendamente poderosa capaz de mucho más que simplemente medir el conocimiento. Supera la trampa del flujo, que hace que tantos de nosotros pensemos que se nos da mal hacer exámenes. Amplifica el valor del tiempo dedicado al estudio. Y, en el caso del pretest, nos ofrece una visión previa detallada y específica de cómo deberíamos plantearnos abordar un tema.

El proceso de examen ha insuflado temor y autoaversión en tantos corazones que no resulta fácil modificar su definición. Hay demasiado resentimiento de por medio. Sin embargo, una manera de hacerlo es pensar que los exámenes no son más que una aplicación de la evaluación, una de muchas. Estas aplicaciones me recuerdan lo que dijo en cierta ocasión sobre su arte el gran escritor argentino Jorge Luis Borges: «Escribir libros largos es un acto de necedad, laborioso y empobrecedor: es expandir en quinientas páginas una idea que podría explicarse perfectamente en pocos minutos. Un procedimiento mejor es fingir que esos libros ya existen y ofrecer un resumen, un comentario».[14]

Finja que ya existe el libro. Finja que ya lo sabe. Finja que ya puede ejecutar una pieza de Sabicas, que ya se sabe el discurso del día de San Crispín, que domina como nadie la lógica filosófica. Finja que ya es un experto y ofrezca un resumen, un comentario; finja y *actúe*. Ésta es la esencia del autoexamen: fingir que es un experto sólo para averiguar qué es lo que ya sabe. Esto trasciende con creces el echar un vistazo rápido a las «preguntas de resumen» al final del capítulo de historia antes de leerlo, aunque es un paso en la dirección correcta. El autoexamen se puede hacer en casa. Cuando practico la guitarra, aprendo unos cuantos compases de una melodía, lentamente, esforzándome, y luego intento ejecutarlos de memoria varias veces seguidas. Cuando leo un ensayo científico difícil, lo dejo después de un par de lecturas e intento explicarle a alguien lo que dice. Si no hay nadie que me escuche (o que finja hacerlo), lo digo en voz alta para mí solo, haciendo todo lo posible por citar las ideas principales del artículo. Muchos docentes han dicho que uno no conoce realmente un tema hasta que tiene que *enseñarlo*, hasta que tiene que clarificarlo ante otros. Gran verdad. Una manera muy eficaz de pensar en el autoexamen es decir: «Vale, ya he estudiado esta materia. Ahora es el momento de contarle de qué va a mi hermano, mi cónyuge o mi hija adolescente». Si es necesario, lo anoto de memoria, con toda la coherencia, brevedad y claridad que me sea posible.

Recuerde: estos intentos aparentemente simples de transmitir a usted mismo o a otros lo que ha aprendido no son sólo un tipo de autoexamen en el sentido convencional, sino un acto de *estudio* de alto octanaje, entre un 20 y un 30 por ciento más potente que si siguiera sentado observando el esquema. Lo que es mejor aún: esos ejercicios disiparán el espejismo del flujo. Manifestarán lo que usted desconoce, en qué áreas está confuso, qué ha olvidado… y lo harán rápido.

Éste es el mejor tipo de ignorancia.

Tercera parte

La resolución de problemas

Capítulo 6

Los beneficios de la distracción

El papel de la incubación en la resolución de problemas

La escuela nos enfrenta, como mínimo, a tantos test psicológicos como académicos. El rechazo por los pasillos. Las peleas en el recreo. Los cotilleos destructivos, las malas notas, la comida de cafetería. Sin embargo, en el primer lugar de esa lista de traumas, para muchos de nosotros, figura la exposición oral: plantarse delante de la clase recitando un discurso memorizado sobre los agujeros negros, la Resistencia francesa o el hombre de Piltdown, y deseando que la vida tuviera una tecla de avance rápido. No me enorgullece admitirlo, pero soy socio fundador de ese grupo de personas. Cuando era niño, abría la boca para iniciar una exposición y las palabras salían de mis labios en forma de susurros.

Yo pensaba que hacía ya tiempo que había superado ese problema, hasta que llegó una mañana de invierno de 2011, a primera hora. Me presenté en un centro de enseñanza media en las afueras de Nueva York, con la idea de dar una charla informal a una clase de veinte o treinta niños de séptimo grado sobre una novela infantil de misterio que había escrito, en la que las pistas son problemas de álgebra básica.

Sin embargo, cuando llegué me condujeron al escenario de un enorme auditorio, mientras un miembro del personal me preguntaba si necesitaba algún tipo de equipo audiovisual, conexiones a ordenador o PowerPoint. Pues... no. Para nada. Lo cierto es que no contaba con un discurso preparado. Llevaba un par de libros bajo el brazo y estaba listo para responder a unas pocas preguntas sobre el proceso de escritura, nada más. El auditorio se llenaba rápidamente, mientras los profesores guiaban a sus clases formadas en filas. Aparentemente, era un gran acontecimiento para la escuela.

Luché por reprimir mi pánico. Se me pasó por la cabeza disculparme y salir por la izquierda del escenario, explicando simplemente que no estaba listo, que se había producido algún tipo de error. Pero era demasiado tarde. El público ya estaba sentado, y de repente subió al escenario la bibliotecaria del centro, quien, levantando una mano, pidió silencio. Me presentó y se hizo a un lado. Era el momento de la verdad... y yo volvía a tener once años. Me quedé en blanco. Contemplé aquel mar de rostros jóvenes, expectantes, curiosos, impacientes. En las últimas filas vi que algunos pequeños empezaban a alborotarse.

Necesitaba tiempo. O un truco de magia.

No contaba con tales cosas, de modo que opté por empezar con una adivinanza. La que me vino a la mente es muy antigua, probablemente se remonta a los matemáticos árabes del siglo VII. Más recientemente, los científicos la han empleado para estudiar la resolución creativa de problemas, la capacidad de descubrir respuestas que no son intuitivas ni evidentes. Es fácil de explicar y comprensible para todo el mundo; sin duda también lo sería para los alumnos de aquel centro. Me fijé que había una pizarra hacia la parte trasera del escenario, y la arrastré bajo los focos. Tomé un trozo de tiza y dibujé seis lápices verticales separados entre sí por un espacio de unos trece o catorce centímetros, como si fueran los postes de una valla.

«Éste es un rompecabezas muy famoso, y os prometo que cualquiera de los presentes puede resolverlo», dije. «Usando estos lápices, quiero que hagáis cuatro triángulos equiláteros, de modo que un lápiz

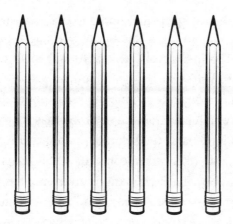

forme el lado de cada triángulo.» Les recordé qué era un triángulo equilátero, aquel que tiene los tres lados iguales:

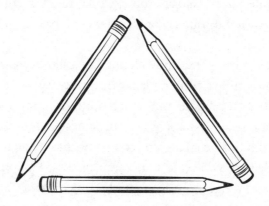

«Muy bien. Seis lápices. Cuatro triángulos. Fácil, ¿no? ¡Adelante!»

El ligero alboroto se apagó. De repente, todas las miradas estaban fijas en la pizarra. Prácticamente escuchaba el ronroneo de los mecanismos mentales.

Esto es lo que los psicólogos llaman un problema de *insight* o, más coloquialmente, un problema ¡ajá! ¿Por qué? Porque su primera idea para una solución normalmente no funciona, de modo que prueba unas pocas variaciones... sin llegar a ninguna parte... Entonces se queda mirando al techo un minuto..., cambia de estrategia, prueba otra cosa, vuelve a sentirse bloqueado, aborda un enfoque totalmente distinto... y entonces... ¡ajá!, lo ve claro. Por definición, un problema de *insight* es el que exige a una persona que cambie su propio punto de vista y observe el problema de una forma nueva. Los problemas son como acertijos, y se han producido debates muy duraderos sobre si nuestra capacidad para resolverlos está relacionada con el CI o con las habilidades creativas y analíticas. Tener facilidad para resolver enigmas no hace necesariamente que una persona sea buena estudiante de matemáticas, química o lengua inglesa. Dejando a un lado el debate, yo lo miro desde este ángulo: seguro que no hace daño. Necesitamos formas creativas de pensar para resolver cualquier problema real, tanto si es de gramática como si es de matemáticas o de negocios. Si la puerta de la cámara acorazada no se abre después de haber probado todas nuestras combinaciones habituales, tendremos que encontrar otras... o buscar otro modo de entrar.

Aquella mañana expliqué algunas de estas cosas en el auditorio, mientras los niños contemplaban la pizarra y se susurraban cosas unos a otros. Al cabo de unos cinco minutos, unos pocos alumnos se aventuraron hasta la pizarra para probar sus ideas. Ninguno acertó. Hicieron dibujos de triángulos con otros más pequeños que se intersecaban dentro, y los catetos no eran iguales. Fueron intentonas reflexivas, pero ninguna abrió la puerta de la cámara.

En ese punto los niños empezaron a manifestar de nuevo su nerviosismo, sobre todo en las últimas filas. Seguí con mi actuación diciendo que las matemáticas eran como un misterio. Que era necesario asegurarse de haber empleado toda la información disponible. Que siempre hay que tener en cuenta incluso las ideas más absurdas. Que, si es posible, hay que intentar dividir el problema en partes más pequeñas. Aun así, me dio la sensación de que empezaba a sonarles como los maestros de las viejas películas de *Charlie Brown* («Bla, blablá, blaaablá»), y el zumbido mental de la sala comenzó a desvanecerse. Necesitaba otro truco. Pensé en otro problema de *insight* muy conocido, y lo escribí en la pizarra, debajo de los lápices dibujados con tiza:

SEQUENC_

«Vale, tomémonos un descanso y probemos otra cosa», dije. «Lo único que tenéis que hacer en este caso es completar la secuencia usando cualquier letra que no sea la E.»

Pienso que este problema es más asequible que el de los triángulos, porque no huele a matemáticas. (Todo lo que sean formas geométricas o cifras hace que desconecte de inmediato un gran número de alumnos que no se consideran «buenos para los números», o a quienes les han dicho precisamente eso.) A todos nos da la impresión de poder dar con la letra que falta en SEQUENC_. Yo albergaba la esperanza no sólo de mantener la atención de los niños, sino de interesarlos aún más; llevarlos a la tesitura mental que les indujese a abordar el problema de los lápices. Además, inmediatamente detecté el cambio que se produjo entre el público. El aire se inundó de una energía competitiva, como si todos los niños del auditorio presintieran que el nuevo problema estaba al alcance de sus dedos, y quisieran ser los primeros en resolverlo. Los maestros también empezaron a animarles.

«Concentraos, les dijeron»
«Pensad creativamente»
«Esos del fondo, ¡a callar!»
«Prestad atención»

Al cabo de unos minutos, una niña sentada cerca de la primera fila levantó la mano y dio una respuesta con una vocecilla apenas audible, como si temiera equivocarse. Sin embargo, había acertado. La hice subir al estrado y escribir la respuesta, lo cual generó un coro de *¡Ostras, claro!* y *¿En serio era eso?* Así son los problemas de *insight*, les dije. Hay que dejar a un lado las primeras ideas, reexaminar todos los detalles que nos dan e intentar pensar más expansivamente.

A estas alturas ya estaba cerca de la conclusión de mi charla, y aun así el problema de los lápices se burlaba de todos desde la pizarra. Yo contaba con un par de pistas en la manga, esperando el momento de dárselas, pero quería que transcurriesen algunos minutos más antes de ofrecerlas. Fue entonces cuando un chaval al fondo de la sala (del distrito «Prestad atención») levantó la mano. «¿Qué me dice del número cuatro y un triángulo?», preguntó, sosteniendo un dibujo que había hecho en un folio y que no pude distinguir desde donde me encontraba. Le invité a acercarse, presintiendo que tenía algo sólido. Él subió al escenario, dibujó una figura sencilla en la pizarra, me miró y se encogió de hombros. Fue un momento curioso. El público estaba de su parte, me daba cuenta de ello, pero su solución no era la más aceptada entre ellos. Ni siquiera se parecía. Pero era válida.

Lo mismo pasa con la investigación sobre la resolución creativa de problemas. La propia investigación está fuera de lugar en el mundo «laboratoriocéntrico» de la psicología, y sus conclusiones parecen extravagantes, no siguen la línea de los consejos habituales que escuchamos: concentrarse, bloquear las distracciones y *pensar*. Pero funcionan.

● ● ●

¿Qué *es* la comprensión en realidad? ¿Cuándo es más probable que nos venga a la mente la solución a un problema, y por qué? ¿Qué pasa en la mente cuando ese momento de visión de rayos X revela una respuesta?

Durante buena parte de nuestra historia, estas preguntas han sido materia prima para poetas, filósofos y clérigos. Para Platón, el pensamiento era una interacción dinámica entre la observación y el argumento, que producía «formas» o ideas, que se acercan más a la realidad que las cosas siempre cambiantes que vemos, oímos y percibimos. A esto, Aristóteles añadió el lenguaje de la lógica, un sistema para pasar de una proposición a otra (el grajo es un ave, y los pájaros tienen plumas; por lo tanto, el grajo debe tener plumas), para descubrir las definiciones esenciales de las cosas y sus interrelaciones. Proporcionó el vocabulario para lo que hoy día llamamos deducción (el razonamiento de arriba abajo, partiendo de los primeros principios) e inducción (de abajo arriba, haciendo generalizaciones basadas en observaciones cuidadosas), el propio fundamento de la investigación científica. En el siglo xvii, Descartes sostuvo que la resolución creativa de problemas exigía una retirada interna a un ámbito intelectual más allá de los sentidos, donde pudieran surgir las ideas como sirenas de las profundidades.

Este tipo de cosas son un festín para los debates de madrugada en los dormitorios universitarios o para las justas intelectuales entre alumnos de doctorado. Es filosofía, centrada en principios generales y reglas lógicas, en descubrir la «verdad» y las «propiedades esenciales». También es totalmente inútil para el estudiante que tiene problemas con el cálculo infinitesimal o para el ingeniero que intenta resolver un problema de *software*.

Éstos son nudos más inmediatos y cotidianos, y fue un intelectual y educador británico el que dio los primeros pasos para responder a la pregunta más importante: ¿qué pasa en realidad cuando la mente se encalla en un problema... y luego se libera? ¿Cuáles son las etapas en la resolución de un problema difícil, y cuándo y cómo emerge la comprensión crítica?

Graham Wallas fue conocido sobre todo por sus teorías sobre el progreso social, y por ser cofundador de la London School of Economics. En 1926, al final de su carrera, publicó *El arte del pensamiento*, una meditación divagante sobre el aprendizaje y la educación, que es parte memoria y parte manifiesto.[1] En esta obra cuenta anécdotas personales, deja caer algunos nombres e incluye poemas favoritos. Tira con bala contra intelectuales rivales. También realiza un análisis de gran alcance sobre lo que habían escrito científicos, poetas, novelistas y otros pensadores creativos a lo largo de la historia sobre cómo tuvieron sus momentos de revelación.

Wallas no se conformó con reeditar esas introspecciones y especular acerca de ellas. Estaba decidido a extraer una fórmula: una *serie concreta de pasos* que dio cada uno de esos pensadores para alcanzar una solución, un marco de referencia que todos pudieran usar. En aquella época, los psicólogos carecían de lenguaje para describir esos pasos, y de definiciones idóneas con las que trabajar, y por consiguiente no sabían cómo estudiar esta capacidad humana tan sumamente fundamental. A Wallas esto le parecía frustrante. Su objetivo era inventar un lenguaje común.

La lectura de la materia prima que cita Wallas es fascinante. Por ejemplo, cita al matemático francés Henri Poincaré, que había escrito mucho sobre su experiencia para definir las propiedades de una clase de formas llamadas funciones fuchsianas. Poincaré había observado que: «A menudo, cuando uno lucha con una pregunta difícil, durante la primera acometida no consigue nada. Entonces uno hace un descanso, más o menos corto, y vuelve a aplicarse a la tarea. Durante la primera media hora, como antes, no descubre nada, y luego, de repente, la idea decisiva se presenta ante su mente».[2] Wallas también cita al físico alemán Hermann von Helmholtz, que describió cómo su mente rebosaba de ideas después de haberse esforzado con un problema y haber llegado a un punto muerto: «Las grandes ideas llegan inesperadamente, sin esfuerzo, como una inspiración», escribió. «Por lo que a mí respecta, nunca han acudido a mí cuando mi mente estaba fatigada, o cuando estaba sentado a mi escritorio [...], lo hicieron con una fluidez especial durante el lento ascenso por las colinas boscosas en un día de sol».[3] El psicólogo Julien Varendock vinculó sus relevaciones con la ensoñación tras un periodo de trabajo, presintiendo que «en mi anteconsciencia sucede algo que debe mantener una relación directa con la materia que estudio. Debo dejar de leer durante unos instantes y permitir que surja a la superficie».

Ninguna de estas citas, por sí sola, resulta especialmente informativa o iluminadora. Si leemos demasiadas citas de este tipo, una tras otra, sin el beneficio de la experiencia en los ámbitos que tratan o sin los cálculos precisos que podamos hacer, pronto empezarán a sonarnos un poco a los comentarios que hacen los deportistas profesionales después de un partido: *Estaba en la zona, ¿sabe? Me parecía verlo todo a cámara lenta.* Sin embargo, Wallas detectó que las descripciones tenían una estructura subyacente. Los pensadores se habían atascado en un problema concreto y se alejaron de él. No veían una salida; se les habían acabado las ideas. Los progresos cruciales llegaron después de que la persona hubiera abandonado su trabajo y, deliberadamente, optara por *no* pensar en él. Cada experiencia iluminadora, por así decirlo, parecía incluir una serie de pasos mentales, a los que Wallas llamó «estadios de control».

El primero es la *preparación*: las horas o días (o más tiempo) que se pasa una persona luchando contra todo nudo lógico o creativo al que se enfrenta. Por ejemplo, Poincaré pasó quince días intentando demostrar que las funciones fuchsianas no podían existir, un lapso considerable de tiempo teniendo en cuenta sus conocimientos especializados y todo el tiempo que había dado vueltas a las ideas antes de sentarse a elaborar su demostración. Escribió diciendo: «Cada día me sentaba a mi mesa de trabajo, donde permanecía una o dos horas, probaba un gran número de combinaciones y no alcanzaba ningún resultado».[4] La preparación no solamente incluye el problema concreto que hay que resolver y las pistas o instrucciones a mano; supone trabajar hasta un punto en que ya hemos agotado todas nuestras ideas. En otras palabras, ya no estamos hechos un lío, sino atascados del todo, concluyendo así la preparación.

El segundo estadio es la *incubación*, que empieza cuando usted deja a un lado un problema. Para Helmholtz, la incubación comenzó cuando abandonó su trabajo de la mañana, y prosiguió cuando dio su paseo por el bosque, deliberadamente *no* pensando en el trabajo. Para otros, según descubrió Wallas, tenía lugar durante la noche, o almorzando, o cuando salían con los amigos.

Para Wallas era evidente que durante ese tiempo de descanso se producían ciertas maquinaciones mentales que tenían una importancia crucial. Wallas era psicólogo, no leía la mente, pero adelantó una conjetura sobre lo que estaba sucediendo. Escribió: «Está en marcha cierto tipo de proceso mental interno que asocia la información nueva con la pasada. Parece ser que se produce cierto tipo de reorganización interna de la información, sin que el individuo sea directamente consciente de ello».[5] Es decir, que la mente trabaja sobre el problema *off-line*, dando vueltas en torno a las piezas que tiene entre manos y añadiendo una o dos que tiene en reserva, pero que no se le había ocurrido usar antes. Podemos comparar esto con un proyecto de bricolaje al que nos dedicamos el fin de semana. Ahí está usted, por ejemplo, cambiando la manija rota y vieja de una puerta, y atornillando la nueva. Parece una tarea sencilla, pero hay un problema: el marco está descentrado, y el picaporte no se alinea bien. No quiere practicar nuevos agujeros, porque eso le arruinaría la puerta; por muchas vueltas que le da, no le ve solución. Tira la toalla y hace una pausa para almorzar, y de repente piensa... ¡un momento! ¿Por qué no usar el marco *antiguo* y añadirle las piezas nuevas? Ya se había deshecho del marco anterior, y súbitamente recuerda que aún lo tiene... en el cubo de la basura.

Ésta es la idea general, al menos, y según el punto de vista de Wallas la incubación tiene varias fases. Una es que es algo subconsciente. No somos conscientes de que suceda. Otra es que los elementos del problema (el de los lápices, por ejemplo, que planteamos en la escuela) se montan, se desmontan y se vuelven a ensamblar. En determinado momento entra en escena la «información pasada», quizás un conocimiento sobre las propiedades de los triángulos que antes no recordamos.

La tercera fase se llama *iluminación*. Es el momento del «¡ajá!», ese instante en que se abren las nubes y la solución aparece de repente. Todos conocemos esa sensación, y es agradable. Veamos lo que dice Poincaré, otra vez, hablando sobre el momento en que el problema de las funciones fuchsianas le reveló sus secretos: «Una tarde, contrariamente a mi costumbre, tomé un café solo y no pude dormir. Las ideas se agolpaban en mi mente; las sentía colisionar hasta que se ensamblaban en parejas, por así decirlo, formando una combinación estable. A la mañana siguiente... sólo tuve que anotar los resultados».[6]

El cuarto y último estadio del paradigma es la *verificación*, la comprobación de que esos resultados funcionan de verdad.

La contribución principal de Wallas fue su definición de la incubación. No la consideraba un estadio pasivo, como si el cerebro descansara para retomar la tarea cuando estuviera «fresco». Consideraba que la incubación era una continuación del trabajo menos intensa, subconsciente. El cerebro juega con conceptos e ideas, dejando algunas a un lado, encajando otras, como si estuviera haciendo un puzle sin prestar atención. No vemos el resultado de ese trabajo hasta que volvemos a sentarnos y nos damos cuenta de que toda una esquina del puzle está completa, revelando una porción de la imagen que, entonces, nos dice cómo trabajar con las piezas restantes. En cierto sentido, esa desconexión de la tarea permite que las personas se aparten de su propio camino, dando la posibilidad al subconsciente de que trabaje solo, sin que el cerebro consciente le diga adónde ir o qué hacer.

Wallas no dijo cuánto tiempo debía durar la incubación. Tampoco especificó qué tipos de actividades de relajación eran los mejores (paseos, siestas, una visita a un bar, lecturas apetecibles, cocinar), ni intentó explicar en términos científicos qué podría suceder en nuestros cerebros durante la incubación. El objetivo no era establecer una agenda de investigación, sino un vocabulario, «descubrir hasta qué punto el conocimiento acumulado por la psicología moderna puede volverse útil para mejorar los procesos de pensamiento de un pensador activo». Manifestó la esperanza modesta de que su libro pudiera inducir a otros «a explorar el problema con más éxito que yo».[7]

Ni se imaginaba el resultado.

• • •

El siguiente estudio sobre la resolución creativa de problemas no fue el típico proyecto de laboratorios y batas blancas. De hecho, en los primeros momentos fue más parecido a un taller. Para estudiar cómo resuelve los problemas la gente, y hacerlo con rigor, los psicólogos tenían que inventar problemas realmente nuevos. No era tarea fácil. La mayoría de nosotros crecemos sometidos a una dieta constante de acertijos, chistes, juegos de palabras y problemas matemáticos. Tenemos un enorme depósito de experiencias previas de las que ir tirando. Por lo tanto, para examinar la resolución de problemas en su sentido más puro, los científicos necesitaban algo totalmente diferente; lo ideal es que no fuera «académico». De modo que optaron por rompecabezas que no exigieran la manipulación de símbolos, sino de objetos cotidianos del hogar. Como resultado de ello, sus laboratorios parecían más el garaje del abuelo que verdaderos laboratorios.

Uno de los talleres-laboratorio más inventivos de todos fue el del psicólogo Norman Maier, de la Universidad de Michigan, que estaba decidido a describir las elucubraciones mentales que preceden directamente al momento de encontrar una solución. En un experimento realizado en 1931, Maier reclutó a sesenta y un participantes y los hizo entrar en una sala amplia de uno en uno.[8] Dentro, cada participante encontraba mesas, sillas y un surtido de herramientas, incluyendo varias abrazaderas, un par de alicates, una barra metálica y un alargador eléctrico. Había dos cuerdas que iban del techo al suelo, una en el centro de la sala y la otra a unos cinco metros, al lado de una de las paredes. Las instrucciones eran: «Su problema consiste en anudar los extremos de esas dos cuerdas». Los participantes descubrieron enseguida que no era posible agarrar una cuerda y, simplemente, acercarse a la otra y anudarlas; no eran lo bastante largas. Entonces, Maier les explicó que podían usar libremente todos los objetos de la habitación, del modo que quisieran, para anudar las dos cuerdas.

El acertijo tenía cuatro soluciones, algunas más evidentes que otras. La primera consistía en atar una cuerda a una silla y luego llevar al mismo punto la otra cuerda. Maier situó esta solución en la categoría de «fácil». Consideraba que había otras dos ligeramente más difíciles: atar el alargador a una de las cuerdas para que fuese lo bastante larga como para llegar a la otra, o usar la barra metálica para conectar las cuerdas.

La cuarta solución era hacer que la cuerda que estaba en el centro del cuarto se balancease como un péndulo y atraparla cuando estuviera cerca de la pared. Maier consideraba que ésta era la solución más avanzada, porque para conseguirlo era necesario atar a la cuerda algo pesado (como los alicates), de modo que se balanceara todo lo necesario.

Al cabo de diez minutos, el 40 por ciento de los estudiantes había encontrado las cuatro soluciones sin ninguna ayuda. Pero lo que interesaba a Maier era el 60 por ciento restante: quienes descubrieron al menos una de las posibilidades, pero no la más difícil, la del péndulo lastrado. Al llegar al final de los diez minutos, estaban atascados. Dijeron a Maier que se habían quedado sin ideas, de modo que él les concedió unos minutos de descanso. Siguiendo la terminología de Wallas, aquellos estudiantes estaban *incubando*, y Maier quería descubrir qué sucedía exactamente durante ese periodo de tiempo crucial. ¿Aparecía la cuarta solución como un todo absoluto? ¿O se revelaba por fases, creciendo a partir de una idea previa?

Para descubrirlo, Maier decidió empujar a los estudiantes atorados en la dirección de la solución del péndulo. Después de la pausa, se levantó y caminó hacia la ventana, rozando deliberadamente la cuerda situada en el centro de la estancia, haciendo que oscilara un poco, y cuidándose de hacerlo a plena vista de los participantes. Al cabo de dos minutos, casi todos los participantes habían creado un péndulo.

Cuando concluyó el experimento, Maier les preguntó cómo habían llegado a la cuarta respuesta. Unos pocos dijeron que habían tenido una idea difusa de mover la cuerda de alguna manera, y que la pista que les dio completó esa idea. Es decir, que la solución se les reveló por fases, y la ayuda de Maier la completó. En esto no hay nada nuevo, nos ha pasado a todos. Piense en el concurso *La ruleta de la suerte*, donde cada letra llena un vacío en una frase normal. Sentimos que, letra a letra, nos vamos acercando a la solución, y sabemos exactamente cuál es la letra que nos enciende la bombillita.

Sin embargo, el resto de las respuestas del grupo proporcionó el premio gordo. Casi todos dijeron que la solución les vino a la mente como un fogonazo, y que no habían tenido pistas previas, aunque era evidente que las tuvieron. Uno dijo: «Simplemente me di cuenta de que la cuerda se balancearía si le sujetaba un peso».[9] Otro dijo que la solución le vino gracias a una clase de física anterior. ¿Quizás estos participantes sólo estaban disimulando su vergüenza? No es probable, dijo Maier. «La percepción de la solución de un problema es como la percepción de la figura oculta en un puzle»,[10] escribió. «No se experimentó la pista porque la experiencia repentina de la solución dominó la consciencia.»[11] Dicho de otra manera, el fulgor de la comprensión fue tan potente que oscureció los factores que condujeron a ella.

El experimento de Maier se recuerda porque había demostrado que la incubación es a menudo (o quizá siempre) subconsciente. El cerebro escanea el entorno, sin contar con la consciencia, en busca de pistas. Por supuesto, fue Maier quien proporcionó esta pista en su experimento, y fue buena. Sin embargo, la inferencia fue que el cerebro incubador es sensible a cualquier información del entorno que pueda ser relevante para obtener una solución: el movimiento de un reloj de péndulo, un columpio visible por la ventana, el movimiento de balanceo que describe el brazo de la propia persona.

Está claro que la vida no siempre es tan generosa con sus pistas, de modo que Maier no había explicado del todo la incubación. Por rutina, las personas generan soluciones creativas cuando no hay pistas disponibles: con los ojos cerrados, en salas de estudio situadas en sótanos, en cubículos aislados. Por lo tanto, la incubación exitosa debe basarse también en otros factores. ¿Cuáles son? No podemos preguntar a nadie cuáles son, porque la acción tiene lugar tras bambalinas, y no hay una manera fácil de descorrer el telón.

Pero ¿qué pasaría si usted, el científico, pudiera impedir que la gente viera una solución creativa de una manera tan sutil que fuera imperceptible? ¿Y si además pudiera, también discretamente, *eliminar* ese obstáculo, aumentando la probabilidad de que la persona detectase la respuesta? ¿Revelaría eso algo sobre esta incubación oculta? ¿Es siquiera posible?

Un joven psicólogo alemán llamado Karl Duncker pensó que sí. Duncker también estaba interesado en cómo se «desbloquean» las personas cuando intentan resolver un problema que requiere pensamiento creativo, y había leído el estudio de Maier. Recuerde que, en esa obra, Maier llegó a la conclusión de que: «La percepción de la solución de un problema es *como la percepción de una figura oculta en un puzle*». Dunckle estaba familiarizado con los puzles de imágenes. Mientras Maier realizaba sus experimentos, Duncker estudiaba en Berlín con Max Wertheimer, uno de los fundadores de la escuela gestalt de psicología. La teoría de la gestalt («forma» en alemán) sostenía que las personas perciben los objetos, las ideas y los patrones enteros antes de sumar las partes que los componen. Por ejemplo, para construir una imagen visual del mundo (es decir, para ver), el cerebro hace mucho más que fusionar las porciones lumínicas que penetran por los ojos. Aplica una serie de hipótesis: los objetos son cohesivos; las superficies son de color uniforme; las manchas que se mueven juntas forman parte de un mismo objeto. Estas hipótesis se desarrollan durante la niñez temprana y nos permiten seguir la pista de un objeto (por ejemplo, una pelota de béisbol) cuando desaparece momentáneamente debido al relumbre del sol, o reconocer un conjunto de manchas móviles tras un arbusto como nuestro perro perdido. El cerebro «rellena» la forma tras los arbustos, lo cual a su vez afecta a cómo percibimos las manchas.

Los psicólogos de la gestalt teorizaron que el cerebro hace cosas parecidas con determinados tipos de problemas. Es decir, los ve como un todo (construye una «representación interna») basándose en conjeturas integradas. Por ejemplo, la primera vez que vi el problema de los lápices imaginé un triángulo equilátero sobre un plano liso, como si estuviera dibujado sobre una hoja de papel, e inmediatamente empecé a distribuir los lápices restantes alrededor de ese dibujo. Durante toda mi vida había resuelto sobre el papel problemas de geometría; ¿por qué iba a ser distinto éste? Hice una conjetura, que los lápices estaban situados en el mismo plano, y esa «representación» determinó no sólo mi forma de pensar en las posibles soluciones, sino también mi manera de interpretar las *instrucciones* recibidas. Muchos enigmas explotan justo este tipo de sesgo automático.*

Duncker sospechó que los prejuicios similares a la gestalt (esas «representaciones mentales») podían impedir a las personas ver las soluciones. Su innovación consistió en crear acertijos o problemas con «telones» incorporados y removibles, usando objetos cotidianos como cajas, rótulos, libros y alicates. El más conocido de todos era el llamado «problema de las velas». En una serie de experimentos,[12] Duncker hizo que los sujetos de su experimento entrasen en una habitación (solos) que contenía unas sillas y una mesa. Sobre la mesa había un martillo, un par de alicates y otras herramientas; junto con clips, trozos de papel, cinta adhesiva, cordel y cajitas llenas de muchas cosas. Una contenía chinchetas, otra velas pequeñas, como las que vemos en un pastel de cumpleaños; otra botones, otra cerillas. La misión: sujetar tres de las velas a la puerta, a la altura de la vista, de modo que pudieran encenderse, usando para ello cualquier objeto que estuviera sobre la mesa. A cada participante se le dieron diez minutos para realizar la tarea.

La mayoría probó diversas técnicas, como sujetar las velas a la puerta usando las chinchetas, o con celo, antes de quedarse atascados. Pero Duncker descubrió que el índice de éxito se disparaba si introducía una pequeña modificación: sacar *fuera* de las cajas las chinchetas, cerillas y otros artículos. Cuando las cajas estaban vacías sobre la mesa, los sujetos se daban cuenta de que podían sujetar las cajitas a la puerta con chinchetas, creando así pequeñas plataformas sobre las que sujetar las velas. Duncker no había alterado en lo más mínimo las instrucciones ni los

---

* Veamos un ejemplo famoso que hacía fruncir el ceño a los miembros de la generación de mi abuelo: un médico en Boston tiene un hermano que es médico en Chicago, pero el médico de Chicago no tiene hermanos. ¿Cómo es posible? En aquellos tiempos, la mayoría daba por hecho que todo médico debía ser hombre, con lo cual proponían embrolladas relaciones familiares basadas en esa representación mental. Por supuesto, la respuesta es que el médico de Boston es una mujer.

materiales disponibles. Sin embargo, al vaciar las cajas había alterado la representación mental de las personas que participaban en el experimento. Ya no eran meros *contenedores*, circunstanciales para el problema: se consideraban elementos listos para su uso. Según la terminología de Duncker, cuando las cajas estaban llenas, estaban «fijadas funcionalmente». Era como si los sujetos no las vieran.

Esta idea de la fijación colorea nuestras percepciones de muchos de los problemas a los que nos enfrentamos. Pasamos cinco minutos rebuscando en los cajones intentando localizar unas tijeras con las que abrir un paquete, cuando las llaves que tenemos en el bolsillo podrían hacer el mismo trabajo. Los escritores de novelas de misterio son virtuosos a la hora de crear ideas fijas sobre los personajes, incitándonos sutilmente a descartar al verdadero asesino hasta el último acto (*El asesinato de Roger Ackroyd*, de Agatha Christie, es un ejemplo especialmente retorcido de esto). La fijación es lo que hace que el acertijo de la SEQUENC_ lo sea: damos por hecho automáticamente que el símbolo «_» representa un espacio vacío (una *plataforma* para una letra), y resulta difícil alterar esa conjetura precisamente porque ni siquiera somos conscientes de haberla hecho.

Duncker hizo varias pruebas comparativas con todo tipo de problemas parecidos al de las velas, y llegó a esta conclusión: «Bajo nuestras condiciones experimentales, el objeto que no está fijo se detecta casi dos veces más fácilmente que el objeto que lo está». El mismo principio es aplicable, hasta cierto punto, al experimento del péndulo de Maier. Sí, a las personas que intentaban resolver ese problema primero se les tenía que ocurrir que la cuerda podía oscilar. Sin embargo, entonces tenían que buscar la manera de hacer que la cuerda se balancease hasta el punto necesario, sujetándole los alicates. Unos alicates son una herramienta para apretar cosas, hasta que se convierten en un peso para el péndulo. Hasta que dejan de estar fijos.

Maier y Duncker habían descubierto dos operaciones mentales que contribuyen a la incubación, recogiendo pistas del entorno y rompiendo las conjeturas fijas, ya sea sobre el uso de unos alicates o sobre el género de un médico. Y aquí está el problema: habían demostrado estas propiedades al ayudar a las personas de sus experimentos que estaban atoradas dándoles pistas. La mayoría de nosotros no cuenta con un psicólogo a mano, listo para ofrecernos ayuda para la incubación creativa siempre que nos quedamos atascados. Tendremos que buscarnos la vida solos. La pregunta es: ¿cómo?

• • •

Es usted un náufrago. Nada y nada hasta que acaba llegando a una isla desierta, un pedazo de tierra que no tiene más de un kilómetro y medio de longitud. Mientras se pone en pie con dificultad y pasea la vista por la costa, piensa que ya ha oído hablar de esta isla. Es la isla de Pukool, famosa por su extraño sistema de castas. Los miembros de la casta superior nunca dicen la verdad; los miembros de la casta más baja la dicen siempre; y los de la casta intermedia a veces son veraces y otras no. Por fuera, los miembros de las castas son indistinguibles. Su única posibilidad de supervivencia es alcanzar la Torre de la Comprensión, una atalaya de treinta metros, un refugio sagrado desde donde podrá divisar muchos kilómetros a la redonda y enviar un mensaje de socorro. Usted recorre un sendero sinuoso y llega a la única encrucijada de la isla, donde encuentra a tres pukoolenses descansando. Y sólo dispone de dos preguntas (sabe que ésa es la costumbre pukoolense) para saber por dónde se va a la torre.

¿Qué les pregunta?

Me gusta este acertijo por varios motivos. De entrada, capta de manera visceral el espíritu de la comprensión. A primera vista, parece peliagudo (recuerda a un famoso problema de la lógica matemática, donde aparecen dos guardias y un león devorador de hombres*), pero sin

---

* Se encuentra usted en un estadio, delante de una multitud, como peón en un cruel juego de vida o muerte. El estadio tiene dos puertas cerradas, y delante de cada una hay un guardia. Lo único que usted sabe es que tras una de las puertas hay un león hambriento, y detrás de la otra está el camino para salir del estadio, hacia la libertad. Un guardia siempre dice la verdad, y el

embargo no es necesario ningún tipo de experiencia matemática. Como mucho, es probable que el conocimiento matemático sea un estorbo. Un niño de cinco años lo puede resolver. Lo que es mejor, podemos usarlo como una forma de pensar en la investigación más reciente sobre la incubación y la resolución de problemas, que se ha ramificado como una viña trepadora desde aquellos tiempos del celo y las chinchetas.

Haciendo un repaso, veremos que la definición que hace Wallas de la incubación es como una ruptura que empieza en el momento en que llegamos a un punto muerto y dejamos de trabajar directamente en un problema, y acaba con un descubrimiento, el momento «¡ajá!». Maier y Duncker proyectaron luz sobre qué sucede en la mente durante la incubación, qué lleva a las personas hacia las soluciones. La pregunta que durante la segunda mitad del siglo xx empezó a cernirse sobre este campo fue *cómo*. ¿En qué circunstancias es más probable que la incubación produzca ese momento «¡ajá!» en la vida real? Wallas, Maier y Duncker habían introducido pausas en sus teorías, pero ninguno especificó cuál era la duración ideal de una pausa, o qué *tipo* de pausa era la mejor. ¿Debemos irnos a pasear al bosque, como Helmholtz? ¿Ir a hacer *footing* cuarenta y cinco minutos? ¿Quedarnos con la mirada perdida? Algunas personas prefieren hacer una siesta, otras un videojuego. Y hay estudiantes (¡ojalá yo fuera uno de ellos!) que dejan el cálculo enrevesado en que estás inmersos y se centran en estudiar historia, lo cual constituye un tipo de pausa totalmente distinto. Se cuenta que el reformador religioso Martín Lutero tuvo algunas de sus ideas más profundas cuando estaba en el retrete, como el prolífico ensayista francés Michel de Montaigne. ¿Es que tenemos que hacer escala en el baño cuando queramos incubar?

Para intentar responder a estos tipos de preguntas, los psicólogos han recurrido al anticuado método de prueba y error. En más de cien experimentos realizados durante los últimos cincuenta años, han pro-

---

otro siempre miente, pero no sabe quién es quién. Sólo tiene una pregunta que formular a cada guardia para saber la verdad. ¿Qué pregunta es?

bado montones de combinaciones de puzles, duraciones del periodo de incubación y tipos de pausas en el estudio. Por ejemplo, ¿cuándo somos más capaces de resolver más anagramas, cuando hacemos una pausa de cinco minutos para jugar a un videojuego, o cuando hacemos un descanso de veinte minutos para leer? Un estudio descubrió que soñar despiertos unos minutos podría ser mejor que esas dos actividades; lo mismo pasa con una partida de pimpón. Es posible que el tipo más productivo de pausa fuera totalmente distinto en otros tipos de problemas (acertijos, adivinanzas orales o visuales, problemas espaciales), y cambiara otra vez cuando se facilitase alguna pista. Esta experiencia cambiante y multidimensional es lo que intentan caracterizar los científicos en sus laboratorios. Un experimento muy conocido ilustrará cómo lo hacen.

Este experimento, que llevaron a cabo dos psicólogos de la Universidad M&M de Texas llamados Steven Smith (al que ya conocimos antes) y Steven Blankenship, usó un sencillo problema semántico llamado test de asociados remotos, o R.A.T.[13] A los sujetos se les dieron tres palabras (por ejemplo, «ruta», «casa» y «gol»), y el reto consistía en encontrar una cuarta que completase un término compuesto con cada una de ellas. (En este caso la solución era *campo*: «ruta campestre», «casa de campo» y «gol de campo».) Smith y Blankenship eligieron este tipo de acertijos en parte porque así podían manipular fácilmente el grado de dificultad al proporcionar pistas buenas, como «deporte» en el ejemplo anterior (dos de las palabras están relacionadas con la actividad deportiva, y lo único que hay que hacer es encontrar una y probar si encaja con las otras) o malas, bajo la forma de respuestas erróneas, como «carretera», que funciona con «ruta por carretera» y «casa», pero no con «gol»)*. El primer tipo de pista es como la cuerda oscilante de Maier. La segunda es como las cajitas llenas de Duncker, que generan un grado de fijación que resulta difícil superar.

---

* Aunque en español no usamos la expresión «casa de carretera», en el original inglés *road-house* significa «albergue o restaurante de carretera», siendo válida para este ejemplo. (*N. del T.*)

Este experimento utilizó el segundo tipo, la pista equivocada. Smith y Blankenship querían saber si una breve pausa en la incubación afecta a las personas de distintas maneras cuando se les dan pistas erróneas (es decir, cuando son «fijas», si me disculpa la expresión) y cuando no es así. Reunieron a treinta y nueve estudiantes y les dieron veinte puzles R.A.T. a cada uno. Dividieron a los estudiantes en dos grupos. A la mitad se les entregaron enigmas que contenían palabras engañosas escritas en cursiva junto a las pistas principales (OSCURO *luz*, TIRO *líneas*, SOL *luna*), y la otra mitad trabajó los mismos enigmas, pero sin esas palabras adyacentes (OSCURO, TIRO, SOL). Ambos grupos contaron con diez minutos para resolver el mayor número posible de puzles, y a ninguno de los dos, les fue muy bien. Quienes trabajaron con los términos fijos resolvieron, como media, dos grupos de palabras, mientras que los del otro grupo lograron solucionar cinco.

Entonces los psicólogos dieron a los participantes otros diez minutos para pensar sobre los puzles que no habían resuelto la primera vez. Esta vez, cada grupo se subdividió: la mitad volvió a hacer el test de inmediato, y la otra mitad hizo una pausa de cinco minutos, durante la cual leyeron un relato de ciencia ficción. Muy bien: dos grupos, uno fijo y otro no. Dos condiciones en cada grupo: incubación y no incubación.

¿Y el resultado? La pausa de incubación fue útil, pero sólo para quienes contaban con las pistas erróneas. Resolvieron aproximadamente el doble de sus grupos de palabras irresueltos de los que resolvió el otro grupo que disfrutó de una pausa.

Los autores atribuyeron este resultado a lo que bautizaron como «olvido selectivo». Sostuvieron que una palabra fijada (engañosa) bloquea temporalmente otras respuestas posibles, pero, «a medida que pasa el tiempo, después de los primeros intentos fallidos, el bloqueo de recuperación puede ir desapareciendo».[14] Es como si las pistas falsas congelaran temporalmente los cerebros de los estudiantes, y la pausa de cinco minutos permitiera cierto grado de deshielo. Esto ocurre constantemente en la vida real, y es extremadamente claro cuando nos indican cómo llegar a un destino, pero no de forma clara («La farmacia está justo al final de Fowler Road, no tiene pérdida»), y llegamos al punto indicado retrocediendo, dando vueltas en círculo, comprobando una y otra vez el nombre de las calles: no hay farmacia. Seguro que la hemos pasado por alto. Al final, nos sentamos en un banco, contemplamos unos minutos a los pajaritos, y se enciende la luz: *¡Eh, un momento! A lo mejor quiso decir* el otro *final de Fowler Road.* O quizá la farmacia ya no está allí. O el interrogado no tenía ni idea de qué hablaba. La conjetura inicial (que la farmacia tiene que estar cerca, en alguna parte) ya no domina nuestra mente. Se han introducido otras opciones. Las relaciones románticas son otro ejemplo clásico: nos emocionamos en grado extremo, pensamos que estamos enamorados, pero el tiempo va mermando la intensidad de la fijación. Al final vemos defectos exasperantes. «A lo mejor, después de todo, no es la persona idónea. ¡Por favor! ¿En qué estaba pensando?»

En capítulos anteriores hemos visto cómo el olvido puede contribuir activamente al aprendizaje, y también pasivamente, permitiendo que el estudio ulterior potencie el recuerdo. Aquí lo tenemos de nuevo, ayudando en otro sentido, en la resolución creativa de problemas.

Como se apresuraron a destacar Smith y Blankenship, el olvido selectivo es la única explicación posible para la incubación *en tres circunstancias concretas* (R.A.T., palabras fijas, pausa de cinco minutos para leer). Y el suyo sólo fue un experimento entre muchos. Otros han producido resultados ligeramente distintos: las pausas más largas son mejores que las cortas; jugar a un videojuego es tan positivo como leer; en determinados tipos de problemas, como los espaciales como el de los lápices, escribir puede ayudar a la incubación. En cada caso, en cada estudio específico, los científicos han propuesto diversas teorías sobre qué es lo que sucede en el camino que conduce al momento «¡ajá!». Quizá se trate del olvido selectivo. Quizá sea un replanteamiento del problema. A lo mejor no es más que una asociación libre, porque la mente ha tenido tiempo de errar en busca de ideas. Nadie sabe con certeza qué proceso es el más esencial, y es probable que nadie lo sepa nunca. ¿Cuál es nuestra mejor hipótesis? Que todos estos factores participan en cierto grado.

Entonces, ¿qué supone esto para nosotros? ¿Cómo desarrollamos una estrategia de estudio, si hay montones de experimentos que dicen cosas dispares y a menudo contradictorias?

Para intentar hallarle un sentido a esta cacofonía, volvamos a la isla de Pukool. ¿Cómo encontrar la Torre de la Comprensión? Después de todo, los tres pukoolenses apuntan en direcciones distintas. Resulta difícil saber quién es sincero y quién no.

¿Qué podemos hacer?

¡Fácil! *Mire hacia arriba.* La torre mide más de treinta metros, y la isla es llana y tiene el tamaño de un parque urbano. No hace falta recurrir a la lógica matemática compleja: la torre se ve desde muy lejos. Pruebe este acertijo con unos cuantos amigos cuando estén de humor. Se dará cuenta de que algunas personas ven la respuesta de inmediato, y que otras ni se acercan. Yo no me acerqué. Me pasé horas elaborando preguntas absurdas, extremadamente complejas, como: «¿Qué dirección dirían esos dos isleños que diría usted?» Anoté sobre un papel las diversas respuestas posibles, usando una notación matemática que había olvidado que conocía. Cuando al final escuché la solución, me pareció injusta, un truco barato. Todo lo contrario. Dar un paso atrás y *mirar alrededor* (viendo si hemos usado toda la información disponible; intentando desprendernos de nuestras hipótesis iniciales y partiendo de cero; hacer un inventario mental) es una metáfora idónea para lo que tenemos que hacer si queremos hallar sentido a la obra reciente sobre la incubación. Observar cada estudio individualmente es como hablar con los pukoolenses uno tras otro, o mirar tan de cerca un estereograma que nunca percibamos la tercera dimensión. Los árboles nos impiden ver el bosque.

Por suerte, los científicos disponen de un método para dar un paso atrás y ver la imagen global, método que usan cuando intentan encontrar sentido a un gran número de resultados dispares. La idea es «reunir» todos los resultados, positivos y negativos, y decidir qué dice la evidencia global. Se llama metaanálisis, y a veces cuenta una historia más clara de lo que lo hace cualquier estudio individual, por muy bien que se haya elaborado. En 2009, un par de psicólogos de la Universidad de Lancaster, Reino Unido, hicieron precisamente esto para una investigación relacionada con la comprensión, analizando la literatura disponible (consiguiendo incluso manuscritos inéditos) y redactando un metaanálisis conservador[15] y de alta calidad. Ut Na Sio y Thomas C. Ormerod analizaron treinta y siete de los estudios más rigurosos, y llegaron a la conclusión de que es cierto que el efecto de la incubación es real, pero que no funciona igual en todas las circunstancias.

Sio y Ormerod dividieron las pausas de incubación en tres categorías. Una era relajante, como tumbarse en el sofá escuchando música. Otra era ligeramente activa, como navegar por Internet. La tercera era muy activa, como escribir un relato corto o hacer otro tipo de deberes. Cuando una persona aborde problemas matemáticos o espaciales, como el de los lápices, se beneficiará de cualquiera de estos tres tipos de pausas; parece que da igual el que se elija. Por otro lado, para los problemas lingüísticos, como los puzles R.A.T. o los anagramas, lo que parece ir mejor son las pausas que contengan actividades ligeramente activas, como jugar a un videojuego, hacer un solitario o ver la televisión.

Sio y Ormerod descubrieron que los periodos de incubación más largos eran mejores que los cortos, aunque en este mundillo «largo» significa unos veinte minutos, y «corto» unos cinco; es un espectro angosto determinado únicamente por las decisiones arbitrarias de los investigadores. También enfatizaron que las personas no se benefician de hacer una pausa para la incubación *a menos que hayan llegado a un punto muerto*. Su definición de «punto muerto» no es precisa, pero la mayoría de nosotros conoce la diferencia entre un bache y un muro de ladrillo. Lo importante es esto: si deja de trabajar y se pone con un videojuego demasiado pronto, no le servirá de nada.

Es improbable que los científicos nos digan algún día cuál es el tiempo preciso de incubación en función de la naturaleza específica de un problema. Esto dependerá de quiénes seamos y de nuestra manera individual de trabajar. Da lo mismo. Podemos descubrir cómo funciona la incubación para nosotros si probamos diversos lapsos de tiempo y actividades. De todos modos, la mayoría de nosotros ya hacemos pausas cuando estamos resolviendo un problema, dejándonos caer delante del televisor un ratito, metiéndonos en Facebook o llamando a un amigo; hacemos descansos y nos sentimos culpables. La ciencia de la comprensión no sólo dice que esa culpabilidad es incorrecta, sino que cuando estamos atascados muchas de esas pausas *nos ayudan.*

Cuando estoy atorado, a veces doy una vuelta a la manzana, o me pongo música a todo volumen con los auriculares, o me doy un garbeo por los pasillos en busca de alguien a quien quejarme. Depende de cuánto tiempo tenga. Sin embargo, por norma he descubierto que la tercera opción es la que funciona mejor. Me pongo a quejarme un rato, recibo una dosis de energía, vuelvo veinte minutos más tarde o algo así, y descubro que el nudo intelectual, fuera cual fuese, se ha aflojado un poco.

El peso de esta investigación pone patas arriba la insidiosa histeria sobre los peligros de los medios sociales y los aparatos electrónicos que nos distraen. El miedo a que los productos digitales reduzcan nuestra capacidad de pensar es infundado, aunque por supuesto nos perjudican si apartan nuestra atención de un aprendizaje que exige una concentración férrea (como una conferencia, por ejemplo, o una clase de música). Lo mismo sucederá si nos pasamos la mitad de nuestro tiempo de estudio en Facebook o viendo la televisión. Sin embargo, también ocurre lo diametralmente opuesto, cuando nosotros (o nuestros hijos) estamos atascados en un problema que requiere una iluminación y estamos motivados para resolverlo. En este caso, la distracción no es un obstáculo, sino un arma valiosa.

Por lo que respecta al niño que estaba en el auditorio aquella mañana en que di mi charla, no puedo saber con seguridad qué fue lo que le ayudó a resolver el problema de los lápices. Sin duda que analizó el problema cuando dibujé aquellos seis lápices en la pizarra, uno al lado de otro, porque todos lo hicieron. No vio la solución de inmediato; se atascó. Y tuvo varias oportunidades de incubar. Estaba en el fondo de la sala con sus amigos, la parte más inquieta del auditorio, donde los chavales no paraban de distraerse mutuamente. Pasó por la pausa impuesta generada por el puzle SEQUENC_, que captó la atención del público durante unos minutos. También dispuso de unos veinte minutos más o menos, el tiempo durante el que algunos alumnos dibujaron sus primeras ideas (fijas), intentando situar todos los triángulos en un plano bidimensional. Es decir, que disfrutó de los tres tipos de pausa que describieron Sio y Ormerod: relajación, actividad ligera y actividad muy intensa. Se trataba de un rompecabezas espacial; cualquiera de las pausas pudo haber encendido la bombillita, y disponer de tres es mejor que tener sólo una o dos.

Por lo tanto, replanteemos el problema: dados seis lápices idénticos, crear cuatro triángulos equiláteros, de manera que un lápiz forme el lado de cada triángulo. Si aún no lo ha resuelto, pruebe de nuevo ahora que ha estado ocupado leyendo este capítulo.

¿Ya tiene la respuesta? No voy a dársela, ya le he facilitado suficientes pistas. Pero le mostraré lo que dibujó en la pizarra aquel niño de once años:

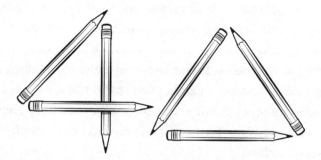

¡Chúpate ésa, Arquímedes! Esto es un ramalazo de alocado genio infantil que no encontrará en ningún estudio o manual, ni tampoco en los análisis previos del puzle, que se remontan a más de cien años. Aquel niño incubó esta respuesta él solito.

Capítulo 7

• • • • • • • • • • • • •

Abandonar antes de progresar

Los dones acumulados de la percolación

Yo pienso que la incubación, al menos como la han descrito los científicos, es un medicamento. Y no uno cualquiera, sino uno que tiene un efecto rápido; es una sustancia como la nicotina, que permanece en el sistema durante un periodo breve de tiempo. Recuerde que hasta ahora los estudios sobre la incubación han analizado casi exclusivamente las pausas breves, de entre cinco y veinte minutos. Esos «chutes» rápidos tienen un interés primario cuando investigamos cómo la gente resuelve problemas que, en esencia, tienen una solución única que no es evidente. Por ejemplo, las pruebas geométricas; la lógica filosófica; las estructuras químicas; el problema de los lápices. Tomarse una «pastilla para incubar» de vez en cuando, al quedarse atascado, es una medicina poderosa para aprender, al menos cuando lidiamos con problemas que tienen respuestas correctas e incorrectas.

De todos modos, no es un curalotodo, ya que el aprendizaje no se puede reducir a una serie de puzles o acertijos; no es una pista deportiva donde sólo tenemos que hacer carreras rápidas. También hemos de participar en decatlones, que son todas esas tareas que no exigen una única solución o habilidad, sino muchas, repartidas durante el tiempo. Trabajos de fin de curso. Planes de negocio. Planos de arquitectura. Plataformas de *software*. Composiciones musicales, relatos cortos, poemas. Trabajar en esos proyectos no es como resolver puzles, donde de repente vemos *la* solución. No, acabar esas tareas se parece más a caminar por un laberinto, donde sólo atisbamos ocasionalmente por dónde tirar. Y hacerlo bien conlleva dilatar la incubación, a veces muchísimo.

Para resolver los problemas más complejos y duraderos, necesitamos algo más que una dosis de efecto rápido, una pausa breve de vez en cuando. Necesitamos una pastilla de *liberación prolongada*. Después de todo, cuando nos enzarzamos con un proyecto embrollado, muchos de nosotros hacemos pausas más largas (una hora, un día, una semana o más). Hacemos pausas repetidamente, no sólo cuando estamos cansados, sino con frecuencia porque estamos atascados. Una parte de esta reacción es, probablemente, instintiva. Tenemos la esperanza de que el descanso nos ayude a disipar la niebla mental, de modo que podamos ver un sendero que nos saque del zarzal.

El mayor tesoro de observaciones sobre la incubación a largo plazo no procede de los científicos, sino de los artistas, sobre todo de los escritores. No es de extrañar que sus observaciones sobre el «proceso creativo» puedan ser muy elevadas, incluso descorazonadoras. «Mi argumento se amplía solo, encuentra un método y se define, y el conjunto de la obra, aunque puede ser de dimensiones importantes, se presenta en mi mente completo y acabado, de modo que puedo repasarlo, como un buen cuadro o una estatua hermosa, echándole una sola mirada», reza una carta atribuida a Mozart.[1] Ésta es una buena técnica si logra dominarla. La mayoría de los artistas creativos no es capaz de hacerlo, y no vacilan en reconocerlo. Escuchemos, por ejemplo, al novelista Joseph Heller, que describe las circunstancias en las que es más probable que le sobrevenga una idea valiosa. «Tengo que estar solo. Cuando voy en el autobús o paseo al perro. Cepillarme los dientes era un momento ideal; fue especialmente valioso para *Catch-22*. A menudo, cuando estoy muy cansado, justo antes de acostarme, mientras me lavo la cara y me cepillo los dientes, mi mente se aclara mucho... y crea una frase para el trabajo del día siguiente, o alguna idea para un punto muy posterior. Mis mejores ideas no me vienen mientras escribo.»[2]

Veamos otro comentario, esta vez del poeta A. E. Housman, quien tenía por costumbre hacer una pausa de su trabajo en mitad de la rutina cotidiana, para relajarse. «Después de haberme tomado una pinta de cerveza durante el almuerzo (la cerveza es un sedante para el cerebro, y mis tardes son la parte menos intelectual de mi vida), salía a dar un paseo de dos o tres horas. Mientras caminaba, sin pensar en nada en concreto, sólo contemplando las cosas que me rodeaban y que seguían el ritmo de las estaciones, a mi mente fluían, unidos a una emoción repentina e inexplicable, uno o dos versos, a veces una estrofa entera, acompañada, no precedida, por una idea difusa del poema del que estaba destinada a formar parte». Housman se apresuró a añadir que *no* era como si todo el poema se escribiera solo. Tal como dijo, había que llenar lagunas, vacíos «que había que trabajar y que la mente debía rellenar, lo cual podía generar problemas y ansiedad, involucrar pruebas y decepciones, y en ocasiones acabar en fracaso».[3]

Vale, es cierto que he seleccionado adrede estas citas. Pero lo hice por un motivo: porque expresan con gran claridad una experiencia que miles de tipos creativos han descrito con menos precisión desde los albores de la introspección. Heller y Housman nos ofrecen una pauta clara. A menudo, los saltos creativos se producen durante el periodo de inactividad posterior a un periodo de inmersión en una historia o una materia, y con frecuencia vienen mezclados, no en un orden concreto, y tienen un tamaño y una importancia variables. El salto creativo puede ser una idea grande y organizadora o un paso pequeño e incremental, como encontrar un verso, reformular una línea, quizá cambiar una sola palabra. Esto es así no sólo para los escritores, sino también para los diseñadores, arquitectos, compositores, mecánicos, todos aquellos que intentan hallar una solución o convertir un error en una oportunidad. En mi caso, parece que las ideas nuevas sólo llegan a la superficie cuando están totalmente formadas, una o dos por vez, como las bolas de masa en una cazuela hirviendo. ¿Me estoy incluyendo en la misma categoría que Housman y Heller? Pues sí. Y a usted también le incluyo en ella, tanto si lucha por librarse de la llave letal de una media de un 2,5 en sus notas como si está meditando aceptar una beca completa que le han hecho en Oxford. Mentalmente, nuestras experiencias creativas coinciden entre sí más de lo que difieren.*

Este proceso más a largo plazo, acumulativo, es lo bastante diferente de la incubación a corto plazo que describimos en el capítulo anterior como para merecer otro nombre. Lo llamaremos *percolación*. Vamos a dar por hecho que existe y que se trata de una experiencia altamente individual. No podemos estudiar la percolación de una forma rigurosa, e incluso si pudiéramos («Grupo A, dejen sus bolígrafos y vayan a dar un paseo por el parque; Grupo B, a tomar una cerveza»), no se podría saber si lo que funciona para Heller o Housman es válido para todo el mundo. Lo que podemos hacer es excavar en la cantera de la ciencia psicológica en busca de una explicación de cómo funciona la percolación. Entonces podremos usar *eso* para elaborar una estrategia para los proyectos creativos. Y la palabra clave aquí es «creativo». Según nuestra definición, la percolación sirve para crear algo que no existía antes, ya sea un trabajo de fin de curso, un robot, una pieza orquestal o algún otro proyecto laberíntico.

Para deconstruir cómo se desarrolla ese proceso de construcción, nos aventuraremos en una rama de la ciencia conocida como psicología social, que intenta esclarecer la dinámica de la motivación y la formación de objetivos, entre otras cosas. A diferencia de los científicos del aprendizaje, que pueden probar directamente sus teorías (con estudiantes que intentan aprender), los psicólogos sociales dependen de

---

* Dejaré que sean otros quienes expliquen a Mozart.

simulaciones de contextos sociales. Por lo tanto, su evidencia es más indirecta, y debemos tener esto en cuenta cuando reflexionemos sobre sus descubrimientos. Pero esa evidencia, cuando se cohesiona, nos cuenta una historia valiosa.

• • •

En la década de 1920, Berlín era la capital cultural de Occidente, una convergencia de ideas artísticas, políticas y científicas. Los Dorados Veinte, ese periodo inquieto entre guerras, vio el auge del expresionismo alemán, la escuela de diseño Bauhaus y el teatro de Bertolt Brecht. La política era un terreno de acalorados debates. En Moscú, un revolucionario llamado Vladimir Lenin había formado una confederación de estados bajo una filosofía política nueva, el marxismo; en Alemania, las penosas condiciones económicas daban pábulo a la petición de reformas trascendentales.

El mundo de la ciencia también se torcía sobre su eje. Surgían nuevas ideas rápidamente, y encima no eran poco importantes. Un neurólogo austríaco llamado Sigmund Freud había inventado un método de asociación libre guiada, llamado psicoanálisis, que parecía abrir una ventana al alma humana. Un joven físico de Berlín llamado Albert Einstein (que entonces era director del Instituto de Física Kaiser Wilhelm) había publicado sus teorías de la relatividad, redefiniendo para siempre la relación entre el espacio, el tiempo y la gravedad. Los físicos como Max Born y Werner Heisenberg definían un nuevo método (llamado mecánica cuántica) para comprender las propiedades básicas de la materia. Todo parecía posible, y uno de los jóvenes científicos que aprovechaba esta corriente intelectual ascendente era un psicólogo de treinta y siete años que estaba en la Universidad de Berlín y se llamaba Kurt Lewin. Lewin era una estrella en el campo emergente de la psicología social, y entre otras cosas trabajaba sobre una teoría de la conducta basada en cómo los elementos de la personalidad (pongamos, el retraimiento o las tendencias agresivas) se manifestaban en distintas circunstancias sociales.

Lewin era un hombre carismático de mente abierta, que tuvo como seguidores fieles a otros estudiantes más jóvenes, con quienes se reunía a menudo, acabadas las clases, en una cafetería cerca del campus. Era un entorno menos formal que su despacho, un lugar donde compartir ideas tomando un café o una cerveza, y una tarde se dio cuenta de algo curioso. Lewin se había reunido con una alumna suya, Bluma Zeigarnik, una joven lituana en busca de un proyecto de investigación. Aquella tarde, uno de los dos (las versiones no se ponen de acuerdo) detectó algo en los camareros de la cafetería: nunca anotaban los pedidos. Los guardaban en su cabeza, añadiendo elementos mentalmente: otro expreso, una taza de té, una porción de tarta..., hasta que el cliente pagaba la cuenta.[4]

Sin embargo, si *después* de abonada la cuenta se les preguntaba qué elementos había en ella, no podían responder; los habían olvidado por completo. No tenían un solo recuerdo. Era como si, una vez que se había cerrado el pedido, la mente del camarero marcara la casilla y siguiera adelante, borrando de la memoria toda la experiencia. Lewin y Zeigarnik sabían que aquél no era uno de esos casos en los que los pedidos se esfumaban de lo que los científicos llamaban memoria a corto plazo, esos treinta segundos más o menos durante los que podemos retener en la mente, digamos, un número de teléfono. Los camareros recordaban pedidos durante media hora, a veces más tiempo.

¿Qué sucedía en sus mentes?

Lewin y Zeigarnik elaboraron una hipótesis: quizá las tareas inconclusas o los objetivos inalcanzados permanecen en la memoria más que los concluidos. Al menos, ahora Zeigarnik ya contaba con un proyecto de investigación. Ella formuló la pregunta más concretamente: ¿cuál es la diferencia para la memoria entre una actividad interrumpida y una ininterrumpida?

Reunió a 164 alumnos, profesores y niños para que formaran parte de un experimento, y les comunicó que les daría una serie de tareas que «deben completar todo lo rápida y correctamente que puedan».[5] Les planteaba las tareas de una en una, y consistían en cosas como construir una caja partiendo de una lámina de cartón, modelar un perro en una pella de arcilla o resolver un crucigrama. La mayoría de los sujetos pudo acabar estas tareas en un tiempo de entre tres y cinco minutos... cuando se les permitía, claro. Zeigarnik periódicamente interrumpía sus tareas, deteniéndoles en mitad de un trabajo y dándoles una misión nueva a la que dedicarse. Las interrupciones eran aleatorias y la investigadora no daba explicaciones.

Al final, después de entre dieciocho y veintidós tareas, algunas interrumpidas y dejadas pendientes de acabar y otras no, Zeigarnik pidió a los sujetos del test que pusieran por escrito todas las tareas que pudieran recordar. Esas listas contaban la historia: como media, los participantes recordaron un 90 por ciento más de los trabajos interrumpidos y los inconclusos que de aquellos otros que lograron acabar. No sólo eso, sino que los trabajos interrumpidos e inacabados figuraban a la cabeza de sus listas, siendo de los primeros que anotaron. Las tareas concluidas, si las recordaban, aparecían al final. Zeigarnik escribió: «Por lo que respecta al lapso de tiempo, la ventaja *deberían* tenerla las tareas conclusas, dado que, por naturaleza, un sujeto que acaba una tarea le ha dedicado más tiempo que otro que no la ha concluido».

Se preguntó si la «conmoción» de verse interrumpido hacía que una experiencia fuera más memorable.

Zeigarnik realizó otra versión del estudio con un grupo nuevo de participantes. Esta vez, interrumpió todas las tareas que se les asignaron. Algunas de las tareas se concluyeron después de una pausa breve; otras, no. Sin embargo, en un sentido los resultados fueron prácticamente idénticos a los del primer experimento: los participantes recordaron en torno al 90 por ciento más de los pequeños trabajos que *no* acabaron. Haciendo aún más pruebas, Zeigarnik descubrió que podía aumentar el efecto de las interrupciones sobre la memoria deteniendo a los sujetos en el momento en que estaban más concentrados en su trabajo. Lo curioso es que las interrupciones en el «peor» momento parecían acrecentar más el recuerdo. «Como todo el mundo sabe», escribió Zeigarnik, «es mucho más perturbador que nos interrumpan justo antes de acabar una carta que cuando acabamos de empezarla».

Una vez que los individuos se ven absorbidos por una tarea, sienten la necesidad de acabarla, y esa pulsión va en aumento a medida que se acercan a la conclusión de su trabajo. «Es posible que el deseo de acabar la tarea fuera al principio solamente una cuasi necesidad», concluyó, «pero más tarde, al entregarse plenamente a la tarea, se crea una necesidad auténtica».[6]

En 1931, poco después de publicar su proyecto sobre las interrupciones, Zeigarnik se trasladó a Moscú con su esposo, Albert, que había conseguido un puesto en el Ministerio Soviético de Comercio Exterior. Ella consiguió un empleo en el prestigioso Instituto de Actividad Nerviosa Superior. Sin embargo, su buena suerte no duró mucho. En 1940, Albert fue arrestado acusado de espiar para Alemania, y fue enviado a un campo de prisioneros en Lubyanka, dejando a Bluma en Moscú, con la tarea de dedicarse a su empleo y a sus dos hijos. Ella siguió trabajando como psicóloga, fue rompiendo paulatinamente la relación con sus colegas occidentales para evitar toda sombra de sospecha, y murió en 1988, sin dejar tras ella prácticamente ningún rastro de sus investigaciones. (Un pariente, A. V. Zeigarnik, cree que ella misma destruyó sus diarios.)[7]

Sin embargo, las consecuencias de su trabajo sobrevivieron, y con fuerza. El efecto Zeigarnik, como se lo conoce ahora, se convirtió en una contribución fundacional para el estudio de las metas y la formación de las mismas.

Cuando pensamos en una meta, tendemos a pensar en ella como un sueño: restaurar un coche clásico; vivir en el extranjero; iniciar un negocio; escribir una novela; correr una maratón; ser mejor padre; encontrar una relación estable. Sin embargo, para los psicólogos una meta no es tan grandiosa. Una meta es cualquier cosa que deseemos tener o conseguir y que aún no hemos alcanzado, tanto si es a corto como a largo plazo, obtener un doctorado o vestirse. Según esta definición, cada minuto que pasamos despiertos tenemos la cabeza llena de metas, y todas ellas compiten por obtener nuestra atención. ¿Qué debemos hacer primero, el café o pasear al perro? ¿Ayudar al niño a preparar la mochila del campamento, o ponernos al día con el trabajo? ¿Ir al gimnasio o practicar español?

Los estudios de Zeigarnik sobre la interrupción revelaron dos de los sesgos intrínsecos o instintos congénitos de la mente relativos a las metas. El primero es que el hecho de empezar a trabajar en una tarea a menudo le confiere el peso psicológico de una meta, incluso si carece de importancia. (Los sujetos que participaron en los estudios de Zeigarnik hacían cosas como modelar un perro con arcilla, ¡por favor! La única satisfacción que sacaban de esa actividad era el hecho de acabarla.) El segundo dice que si nos interrumpen cuando estamos inmersos en una tarea eso amplía el tiempo que permanece ésta en la memoria y, según esos experimentos, la coloca en lo alto de la lista mental de cosas pendientes.

La mayoría de interrupciones es molesta, sobre todo si vienen de un vecino metomentodo, del gato que quiere salir o de una teleoperadora que llama cuando está usted en medio de un proyecto laboral importante. Pero la *auto*interrupción deliberada es harina de otro costal. Es lo que hizo tan bien Dickens en sus novelas, suspendiendo la acción al final de cada capítulo en la parte más emocionante. O es lo que hacen los guionistas televisivos cuando cierran una temporada y hacen avances de la siguiente para el público. El último episodio acaba con un grito, unos pasos en un pasillo oscuro, una relación que nace o se trunca inesperadamente.

Este tipo de interrupción crea suspense y, de acuerdo con el efecto Zeigarnik, hace que el episodio, capítulo o proyecto inconclusos asciendan a lo más alto de nuestra mente, haciendo que nos preguntemos qué vendrá después. Y eso es precisamente lo que queremos hacer si trabajamos en algo exigente y a largo plazo.

Por lo tanto, el primer elemento de la percolación es ese supuesto enemigo del aprendizaje: la interrupción.

Bisaldrop Dubbel Zoute es una marca holandesa de pastillas de regaliz, del tamaño de una moneda de cinco céntimos. Las Bisaldrop tienen un sabor especial, ligeramente dulce y muy salado, y se las suele tomar con un vaso de agua fresca. Lo que nos interesa es que las pastillas hacen que uno sienta sed (y rápido), motivo por el cual un grupo de científicos holandeses las usaron en un experimento de 2001 para medir el efecto que tienen las metas sobre la percepción.[8] El grupo, dirigido por el psicólogo Henk Aarts de la Universidad de Leiden, empezó su prueba como lo hacen muchos otros científicos: mintiendo. A menudo los investigadores procuran ocultar el verdadero propósito de un estudio de modo que los participantes no les sigan la corriente o alteren deliberadamente los resultados. En este caso, Aarts reclutó a ochenta y cuatro estudiantes no licenciados para lo que él definió como, no se lo pierda, un estudio de «lo bien que puede una persona detectar letras con su lengua cuando se la somete a diversas condiciones de sabor».

Dividieron a los estudiantes en dos grupos. Un grupo recibió tres Bisaldrop, cada una señalada con una letra. Tenían un minuto para comerse la pastilla e intentar adivinar qué letra llevaba impresa. El otro grupo, el de control, no recibió pastillas; les mandaron que dibujasen tres figuras sencillas en un papel, una tarea laboriosa e improductiva que no tenía nada que ver con el objetivo del estudio. Más tarde, el experimentador llevó a los participantes, uno por uno, a una habitación que les dijo que era su despacho, para rellenar un cuestionario sobre temas desvinculados con el experimento («¿Cuál es tu actividad favorita para relajarte?», y otras por el estilo.) Las preguntas tampoco tenían nada que ver con el objetivo del estudio. Pero la habitación sí. Parecía un típico despacho académico: un espacio pequeño con una mesa y una silla, papeles, libros, lápices, una pila de carpetas y un ordenador. Repartidos por la estancia había algunos artículos relacionados con la bebida: una botella de agua, un vaso, algunas tazas, una lata de refresco vacía. Cuando acababa el cuestionario, cada participante se quedaba a solas en el despacho durante cuatro minutos.

Entonces el experimentador volvía y llevaba de nuevo a la persona al laboratorio para hacerle un test sorpresa. A cada participante se le daban cuatro minutos para anotar todos los objetos presentes en el despacho que pudiese recordar. A esas alturas, seguro que los participantes se preguntaban qué narices tenía eso que ver con la actividad de detectar letras con la lengua (y ya de paso, con la ciencia), pero hicieron lo que les pedían. Algunos recordaron un solo artículo, otros media docena. Hasta aquí todo normal; seguramente algunos participantes dedicaron aquellos cuatro minutos a soñar despiertos, mientras otros hojeaban los estantes de libros. Lo que interesaba a los psicólogos era *lo que* anotaron, y es ahí donde se manifestó una diferencia clara: el grupo que había recibido las Bisaldrop recordaba el doble de artículos relacionados con la bebida que el grupo de control. Tenían sed, y eso influía en lo que detectaron en el despacho y recordaron luego, incluso si no eran conscientes de *por qué* recordaban esas cosas.

El experimento fue una demostración astuta de un principio bastante claro en la psicología social: tener una meta en el primer lugar de nuestra mente (en este caso, una bebida), sintoniza nuestras percepciones para alcanzarla. Y esa sintonización determina, hasta cierto punto, dónde miramos y qué percibimos. «Los resultados sugieren que las necesidades y los motivos básicos provocan un aumento de la disposición perceptiva a detectar los indicios del entorno que son instrumentales para satisfacer tales necesidades», concluyeron los autores. «Esto puede reducir la sed al ayudarnos a detectar una lata de Coca-Cola o un vaso frío de cerveza, que en otras circunstancias pasarían desapercibidos.»[9]

A primera vista, esto es de sentido común, ¿no? *Por supuesto* que buscamos una fuente cuando tenemos sed, o una máquina de tentempiés cuando tenemos hambre. Sin embargo, tenga en cuenta que los estudiantes sedientos de este estudio tenían más probabilidades que los otros de detectar no sólo botellas de agua o latas de refresco, sino *cualquier* objeto del despacho que tuviera relación con la bebida: una taza, un plato, el tapón de una botella. Tanto si eran conscientes como si no, su sed activó una red mental que escudriñaba el entorno en busca de algo relacionado con un líquido.

Desde hace décadas y mediante docenas de estudios, los psicólogos han demostrado que este principio de la percepción sintonizada no sólo se aplica a las necesidades elementales como la sed, sino a cualquier meta que ocupe el primer lugar en nuestra mente. Esta experiencia también nos resulta familiar. En cuanto decidimos comprar determinada marca de bolso, modelo de *smartphone* o estilo de tejanos, empezamos a ver ese producto con mucha mayor frecuencia que antes, en tiendas, en el centro comercial, mientras caminamos por la calle. Recuerdo la primera vez que me sucedió este fenómeno. Tenía once años, y acababan de comprarme mi primer par de deportivas Converse All-Stars, que en aquella época eran la norma para los chavales de mi edad. Pero yo no quería los colores habituales, blanco y negro; no, las que yo querían eran verdes. Verde cantón. Recuerdo que llegué con ellas a casa, me las puse y salí al mundo y, de repente, pensé: «¡Eh, un momento! ¡Pero si estas deportivas están *por todas partes*!» El primer día que las llevé puestas conté como una docena de pares verdes. Y no sólo eso, sino que empecé a ver otros colores más exóticos, además de distintos estilos y cordones. Al cabo de pocas semanas yo tenía un mapa mental detallado de una subcultura concreta: los preadolescentes que llevaban Converse en el Chicago suburbano de 1971, un universo sutil e intrincado que antes había sido invisible para mí. Y lo hice sin «estudiar» en absoluto, al menos en el sentido habitual.

¿Qué tiene esto que ver con acabar un trabajo académico sobre, digamos, la Declaración de Independencia? En realidad, todo. Los proyectos académicos también son metas, y pueden sintonizar nuestras percepciones de la misma manera que puede hacerlo la sed intensa o un nuevo par de deportivas. Por ejemplo, cuando llevamos hecho la mitad del trabajo sobre la Declaración de la Independencia, somos mucho más sensibles a las referencias raciales de nuestro entorno. Una historia sobre altercados sociales relacionados con la raza o una intervención en defensa de una minoría en los medios de comunicación. Un comentario de pasada que ha hecho un amigo. La crítica de una biografía de Lincoln en el diario. Incluso la manera en que se distribuyen las personas de distintas razas en el bar o en el vagón del metro. Como dijo John Bargh, psicólogo de la Universidad de Yale, «una vez que se activa una meta, domina a todas las demás y empieza a dirigir nuestras percepciones, pensamientos, actitudes».

Por lo tanto, la pregunta es: ¿cuál es la manera más eficaz de activar esa meta?

Interrumpir nuestro trabajo sobre ella en un momento importante y difícil, pues así situamos la tarea, por medio del efecto Zeigarnik, en el foco principal de nuestra mente.

Por supuesto, esta consciencia aumentada no siempre nos ofrece el gran «paso adelante» o una idea de oro que clarifique nuestro trabajo. No pasa nada. Con que nos ofrezca un detalle aquí o allá, una frase para la introducción o una simple idea para una transición, es dinero gratis y genera intereses, aumentando poco a poco nuestra agudeza, de modo que podamos reconocer ideas más importantes (esos fogonazos de comprensión clarificadora) que tanto persiguen las personas creativas. Como dijo en una frase célebre el microbiólogo francés Louis Pasteur: «La suerte favorece a la mente preparada». Leer esta cita siempre me ha hecho pensar: Vale, pero ¿cómo se prepara uno para cuando llegue la suerte? Ahora, gracias a la psicología social, tengo una idea más clara. Yo lo diría de forma distinta a Pasteur, aunque suene menos poético: *la suerte alimenta a la mente sintonizada.*

Mi ejemplo favorito de cómo sucede esto proviene de la escritora de novelas y relatos cortos Eudora Welty. En una entrevista de 1972, a Welty le preguntaron de dónde sacaba sus diálogos. Ella contestó: «Una vez que te has metido en una historia, todo parece encajar: lo que oyes cuando vas en el autobús es exactamente lo que diría tu personaje en la página. Vayas donde vayas encuentras una parte de tu relato. Supongo que tienes las antenas puestas, y que las cosas idóneas están como imantadas… si imaginas que tus oídos son imanes».[10]

Lo que no dice esta cita es que esos comentarios escuchados en el autobús no sólo animan un personaje, sino que contribuyen a hacer avanzar la historia. La información que captamos no va a parar de cualquier manera a un archivo metálico de conversaciones oídas al azar. También provoca una onda en nuestro pensamiento sobre la historia, el trabajo de investigación, el proyecto de diseño o nuestra gran conferencia. Cuando trabajamos en un proyecto sobre la Declaración de Independencia, no sólo estamos sintonizados con la dinámica interracial en el vagón del metro, sino que también somos mucho más conscientes de nuestras reacciones ante lo que vemos. Esto no es evidente ni baladí. Recuerde que a cada momento por nuestra mente pasa una impresionante cacofonía de pensamientos irreconciliables. Lo que «oímos» depende de las exigencias, distracciones o ansiedades del momento. Lo que propongo es que, en este ejemplo, somos más capaces de escuchar nuestro diálogo interno sobre la raza por encima del ruido de fondo, y que *esa* conversación también alimenta nuestro trabajo.

¿Puedo demostrar esto? No. No sé cómo se podría demostrar. Pero eso no quiere decir que nadie lo haya intentado, haciendo que un proceso que es invisible deje de serlo.

● ● ●

Entonces, volvamos al aula.

Cuando estaba en el instituto o en la universidad, intentando escribir un artículo o un trabajo de investigación, siempre iba buscando los pensamientos de otros para que me sirvieran de fundamento. Iba a la caza de algún artículo escrito por un experto, algo que fuera lo más parecido posible al trabajo. Este «modelo» perfecto casi nunca existía o nunca lo encontraba, de modo que acababa hilvanando citas e ideas de los artículos y libros que había consultado. Imaginaba que, si alguien lo había dicho, debía ser profundo. Diré en mi defensa que esto no es malo del todo. Cuando estudiamos la emergencia del cristianismo en la Antigua Roma, *deberíamos* saber quiénes son los expertos y qué piensan. El problema es que, cuando nos embarcamos en un proyecto de estudio, sobre todo cuando somos jóvenes, no sabemos necesariamente cómo identificar esos hitos intelectuales. A menudo ni siquiera sabemos que existen. Durante la enseñanza secundaria y buena parte de la universitaria, recuerdo que anhelaba que alguien me dijera cómo avanzar; me sumía en un estado de ánimo pasivo, indeciso, y el miedo al ridículo podía más que la curiosidad o la convicción auténticas. El resultado era que raras veces consultaba la sabiduría del único pensador al que podía acceder fácilmente: yo. Estaba tan ocupado buscando opiniones mejores y más inteligentes que me costaba escribir (o pensar) teniendo confianza en mí mismo.

En 1992, una estudiante de doctorado de Illinois percibió en sus alumnos la misma cualidad vacilante, deferente. Ronda Leathers Dively, que en aquel entonces acababa su licenciatura en inglés en la Universidad Estatal de Illinois, enseñaba a un grupo de alumnos de primer y segundo curso cómo escribir para publicar artículos en una revista académica, usando fuentes reconocidas para forjar un argumento coherente. Sin embargo, al final del curso se desanimó. Había pedido a sus alumnos que escribiesen seis redacciones de entre tres y cinco páginas, cada una de las cuales debía centrarse en una controversia social, política o cultural diferente. Dively, que esperaba recibir artículos muy bien argumentados y respaldados, recibió lo que ella definió como «resúmenes de cortar y pegar de los trabajos publicados de otros académicos». Lo más alarmante fue que el trabajo al final del semestre no fue mejor que los del principio. La culpa era de ella, no de los alumnos. Les estaba fallando.[11]

Dively decidió que el currículo al que se ceñía impedía la percolación (o incubación, como ella la llama). Los alumnos disponían de unas dos semanas para preparar cada redacción, y tenían que ponerse al día sobre temas difíciles y controvertidos como la gestión de los residuos, los efectos de la guardería en los niños y la legalización de las drogas. En otras palabras, no tenían tiempo ni para meditar sobre los temas ni para desconectar de ellos.

De modo que Dively decidió pasar del programa. Se propuso hacer una especie de experimento. No estaría controlado ni sería riguroso según los estándares científicos; sería un curso de redacción para no licenciados, no un laboratorio de psicología cognitiva. A pesar de todo, era una asignatura que ella se propuso revisar de arriba abajo, y así lo hizo. El siguiente semestre que impartió se deshizo de la estructura de las seis redacciones, aquel salto incesante, hiperactivo y disperso entre un tema y el siguiente. Su asignatura exigiría la misma cantidad de trabajos, pero con un formato muy diferente. Sus alumnos redactarían un solo trabajo, sobre un solo tema, que deberían entregar al final del semestre. Pero durante el curso de su investigación tendrían cinco trabajos «previos al final», todos ellos centrados sobre la propia experiencia de investigar. Un artículo describiría una entrevista con un experto. Otro definiría un término clave y su lugar en el debate general (pongamos que el enterramiento superpuesto de estratos de basura en el caso del tratamiento de residuos sólidos). El tercer artículo sería una respuesta a una escuela de pensamiento controvertida sobre ese tema. Dively también les pidió que llevaran un diario durante todo el proceso, vinculando sus reacciones personales con las fuentes que usaban. ¿Tenían sentido los artículos? ¿Estaban de acuerdo con las ideas principales? ¿Las opiniones de este o de aquel experto eran coherentes?

El propósito de estos pasos (las redacciones previas y las entradas en el diario) era obligar a los alumnos a llevar consigo el tema durante todo el semestre, y a pensar en él frecuentemente (por no decir siempre); en nuestra terminología, obligarles a la percolación. Dively era consciente de que los trabajos finales no serían necesariamente más incisivos o legibles que los de sus alumnos del curso anterior. Más tiempo no siempre equivale a artículos más autorizados, y a veces conlleva sumirse aún más en la indecisión. Sin embargo, en este caso sus alumnos le enseñaron algo excelente. Dively escribió que la mejora más destacada fue que adoptaron «la actitud de los expertos, una presencia autorizada capaz de contribuir al intercambio académico».

Al final del semestre entrevistó a sus alumnos, preguntándoles sobre el nuevo formato. «A medida que pasa el tiempo y descubro nuevos datos, buena parte de la información pasa a formar parte de mí», dijo uno. «Ahora incluso cuestiono algunas cosas que el autor afirma que son ciertas. Me doy cuenta de que no tengo por qué estar de acuerdo con todo lo que publica una revista especializada.»[12] Otro dijo: «Logré una comprensión más completa del material que trataba, porque pude formularme más preguntas» por medio del diario. Un alumno se burlaba abiertamente de un artículo «escrito para un novato en salud medioambiental y aparecido en esta revista que tiene cierto prestigio. Sólo le recomendaría la lectura de ese artículo a alguien que no tuviera apenas conocimientos sobre el tema».[13]

En otras palabras, los alumnos de Dively ya no querían pedir prestadas las opiniones ajenas; les interesaba más descubrir las suyas propias.

Una vez más, esta evidencia no tiene nada particularmente «científico». Son las observaciones que hizo una profesora de su clase. Pero lo que hizo en realidad Dively fue ralentizar la cinta y revelar cómo funciona un proceso normalmente invisible y semiconsciente o subconsciente.

Hizo visible la percolación.

Los descubrimientos de Dively podrían parecer anecdóticos si no encajasen tan bien con el trabajo más riguroso de los psicólogos sociales experimentales. De hecho, sus tareas previas eran «pasos» truncados, una forma de autointerrupción que hizo que el trabajo final siempre ocupase un lugar prominente en la mente de los alumnos, estilo Zeigarnik. El hecho de tener la meta (el trabajo) activa de continuo sensibilizó las mentes de los alumnos, consciente e inconscientemente, para captar la información relevante a su alrededor, como los participantes sedientos del estudio de Henk Aarts. Éstos son los dos primeros elementos de la percolación: la interrupción y la mente sintonizada y rastreadora que la sigue. Las entradas del diario proporcionaron el tercer elemento, la reflexión consciente. Recuerde que Dively pidió a los alumnos que redactasen entradas regulares sobre lo que *pensaban* de las fuentes que utilizaban, los artículos de revistas y las entrevistas. El pensamiento de los estudiantes evolucionó, entrada tras entrada, a medida que acumulaban más conocimientos.

Cuando se la organiza en un todo coherente, esta investigación de Zeigarnik, Aarts, Dively y otros psicólogos sociales que han pasado las últimas décadas estudiando la consecución de metas le arrebata una parte del misterio al «proceso creativo». Aquí no hay ningún ángel o musa que susurre al artista. La precolación es cuestión de estar alerta, de encontrar maneras para sintonizar la mente de modo que reúna una mezcla de percepciones externas y pensamientos internos que son relevantes para el proyecto que tenemos entre manos. No podemos saber de antemano qué aspecto tendrán esas percepciones y pensamientos, ni falta que hace. Como los estudiantes sedientos del estudio de Aarts, la información fluye a nosotros.

Si nos da la sensación de que nos llegan «de la nada» ideas más plenamente formadas (opuestas a las percepciones), lo único que significa esto es que se ha producido una combinación fuera de la consciencia directa. Los científicos debaten si la precolación es en gran medida consciente o inconsciente, y la respuesta tiene consecuencias teóricas interesantes. Sin embargo, para el propósito que nos ocupa, esto no importa. Yo tiendo a estar de acuerdo con el escritor Stephen King, quien describe la precolación como el marinado de ideas «en ese lugar que no es realmente lo consciente, pero tampoco lo inconsciente». Sea como fuere, tomamos lo que podemos y cuando podemos.

¿Qué significa esto para una estrategia de aprendizaje? Sugiere que debemos empezar a trabajar en los proyectos grandes lo antes posible, y detenernos cuando nos quedemos atascados, con la confianza de que estamos iniciando la percolación, no tirando la toalla. Mi tendencia como estudiante era siempre dejar para el final los grandes trabajos de investigación y ocuparme primero de las cosas pequeñas. Hacer las lecturas fáciles. Limpiar la cocina. Tachar algunas cosas de la lista de tareas pendientes. Entonces, una vez que me sentaba por fin a enfrentarme a la gran bestia, me lanzaba a todo correr hacia la línea de meta y me desesperaba si no llegaba a tiempo.

Craso error.

Abandonar antes de avanzar no pone el proyecto en hibernación; lo mantiene despierto. Ésta es la fase 1, e inicia la fase 2, el periodo de recoger el sedal, de reunir datos fortuitos. La fase 3 consiste en escuchar lo que *pienso* sobre todos esos fragmentos que recibo. La percolación depende de los tres elementos, y en el orden señalado.

Con el paso de los años he descubierto que abordar un proyecto que requiere mucho esfuerzo antes de ponerse con las tareas sencillas tiene una ventaja adicional. En términos psicológicos, encoge el trabajo pendiente. El proyecto no sigue creciendo conforme transcurren los días. Ya he establecido una cabeza de playa, y como resultado de ello el trabajo se vuelve más manejable; resulta más fácil sentarse y retomarlo. E incluso si no logro dominar determinado concepto después de unas horas de trabajo (me viene a la mente hacer integrales en el cálculo), sé que hacer una pausa es sólo un primer paso. Como solía decir uno de mis profesores favoritos: «La definición de un matemático es: una persona que lleva en su mente el concepto durante el tiempo suficiente como para que un día, cuando se lo plantea, se dé cuenta de que le resulta familiar».

Yo entiendo la percolación como un medio para usar la postergación a mi favor. Cuando estoy absorto en un trabajo complejo, intento hacer un poco cada día, y si en una sesión veo que puedo hacer más, lo hago; y luego, cuando me he atascado en medio de alguna sección, me detengo. Al día siguiente vuelvo y lo acabo.

Debo admitir que en este capítulo nos hemos centrado sobre todo en un tipo de actividad creativa (la escritura), pero eso se debe a que los escritores no paran de hablar de ella, y a que, en sentido crítico, escribir sobre algo *es* descubrir lo que uno piensa sobre ello. No obstante, todo aquel que se convierte en un artista, constructor, diseñador o científico productivo participa en unos procesos psicológicos semejantes para refinar y concluir su trabajo, y a menudo le cuesta mucho abandonarlo. Estas personas permiten que la percolación suceda de forma instintiva, porque han descubierto por su experiencia que una mente sintonizada habitualmente produce resultados, o al menos una parte de ellos. (Recuerde la cita del poeta A. E. Housman, que hay huecos que llenar, «que había que trabajar y que la mente debía rellenar». Lo que usted tiene son fragmentos.) El mero hecho de saber esto le ayudará a moverse por los proyectos creativos complejos con mucha más confianza... y mucho menos desespero.

Capítulo 8

• • • • • • • • • • • • •

Las mezclas

El entrelazado como ayuda para la comprensión

A determinada edad (nueve, diez, once años, todos hemos pasado por ahí), la mayoría de nosotros es capaz de ese tipo de devoción ciega que hace falta para dominar una habilidad única y abstrusa que hemos decidido que es esencial para nuestra identidad. Quizá sea dibujar un caballo o copiar un solo de guitarra, o driblar por la espalda con una pelota de baloncesto. Quizá se trate de hacer un *ollie*, ese movimiento elemental del monopatín, una especie de salto estático durante el cual los pies no se despegan del monopatín. No necesitamos un manual que nos diga qué hacer, lo hacemos y punto. Repetidamente. Con la cabeza gacha, reconcentrados, como nos han dicho. En el suministro del agua cultural fluye la creencia en la repetición, manifiesta en todos los manuales y guías para tener éxito, en todas las autobiografías de deportistas y empresarios. Hay un motivo por el que los entrenadores, los profesores de música y los de matemáticas a menudo hacen que sus alumnos practiquen y practiquen una y otra vez: haga cien escalas de la menor (o cien tiros libres, o cien tiros *wedge*) en una tarde y verá cómo progresa. Haga otras doscientas y verá incluso más progresos.

Nuestra fe en la repetición nunca nos abandona del todo. A veces pienso que ojalá pudiera canalizar hoy, cuando intento aprender algo nuevo, la devoción que me dominaba de niño. La enfocaría en el piano, o la genética, o la mecánica. Practicaría como una máquina, una habilidad por vez, hasta que me salieran automáticamente, infiltradas hasta la médula. Tocar a Elgar, salvar algunas vidas, arreglar el coche cuando se estropease. En cierto sentido aún creo que podría pasar si contase con el tiempo suficiente. Algunos psicólogos y escritores han intentado incluso cuantificar ese tiempo. Sostienen que el camino que lleva al rendimiento excepcional pasa por la práctica: para ser exactos, diez mil horas de práctica. Es difícil resistirse al atractivo de esa regla, aunque el número por sí mismo sea arbitrario, porque lo leemos en términos de *repetición*, así como de cantidad. Tal como dice ese adagio habitual: *No practique hasta que lo haga bien. Practique hasta que no pueda hacerlo mal.*

Entonces me acuerdo. Recuerdo qué sucedió en mi propia vida cuando dediqué el tiempo suficiente.

De niño yo era Don Repetición. Como alumno, como estudiante de música, como atleta. Era el que hacía trescientos *ollies* una tarde, sin que me acabaran de salir del todo bien. Allí estaba yo, raspando el camino de entrada para coches, y cuando levantaba la vista veía cómo algún otro chaval que no tenía mi determinación ni de lejos pasaba con su monopatín, haciendo saltos impecables sin ni siquiera prestar atención. Lo mismo me pasó con el regateo por detrás de la espalda, el solo de guitarra, el frenazo con la cara interna del patín en el *hockey*. Lo deseaba con toda el alma, me había consagrado a la práctica, pero de alguna manera nunca era *bueno*, mientras otros niños que no le dedicaban ni por asomo la misma cantidad de tiempo concentrado dominaban esas habilidades aparentemente sin preocuparse por los detalles. ¿Es que acaso tenían un don *natural*? ¿Contaban con profesores privados? ¿Apretones de mano secretos? No tenía ni idea. Yo atribuía la culpa a mi falta de dones naturales, y seguía buscando algo que se me diera bien con facilidad. Lo que nunca hice fue pararme a pensar si mi enfoque sobre la práctica era en realidad el acertado.

Y tampoco lo hizo nadie más, al menos a principios de la década de 1970. En aquel momento, los científicos pensaban de la práctica lo mismo que todo el mundo: cuanto más, mejor. Por decirlo con los términos precisos, los psicólogos sostenían que toda variación en el esquema de prácticas que haga que la habilidad meta (sea en el patinaje, el álgebra o la gramática) sea más inmediata, más frecuente y más precisa, mejora el aprendizaje. La repetición a base de fuerza bruta consigue eso, y todo el mundo que domina realmente una habilidad la ha practicado bastantes veces al menos, y habitualmente muchísimas. Ésa es la parte que solemos recordar más adelante, la repetición, y no otras innovaciones o alteraciones que podamos haber introducido por el camino.

Uno de los primeros indicios de que podría existir otra vía se obtuvo en un experimento que hicieron en 1978 dos investigadores de la Universidad de Ottawa.[1] Robert Kerr y Bernard Booth se habían formado en cinética, el estudio del movimiento humano. Los especialistas en cinética a menudo trabajan estrechamente con entrenadores y formadores, y les interesan los factores que contribuyen al rendimiento atlético, la curación de lesiones y la resistencia. En este caso, Kerr y Booth querían saber cómo dos tipos distintos de práctica afectaban a una habilidad sencilla, aunque infrecuente: el lanzamiento de saquitos para hacer ejercicios. (Luego resultó que fue una elección inspirada; es algo que la mayoría hemos probado, en una fiesta de cumpleaños infantil o en algún parque de atracciones, pero que nadie hace en casa.) Reunieron a treinta y seis niños de ocho años que participaban en un curso de educación física de doce semanas, cada sábado por la mañana, impartido en un gimnasio; dividieron a los niños en dos grupos. Los investigadores sometieron a ambos grupos a una sesión de calentamiento con los sacos, para que los niños se acostumbrasen al juego… y era un juego bien extraño. Pidieron a los chicos que lanzasen de rodillas pequeños saquitos, del tamaño de una pelota de golf, a dianas que estaban en el suelo. Pero lo hacían mientras llevaban puesto un arnés que sujetaba una pantalla que les impedía ver nada. Hacían cada lanzamiento a ciegas, se apartaban la pantalla para ver dónde había aterrizado, y *entonces* hacían el siguiente lanzamiento.

En una prueba inicial los dos grupos tuvieron una buena puntuación, y no manifestaron una diferencia discernible en su grado de puntería.

Entonces empezaron las prácticas regulares. Cada niño pasó por seis sesiones, en cada una de las cuales hacía veinticuatro lanzamientos. Un grupo practicó con una diana que estaba a sólo poco más de un metro de ellos. El otro grupo practicó con dos dianas, una que estaba a unos setenta centímetros y otra que estaba a un metro veinte, alternando los lanzamientos entre ambas. Ésa fue la única diferencia.

Al final del curso de doce semanas, los investigadores sometieron a los niños a una última prueba de rendimiento, pero sólo con la diana que estaba a poco más de un metro. Eso parecía una injusticia. Un grupo había practicado siempre con esa diana, y el otro nunca lo hizo. El grupo que practicó a esa distancia de un metro tendría una ventaja clara. Sin embargo, la cosa no fue así. Los niños del grupo de las dos dianas ganaron la competición, y además con diferencia. La distancia media que los separaba de la diana (a un metro) era mucho más reducida que la de sus contrincantes en la última prueba. ¿Qué estaba pasando? Kerr y Booth hicieron el mismo experimento con niños de doce años, sólo para asegurarse de que el resultado se sostenía. Lo hizo. No sólo eso, sino que fue incluso más espectacular entre los niños más mayores. ¿Fue suerte? ¿Es que los mejores grupos tenían unos cuantos genios? Kerr y Booth dijeron que no, nada de eso. «Un calendario variado de prácticas puede facilitar la formación inicial de patrones motores», escribieron, y esa variación contribuía a «aumentar la consciencia del movimiento».[2] En otras palabras, que la práctica variada es más eficaz que la concentrada, porque nos obliga a interiorizar reglas generales de ajuste motor que son aplicables a *todas* las dianas.

Es una gran idea… si es cierta.

Podría haber sido pura casualidad, dada la naturaleza extraña de la tarea: lanzamiento de saquitos a ciegas. No es que en aquel momento eso fuera importante, en parte porque nadie prestaba atención. El experimento de los saquitos fue raro, pero raro. (Hasta tal punto que desapareció por completo de la página web de la revista en la que apareció originariamente, *Perceptual and Motor Skills*; cuando se lo pedí, los editores tardaron semanas en encontrarlo.) Sin embargo, aunque el estudio hubiera salido en las noticias de la noche, no es probable que hubiera convencido a mucha gente, especialmente entre los académicos que estudiaban la memoria. La cinética y la psicología cognitiva están lejísimos una de la otra, tanto en la cultura como en lo relativo a su estatus. Una está más cerca de la neurociencia, y la otra de la clase de gimnasia. Un estudio en el que un puñado de niños de ocho y doce años lanzaba saquitos no podía alterar siglos de conjeturas sobre el modo en que el cerebro adquiere nuevas habilidades. Al menos no inmediatamente.

• • •

Los psicólogos que estudian el aprendizaje tienden a establecerse en uno de dos campos: el motor/movimiento o el verbal/académico. El primero se centra en la manera en que el cerebro ve, oye, siente, desarrolla reflejos y adquiere habilidades físicas más avanzadas, como practicar un deporte o tocar un instrumento. El segundo investiga el aprendizaje conceptual de diversos tipos: el lenguaje, las ideas abstractas y la resolución de problemas. Cada campo tiene su propia terminología, sus propios paradigmas experimentales, su propio conjunto de teorías. En la universidad a menudo los enseñan separadamente, con asignaturas distintas: «Habilidades motoras y perceptuales» y «Cognición y memoria».

Esta distinción no es arbitraria. Antes de seguir adelante, repasemos brevemente la historia de Henry Molaison, aquel hombre de Hartford que se sometió a una intervención quirúrgica para aliviar la epilepsia, operación que perjudicó gravemente su capacidad para formar recuerdos nuevos. Después de la operación, el cerebro de Molaison no podía aferrarse a ningún recuerdo descriptible como nombres, rostros, hechos y experiencias personales. El cirujano había extirpado el hipocampo de ambos hemisferios de su cerebro; sin ellos, Molaison no podía trasladar los recuerdos a corto plazo al almacenaje a largo plazo. Sin embargo, sí podía formar nuevos recuerdos motores. En uno de los experimentos descritos en el capítulo 1, Molaison intentó dibujar una estrella mientras observaba en un espejo la mano con la que la dibujaba. A medida que pasaba el tiempo cada vez mejoraba más en esta habilidad, aunque no se acordaba de haberla practicado.

Una consecuencia importante de los estudios sobre Molaison fue que el cerebro debía tener al menos dos sistemas biológicos para gestionar la memoria. Uno, para los recuerdos declarativos, depende de un hipocampo funcional. El otro, para los recuerdos motores, se basa en diferentes órganos cerebrales; no hace falta el hipocampo. Los dos sistemas son distintos desde el punto de vista biológico, de modo que por lógica debían serlo también funcionalmente, en su forma de desarrollarse, fortalecerse y debilitarse. Aprender español no es lo mismo que aprender a tocar la guitarra española, de modo que la psicología tiene una tradición separada para caracterizar a cada uno.

A principios de la década de 1990, un par de colegas de la UCLA decidieron probar algo radical: combinar las dos tradiciones (motora y verbal) en un único seminario para licenciados, al que llamaron «Principios del aprendizaje motor y verbal». Los dos investigadores, Richard A. Schmidt, especialista en el aprendizaje motor, y el siempre presente Robert Bjork, experto en el aprendizaje verbal, pensaron que los estudiantes comprenderían mejor las diferencias principales entre sus campos respectivos y cómo se enseña mejor cada tipo de aprendizaje. Bjork me dijo: «Dick y yo dimos por hecho que habíamos clarificado las diferencias entre motor y verbal, nada más que eso. Pero, a medida que profundizábamos en el tema, el proyecto entero cambió de rumbo».

Se dieron cuenta de que por toda la literatura sobre el tema circulaba una señal extraña. De entrada, se toparon con el estudio olvidado de los saquitos, y tomaron sus conclusiones, sin cuestionarlas, como válidas. Luego rebuscaron por la literatura sobre el tema para ver si encontraban otros estudios en los que las sesiones de práctica mezcladas o interrumpidas condujesen con el tiempo a un rendimiento mejor que las concentradas. Si el resultado del experimento con los saquitos era válido, y Kerr y Booth tenían razón cuando decían que revelaba un principio general sobre el aprendizaje, éste debería manifestarse en otros experimentos que comparasen distintas técnicas para las prácticas.

Y eso es lo que pasó en ensayos de investigadores que no conocían en absoluto el trabajo de Kerr y Booth. Por ejemplo, en 1986 los investigadores de la Universidad Estatal de Luisiana comprobaron cómo treinta mujeres jóvenes aprendían tres saques habituales de bádminton.[3] El servicio corto, el largo y la volea tienen cada uno una trayectoria distinta, y hace falta práctica para dominarlos. Para hacer un servicio corto, el jugador tiene que golpear la palomita de modo que pase muy cerca de la red (a un máximo de cincuenta centímetros), para que aterrice en el tercio delantero del campo opuesto. Un servicio largo pasa al menos a dos metros y medio por encima de la red, aterrizando en el tercio trasero del campo contrario. La volea divide la diferencia y va dirigida al tercio central del campo opuesto. Los investigadores, Sinah Goode y Richard Magill, juzgaron los saques en función de dos criterios: dónde aterrizaba la palomita y a cuánta distancia de la red pasaba. Dividieron a las mujeres en tres grupos de diez, cada uno de los cuales se ejercitaba siguiendo el mismo programa, tres días por semana durante tres semanas, treinta y seis saques por vez. Sin embargo, las sesiones eran diferentes. El grupo A se dedicaba a la práctica *bloqueada*, que ensayaba sólo un tipo de servicio por sesión: por ejemplo, un día practicaba treinta y seis saques cortos, al otro treinta y seis largos y al siguiente treinta y seis voleas. El grupo B llevaba a cabo la práctica *en serie*, probando los servicios en un orden determinado (corto, luego largo, luego volea) repetidamente. El grupo C practicaba aleatoriamente, probando los servicios que quisieran, pero sin que pudieran hacer dos saques iguales consecutivos.

Al final de las tres semanas, cada participante había practicado cada servicio el mismo número de veces, con una pequeña diferencia para aquellos que estaban en el grupo de la aleatoriedad.

Goode y Magill no sólo querían comparar la eficacia relativa de cada tipo de régimen de prácticas. También querían evaluar hasta qué punto las habilidades de los participantes *se transferían* a una nueva condición. En realidad, el aprendizaje consiste en una transferencia. Es la capacidad de extraer la esencia de una habilidad, una fórmula o un problema lingüístico y aplicarla en otro contexto, a otro problema que puede no asemejarse, al menos superficialmente. Si usted domina realmente una habilidad, «no la pierde», por así decirlo. Goode y Magill evaluaron la transferencia de una forma sutil e inteligente. Para su último test de habilidad introdujeron un pequeño ajuste: las participantes sacaban desde el lado izquierdo del campo, a pesar de que sólo habían practicado en el derecho. Durante el test, el examinador iba solicitando una habilidad tras otra: «Lánceme una volea… Vale, ahora un saque corto… Ahora, que sea largo». En esa prueba final, cada participante golpeó la palomita el mismo número de veces (seis), aunque nunca hizo dos servicios iguales consecutivos. Entonces Goode y Magill puntuaron cada servicio, en función de su parábola y el lugar donde iba a parar, en una escala de 0 a 24.

¿Las ganadoras? Las del equipo aleatorio, y con diferencia. Obtuvieron una puntuación de 18, seguida por el grupo en serie, con 14. Las que practicaron bloqueadas, que se concentraron en un servicio por vez, fueron las que peor lo hicieron, con una media de puntos de 12, y eso a pesar de que durante las tres semanas previas parecían ser las que habían mejorado más. Cuando entraron en la tercera semana, iban a la cabeza, pero cuando llegó el momento del partido, se vinieron abajo.

Los autores no estaban totalmente seguros de qué provocaba una inversión tan radical. Sin embargo, tenían una corazonada. Razonaron que el acto de interferir en la práctica concentrada y repetitiva obliga a las personas a hacer ajustes constantes, creando una destreza general que, a su vez, afina cada habilidad específica. Lo cual, dicho sea de paso, es exactamente lo que decía el estudio sobre el lanzamiento de saquitos. Pero entonces Goode y Magill fueron un paso más allá. Escribieron que todos esos ajustes durante una práctica mixta también fomentan la transferencia. No sólo se agudiza cada habilidad, sino que se desempeña bien independientemente del contexto, en un lugar cerrado o al aire libre, desde el lado derecho del campo o desde el izquierdo. La pareja concluyó que «El objetivo general de la práctica es transferir a un juego. Las circunstancias varían de una prueba deportiva a otra, haciendo que la prueba aleatoria sea la mejor condición para evaluar la eficacia de la práctica».[4]

Schmidt y Bjork sabían que este experimento, como el del lanzamiento de saquitos, por sí solo no demostraba nada; no era más que un estudio. Pero había otros tantos estudios, sobre la capacidad de teclear, de jugar a videojuegos, de realizar movimientos precisos con los brazos, y todos tenían una cosa en común: siempre que los investigadores desordenaban las prácticas de una u otra forma, con el paso del tiempo la gente mejoraba más que si se sometía a una práctica centrada e ininterrumpida.

Una manera de enfocar esto es en términos de práctica frente a rendimiento. Durante la práctica tenemos cierto grado de control. Podemos bloquear o evitar las distracciones, podemos aminorar el ritmo si hace falta, y lo que es más importante, decidimos qué habilidad, movimiento o fórmula queremos ensayar *antes* de hacerla. Tenemos el control. El rendimiento es otra historia. Cuando crecíamos, todos nosotros conocimos a niños que eran excepcionales en los entrenamientos, pero sólo mediocres en los partidos. Y viceversa: niños que parecían torpes en los entrenamientos y luego lo daban todo cuando hacía falta, durante la competición o actuando delante de un público.

Podrá practicar el movimiento de la bicicleta del fútbol mil veces en su patio delantero, pero hacerlo a toda velocidad cuando se le echan encima dos jugadores contrarios es mucho más difícil. Ya no se trata de un solo movimiento, practicado por sí solo, sino de un paso en una danza siempre cambiante y acelerada.

La incorporación de estas exigencias aleatorias es lo que dotó de plausibilidad a la observación de Kerr y Booth, y Schmidt y Bjork sabían muy bien que el principio no sólo se podía aplicar a las habilidades físicas. Rescatar los recuerdos verbales a bote pronto exige una agilidad mental (por no decir física) que no se desarrolla mediante la práctica repetitiva con la celeridad con la que debiera hacerlo. En un experimento anterior, Bjork y T. K. Landauer, de los Laboratorios Bell, pidieron a unos estudiantes que intentasen memorizar una lista de cincuenta nombres.[5] Algunos de esos nombres estaban incluidos en la materia de estudio, y luego se hicieron varios exámenes sucesivos; otros nombres sólo aparecían una vez y luego se hizo un examen, pero el test se hizo *después* de haber interrumpido la sesión de estudio (a los estudiantes se les dieron otras cosas que estudiar durante la interrupción). En otras palabras, cada persona estudió un conjunto de nombres en una sesión en la que nadie les interrumpía, y el otro conjunto en una sesión con interferencias. Sin embargo, media hora después, en pruebas posteriores, recordaron en torno al 10 por ciento más de los nombres que habían estudiado durante la sesión interrumpida. La práctica concentrada, sin molestias, les había contenido.

Schmidt y Bjork escribieron: «Por lo general, se ha entendido que toda variación en la práctica que haga que la información sea más inmediata, más precisa, más frecuente o más útil contribuirá al aprendizaje. Sin embargo, las evidencias recientes sugieren que hay que matizar esta generalización».

«Matizar» era una manera educada de decir «reconsiderar» y, posiblemente, desechar.

No es que la práctica repetitiva sea *mala*. Todos necesitamos una dosis de ella para familiarizarnos con alguna habilidad o material nuevo. Pero la repetición crea un espejismo poderoso. Las habilidades mejoran rápidamente y luego llegan a una meseta. Por el contrario, la práctica diversa produce un ritmo de mejora *en apariencia* más lento en cada práctica, pero con el paso del tiempo la acumulación de habilidad y aprendizaje es mayor. A largo plazo, la práctica repetida de una habilidad aminora nuestro ritmo.

Los psicólogos llevan años familiarizados con muchos de estos descubrimientos, como resultados aislados. Pero fue el ensayo de Schmidt y Bjork titulado «Nuevas conceptualizaciones de la práctica», publicado en 1992,[6] lo que dispuso esta constelación de fragmentos dispares en un principio general que puede aplicarse a toda práctica, motora o verbal, académica o atlética. Resultó que, después de todo, su clase conjunta no estaba centrada en los contrastes, sino en identificar similitudes clave. «Nos llaman la atención los rasgos comunes que subyacen en estos fenómenos contrarios al sentido común, en una gama tan amplia de circunstancias donde se aprenden habilidades», concluyeron. «En el nivel más superficial, parece que la alteración sistemática de la práctica para fomentar actividades de procesamiento de la información que sean adicionales, o como mínimo diferentes, puede degradarse durante la práctica, pero al mismo tiempo puede tener el efecto de aumentar la capacidad de rendimiento.»[7]

¿Cuáles son esas actividades? Ya hemos visto un ejemplo en el capítulo 4: el efecto del espaciado. La división del tiempo de estudio es una forma de interferencia, y profundiza el aprendizaje sin que quien aprende invierta más tiempo o esfuerzo en general. Otro ejemplo, explorado en el capítulo 3, es el cambio contextual. La variedad de lugares de estudio, irse con los libros al aire libre o a una cafetería, fomenta la retención. Cada una de estas técnicas altera la práctica concentrada, provocando también cierto grado de olvido entre las sesiones. En su teoría de olvidar para aprender, Robert y Elizabeth Bjork bautizaron como «dificultad deseable» cualquier técnica que induce el olvido, porque obliga al cerebro a esforzarse más para recuperar un recuerdo o una habilidad, y ese trabajo extra intensifica el poder de recuperación y de almacenaje posteriores (el aprendizaje).

Pero existe otra técnica que se remonta hasta el estudio del lanzamiento de saquitos, perdido hace tanto tiempo. Recuerde que los niños que lo hicieron mejor en la prueba final no habían practicado con la diana a un metro de distancia. No apuntaban constantemente a la misma diana, como sus compañeros, que hacían cien escalas de la menor una tras otra. Tampoco espaciaban sus prácticas, ni cambiaban de habitación, ni les interrumpía un psicólogo vestido con una bata de laboratorio. Sencillamente alternaban las dianas. Era una variación pequeña, sólo tres palmos, pero esa alteración representa una gran idea, que se ha convertido en el centro de un estudio intenso en todos los niveles de la enseñanza.

• • •

Dejemos por el momento los lanzamientos de saquitos y el bádminton y hablemos de algo que probablemente impresionará más a amigos, desconocidos y parejas potenciales: el arte. No estoy hablando de crear arte, sino de apreciarlo. Uno de los primeros pasos para quedar como un personaje bien educado (o eso me han dicho) es tener una idea de quién fue el autor del cuadro que se está contemplando. Comentar el uso que hacía Manet de la luz mientras se encuentra delante de un Matisse enseguida puede hacer saltar por los aires su tapadera, y obligarle a batirse en humillante retirada al mostrador de información en busca de unos auriculares con visita guiada.

Sin embargo, aprender a distinguir el toque individual de un pintor, sobre todo de uno que ha experimentado en diversos géneros y no se cuenta entre las celebridades de la historia, que no es un Van Gogh, un Picasso o un O'Keeffe, no es tan fácil. El reto consiste en sentir de alguna manera la presencia del artista en su cuadro, y no hay fórmulas mágicas para hacerlo. Por ejemplo, ¿qué diferencia hay entre un Vermeer, un De Heem y un Van Everdingen? Yo no sabría distinguir a uno de estos maestros holandeses en una fila de sospechosos, y mucho menos identificar las firmas creativas que los distinguen entre sí. «Los diversos temas elegidos por Vermeer, De Heem, Van der Heyden y Van Everdingen son tanto maneras diferentes de plasmar la vida en la Holanda del siglo xvii como distintas formas de expresar su cualidad doméstica», escribió el filósofo estadounidense Nelson Goodman en uno de sus ensayos sobre el estilo artístico. «A veces, los rasgos de aquello que se ejemplifica, como las organizaciones cromáticas, son formas de ejemplificar otros rasgos, como los patrones espaciales.»[8]

¿Lo ha entendido? Yo tampoco.

Goodman es famoso por sostener que cuanto más esquivo y críptico sea el estilo del artista, más recompensas ofrece al espectador. «Un estilo evidente, identificado fácilmente por alguna idiosincrasia superficial, es criticado con razón como un mero manierismo. Un estilo complejo y sutil, como una metáfora incisiva, se resiste a que lo reduzcan a una mera fórmula.» Y ahí está el problema. La apreciación del arte está a todo un mundo de distancia de la biología, la ejecución musical, el curso inicial de alemán y los poetas épicos. No hay parejas de palabras o vínculos químicos que estudiar, ni arpegios, versos u otros datos básicos; no hay «tareas» verbales o motoras evidentes que se puedan medir. Esta habilidad, francamente, contiene un elemento de brujería, y tradicionalmente los científicos del aprendizaje han dejado el estudio de los estilos artísticos a los académicos como Goodman.

Todo esto cambió en 2006, cuando Robert Bjork y el estudiante posdoctoral Nate Kornell, actualmente en el William College, decidieron averiguar si un tipo de estudio interrumpido afectaba al juicio estético, además de a la retención. La idea surgió de una anécdota que le había contado a Bjork una de sus colegas, sobre un viaje que iba a hacer a Italia con su hija adolescente. La madre estaba emocionada por la oportunidad de visitar grandes museos, como los Uffizi y la Accademia Florentina, el Museo Nacional y el Borghese en Roma, así como la inmensa colección vaticana, pero le preocupaba que a su hija esa experiencia no le interesara en absoluto, o incluso que se opusiera a ella. Dijo a Bjork que sabía que su hija aprovecharía mucho más el viaje si aprendía a identificar los estilos de los pintores italianos, y había ideado un juego con tarjetas que la enseñó a hacer precisamente eso.

Básicamente, en su experimento Kornell y Bjork hicieron lo mismo.[9] Eligieron una colección de pinturas realizadas por doce paisajistas, algunos de ellos conocidos (Braque, Seurat), pero la mayoría desconocidos para los participantes, como Marilyn Mylrea, YeiMei y Henri-Edmond Cross. Luego pidieron a un grupo de setenta y dos estudiantes universitarios que visualizaran los cuadros en la pantalla de un ordenador. La mitad de los alumnos estudiaron a los artistas uno por uno. Por ejemplo, veían un cuadro de Cross después de otro durante tres segundos, y debajo de la obra figuraba el nombre del pintor.

Después de seis cuadros de Cross, veían (por ejemplo) seis de Braque, una vez más a intervalos de tres segundos, con el nombre del artista visible; luego seis más de YeiMei, y así sucesivamente. Kornell y Bjork llamaron a esta técnica «práctica bloqueada», porque los alumnos estudiaban las obras de cada artista dentro de un conjunto.

La otra mitad de los participantes estudió los mismos cuadros durante el mismo lapso de tiempo (tres segundos por cuadro), también con el nombre del artista al pie. Pero en este caso, las obras *no* estaban agrupadas por artistas, sino mezcladas.

Ambos grupos estudiaron un total de seis cuadros de cada uno de los doce pintores. ¿Qué grupo obtendría un dominio más profundo de los estilos al final?

Kornell y Bjork pidieron a los participantes que después de estudiar contasen hacia atrás desde 547, de tres en tres; fue una distracción que sirvió para borrar la pizarra, disipar el recuerdo a corto plazo y marcar una ruptura entre la fase de estudio y el test final. Y ese test (que sería el verdadero baremo del rendimiento) no podría incluir ninguno de los cuadros estudiados. Recuerde que los participantes en este estudio intentaban aprender *estilos* pictóricos, no memorizar cuadros concretos. Si usted «conoce» a Braque, debería poder identificar su mano en un cuadro suyo que no haya visto antes. De modo que Kornell y Bjork hicieron que los estudiantes vieran cuarenta y ocho paisajes que no habían estudiado, uno por vez, e intentasen atribuir cada uno a su creador haciendo clic en uno de los doce nombres. Los investigadores no estaban seguros de qué podrían esperar, pero tenían motivos para pensar que el estudio bloqueado sería mejor. De entrada, nadie sabe exactamente cómo distinguen las personas entre un estilo artístico y otro. Además, unos estudios parecidos realizados en la década de 1950, que pedían a los sujetos que aprendiesen los nombres de dibujos abstractos, no detectaron diferencias. Las personas que estudiaron las figuras en conjuntos bloqueados acertaron tantas veces como las que estudiaron conjuntos mixtos.

Esta vez no fue así. El grupo de estudio mixto acertó casi el 65 por ciento de los pintores, y el grupo bloqueado sólo el 50 por ciento. En el mundo de la ciencia, ésta es una diferencia saludable, de modo que los investigadores realizaron otra prueba en un grupo separado de estudiantes universitarios para verificar el resultado. Una vez más, cada estudiante estuvo expuesto a las mismas dosis de estudio bloqueado y mixto: bloqueado para seis de los pintores, mixto para los otros seis. El resultado fue el mismo: 65 por ciento de aciertos para los estudiados en conjuntos mixtos, y 50 por ciento para los estudiados en bloques. Kornell y Bjork escribieron: «Una manera habitual de enseñar a los estudiantes sobre un artista es conocer, en sucesión, un número de los cuadros que ha pintado. Por muy ilógico que parezca a los profesores de historias (y a nuestros participantes), descubrimos que entrelazar los cuadros de distintos artistas era más eficaz que juntar todos los cuadros de un pintor».[10]

Entrelazar. Éste es un término de la ciencia cognitiva, y no significa otra cosa que mezclar durante el estudio materiales relacionados, pero distintos. Hace mucho tiempo que los profesores de música aplican una variante de esta técnica, pasando de las escalas a la teoría y luego a las piezas musicales, todo en una sesión. Lo mismo hacen los entrenadores deportivos, alternando los ejercicios de resistencia y los de fuerza para garantizar que haya periodos de recuperación para determinados músculos. En gran parte, estas filosofías están arraigadas en la tradición, en la experiencia individual de una persona o en la inquietud por el uso excesivo. El estudio sobre pintura que hicieron Kornell y Bjork introdujo el entrelazado en el radar como un principio *general* del aprendizaje, que podría perfilar mejor la huella que deja prácticamente cualquier material estudiado. Es demasiado pronto para definir su estudio como un hito (eso debe decirlo alguien que sepa más de historia que yo), pero ha inspirado una serie de estudios entrelazados entre aficionados y expertos en una diversidad de campos. Tocar el piano, observar a los pájaros, batear en el béisbol, la geometría.

¿Qué podría explicar una diferencia tan grande? ¿Y por qué tiene que haber una diferencia? ¿Es que las distinciones entre estilos quedaron más claras, de alguna manera, cuando se entremezclaron?

En su experimento, Kornell y Bjork decidieron preguntárselo a los participantes. En un cuestionario que les facilitaron después del último test preguntaron a los estudiantes qué método de estudio, bloqueado o entrelazado, les había ayudado a aprender mejor. Casi el 80 por ciento dijo que el estudio bloqueado era tan bueno como el mixto o incluso mejor. No les daba la sensación de que el estudio mixto les ayudase, y esto fue *después* del test final, lo cual demostró que el entrelazado suponía una ventaja importante.

John Dunlosky, psicólogo en la Universidad Estatal de Kent, que ha demostrado que el entrelazado acelera nuestra capacidad para distinguir entre especies de aves, escribió: «Puede que esto sea lo más sorprendente de esta técnica. La gente no se lo cree, incluso aunque les demuestre que al utilizarla han obtenido mejores resultados».

Una cosa está clara: la mezcla de elementos, habilidades o conceptos durante la práctica parece ayudarnos a largo plazo no sólo a apreciar la diferencia entre ellos, sino también a comprenderlos mejor individualmente. Lo más difícil es abandonar nuestra fe fundamental en la repetición.

Sin embargo, las notas en matemáticas no mienten.

• • •

A pesar de su liderazgo en la innovación técnica y los descubrimientos, Estados Unidos lleva mucho tiempo retrasado en la enseñanza de las matemáticas, figurando normalmente en torno a la novena o décima posición en el ranquin mundial (medida según el rendimiento en niños de quinto de primaria), muy por detrás de países como Corea del Sur y Finlandia. Los expertos y los responsables educativos no dejan de debatir sobre cómo mejorar en esta cuestión, y a finales de la década de 1980 la prestigiosa organización de profesores de matemáticas (el National Council of Teachers of Mathematics) convocó una reunión de los principales educadores para revisar y reformar la enseñanza de esta materia. Era una misión pantagruélica y, como pasa con muchos proyectos a gran escala, produjo amargas contiendas.[11] La discrepancia central estribaba en la enseñanza de la filosofía: ¿dónde aprenden más los alumnos, en clases que subrayan el aprendizaje de técnicas concretas de resolución de problemas, como la factorización y el cálculo de grados de inclinación, o bien se benefician más de las clases centradas en habilidades abstractas, como el razonamiento y el sentido numérico? Por ejemplo, saber que 2/3 + 3/5 es superior a 1 sin tener que encontrar un denominador común. El primer enfoque va de abajo arriba, y el segundo de arriba abajo.

Como se debatía sobre la enseñanza, la cuestión se politizó rápidamente. El bando de arriba abajo se convirtió en un grupo de «progresistas» que querían que los niños pensaran independientemente en lugar de aprenderse las cosas de memoria. (En este grupo figuraban muchos profesores jóvenes y profesores universitarios con doctorados en educación.) El bando de abajo arriba fue el «conservador», y estaba formado por quienes veían el valor de las técnicas tradicionales, el uso de ejercicios repetitivos a modo de andamio. (Su núcleo estaba formado por profesores de matemáticas e ingeniería de edad más avanzada.) Las «guerras de las mates», como se las llamaron, provocaron confusión entre muchos profesores. En aquel momento prácticamente nadie había investigado a fondo la enseñanza de las matemáticas, de modo que ninguno de los bandos disponía de munición para vencer en el debate. El experimento típico consistía en que unos académicos o expertos externos se presentasen en una clase o una escuela con un currículo novedoso de matemáticas, historia o lengua y anunciasen «mejoras» que eran difíciles de interpretar, dado que los baremos (los test) a menudo no eran nuevos y que pocos experimentos analizaban el compromiso de los maestros con el programa.

Los profesores, tanto entonces como ahora, ven que con el paso del tiempo vienen y van los nuevos paradigmas, de modo que muchos se vuelven bastante escépticos. Además, esta discordia sobre las matemáticas se centraba (y se centra) en las *filosofías*, y en las matemáticas, de entre todas las materias, lo importante son los resultados, no las teorías. «Una de las cosas más desconcertantes que uno ve cuando es profesor novel es que los niños que sacan buenas notas en los controles, cada semana o cada dos semanas, a menudo sacan muy malas notas en los exámenes globales sobre el mismo material», me dijo Doug Rohrer, que fue profesor de matemáticas en un instituto de secundaria de Palo Alto, California, a finales de la década de 1980. «A menudo los niños echaban la culpa de todo al examen o incluso a mí explícitamente, diciendo que les ponía preguntas con trampa.» Rohrer me explicó que lo que hacía que esas preguntas tuviesen trampa era que «los alumnos de matemáticas debían ser capaces de *elegir* una estrategia, no sólo saber cómo usarla, y elegir una estrategia es más difícil cuando un examen abarca muchos tipos de problemas». Para las cuestiones prácticas sobre la enseñanza, como ésta, el debate de las guerras de las mates carecía de importancia.

Rohrer se planteó desarrollar un currículo diferente, uno que rechazara la idea de enseñar en bloques (pongamos que dos semanas sobre las proporciones y luego dos semanas sobre gráficas), y en su lugar mezcló problemas de temas que ya se habían impartido poniéndolos como deberes para casa, para obligar a los alumnos a aprender cómo elegir estrategias adecuadas de resolución, en lugar de aplicarlas a ciegas. Para resolver un problema, lo primero que debe hacer es identificar de qué tipo es. Un día Rohrer estaba arrellanado en el futón de su apartamento, contemplando el techo, y pensó: *Vale, a lo mejor ya es hora de escribir un libro sobre problemas mixtos*. Pronto descubrió que alguien ya lo había hecho.

Ese alguien era un oficial jubilado de las Fuerzas Aéreas convertido en profesor de matemáticas en la ciudad de Oklahoma.[12] En la década de 1970, John H. Saxon impartía matemáticas en el colegio universitario Rose State College, y cada vez le exasperaban más los libros de texto que usaba aquel centro. El enfoque de aquellos libros dejaba a los alumnos confundidos sobre cosas básicas, y les inducía a olvidar rápidamente lo estudiado. De modo que un día Saxon decidió redactar algunos enunciados de problemas, con el objetivo de fomentar la capacidad algebraica, pero de manera distinta (es decir, incremental) a como lo hacía el currículo estándar. Sus alumnos mejoraron rápidamente, y pronto diseñó patrones lectivos enteros. Entre 1980 y 1990, Saxon fue autor o coautor de doce libros de texto de matemáticas para centros que iban desde guarderías hasta institutos de secundaria, más un par destinados a la universidad. Su innovación más importante fue un proceso de «repaso mixto». Todos los deberes que los alumnos hacían en casa incluían alguna técnica nueva (por ejemplo, resolver ecuaciones simultáneas), junto con una serie de problemas de lecciones anteriores, como por ejemplo, resolver ecuaciones para x. Saxon creía que asimilamos mejor una técnica nueva cuando la usamos junto a otra que ya conocemos, haciendo que de paso y gradualmente aumente nuestra comprensión de conceptos más abstractos. Sus libros pronto encontraron seguidores, sobre todo entre escuelas privadas, niños que se educaban en su hogar y algunos distritos públicos, y pronto se convirtió en un pararrayos dentro del debate sobre las matemáticas. Saxon defendía el paradigma de abajo arriba. Pensaba que los reformadores eran peligrosos, y ellos le devolvían el cumplido.

Rohrer no tenía claro lo que pensaba sobre las guerras de las matemáticas o, dicho sea de paso, de Saxon. Recuerda que hojeó sus libros leyendo el título de los capítulos. Es cierto, eran diferentes. Desde el punto de vista de Rohrer, las lecciones *no* seguían un orden lógico. Sin embargo, los problemas estaban mezclados, procedentes de todo tipo de lecciones; y ése era precisamente el enfoque que creía que podría ayudar a sus propios alumnos.

Lo dejó correr. Rohrer estaba dispuesto a apartarse por completo de la enseñanza de las matemáticas, y se apuntó en la escuela de posgraduados donde impartían psicología experimental. Corría el año 2002, ocho años después de licenciarse, cuando empezó a pensar de nuevo en el aprendizaje. De entrada, había leído el trabajo Schmidt-Bjork sobre el aprendizaje motor y verbal. Y retomó el problema crucial que tuvo mientras era profesor de instituto. Sus estudiantes no necesitaban recordar más: su punto débil radicaba en distinguir entre *tipos* de problemas, y en elegir la estrategia idónea. La técnica de mezclar *tipos* de problemas (aún no conocía el término «entrelazado») parecía que podría subsanar esa debilidad.

Hasta ahora, en este libro no nos ha sido preciso recurrir a las matemáticas, pero creo que ha llegado el momento de cruzar esa puerta. Durante la década pasada, Rohrer y otros han demostrado mediante una serie de experimentos que el entrelazado puede mejorar la comprensión de las matemáticas en todos los niveles, independientemente de nuestra edad. Echemos un vistazo a uno de esos estudios para demostrar cómo funciona esta técnica. No nos complicaremos mucho. Hablamos de geometría de cuarto de primaria, y un pequeño repaso nunca le ha hecho daño a nadie. En 2007, Rohrer y Kelli Taylor, ambos en la Universidad del Sur de Florida, reunieron a veinticuatro alumnos de cuarto y les entregaron un esquema sobre cómo calcular el número de caras, aristas, vértices y ángulos dadas las bases superior e inferior. El esquema es claro y totalmente factible, incluso para personas alérgicas a las matemáticas. En los diagramas inferiores, *b* es el número de bases:[13]

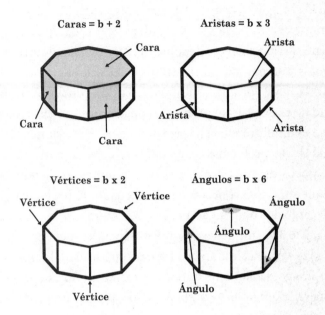

La mitad de los niños realizaron un estudio bloqueado. Trabajaron en ocho problemas de «caras» (CCCCCCCC), ocho problemas de «aristas» (ArArArArArArArAr), ocho de «vértices» y ocho de «ángulos», sucesivamente, con una pausa de treinta segundos entre ellos, y todos el mismo día. La otra mitad hizo el mismo número de cada tipo de problema, pero en conjuntos aleatorios de ocho: por ejemplo, CVArAnArVCAn, seguido de VAnAnArCArVC. Los tutoriales fueron idénticos para ambos grupos, y los problemas también. La única diferencia era el orden: secuencial en un grupo y aleatorio en el otro. Al día siguiente los niños hicieron un test que incluía un problema de cada tipo. Claramente, los niños del estudio mixto (entrelazado) obtuvieron mejores resultados, y además con diferencia: un 77 frente a un 38 por ciento.

Un motivo bastante evidente por el que el entrelazado acelera el aprendizaje de las matemáticas en concreto es que los test en sí mismos (es decir, los exámenes acumulativos) son conjuntos mixtos de problemas. Si el test es un popurrí, es mejor que los deberes para casa también lo sean. Sin embargo, aquí pasa algo más. Mezclar los problemas durante el estudio nos obliga a identificar cada tipo de problema y vincularlo al tipo correcto de solución. No sólo discriminamos entre los cerrojos que hay que abrir, sino que relacionamos cada uno de ellos con la llave apropiada. Rohrer y Taylor concluyeron que: «La dificultad de emparejar un problema con el procedimiento o concepto adecuado es omnipresente en las matemáticas. Por ejemplo, la famosa dificultad de los problemas enunciados se debe en parte al hecho de que hay pocos de estos problemas que indiquen explícitamente qué procedimiento o qué concepto es el adecuado. El problema que dice «Si un escarabajo camina hacia el este 20 centímetros y luego camina hacia el norte 38 centímetros, ¿a qué distancia se encuentra del punto de partida?» exige al alumno que infiera la necesidad de aplicar el teorema de Pitágoras. Sin embargo, esta inferencia no es necesaria si el problema se plantea justo después de un bloque de problemas que indican a las claras la necesidad del teorema pitagórico. Así, la práctica bloqueada puede reducir en gran medida el valor pedagógico del problema enunciado.»[14]

Rohrer lo explica así: «Si los deberes dicen en la parte superior de la hoja "La fórmula cuadrática", usaremos a ciegas esta fórmula. No hay necesidad de plantearse qué recurso usar. Antes de hacer el problema ya lo sabemos».

Hasta ahora, la evidencia sugiere que probablemente el entrelazado es aplicable no sólo a las matemáticas, sino a casi cualquier materia o habilidad. El bádminton; la historia (mezclar conceptos de periodos relacionados); el baloncesto (practicar desde puntos cercanos a la línea de tiros libres, no repetidamente desde ella); la biología; tocar el piano; la química; dominar el monopatín; el lanzamiento a ciegas de saquitos (¡por favor!). Sin duda, cualquier material impartido en un solo semestre, en un solo curso, es un candidato perfecto para el entrelazado. De todos modos, tendrá que repasar el material en algún momento. A la hora del examen debe haber aprendido a distinguir entre una tonelada de términos, nombres, sucesos, conceptos y fórmulas, o a ejecutar un número elevadísimo de movimientos del arco durante un recital. ¿Por qué no practicar incrementalmente las habilidades discriminatorias necesarias, cada vez que se siente a practicar o a estudiar, en lugar de hacerlo de golpe, cuando se prepara para el examen final? Como dijimos antes, muchos músicos aplican ya una versión de la práctica mixta, dividiendo sus clases entre, pongamos, treinta minutos de escalas, otros treinta de leer partituras nuevas y otros treinta de practicar temas ya conocidos. Ésta es la idea correcta. Sin embargo, dividir el tiempo en fragmentos (de diez o quince minutos) puede dar mejores resultados. Recuerde: el entrelazado no sólo consiste en repasar, sino también en discriminar entre tipos de problemas, movimientos o conceptos.

Por ejemplo, siempre que puedo estudio español y guitarra española. Cada vez que contemplo una lista de vocabulario nuevo, la asocio con otra lista que tenga como mínimo el mismo número de palabras que ya conozco. Con la guitarra aún combino más cosas (quizá porque en este caso puedo mezclar más elementos que palabras o lecturas). Hago una escala dos o tres veces, y luego paso a una pieza que conozca. Luego vuelvo atrás y pruebo a ejecutar otra vez los fragmentos de aquella pieza que he tocado antes (digamos que es la *Danza española número 5*, de Granados) y en la que cometí errores. La toco dos veces, lentamente. Entonces paso a una escala diferente, tras lo cual toco unos compases de una pieza totalmente nueva que estoy practicando. Con eso tengo bastante para una primera fase. Hago un descanso y toco unos *riffs* de la primera melodía que aprendí a tocar, «Stairway to Heaven» (no sé por qué, siempre me parece nueva) y después ya estoy listo para meterme con la guitarra española clásica.

Esto es el entrelazado. Y no hay duda de que debe ser tremendamente personalizado, y que es mucho más eficaz para algunas materias o habilidades que para otras. Lo que es importante saber es que lo que usted hace básicamente es rodear el nuevo material o la habilidad nueva con un material antiguo, cosas que ya sabe pero que hace tiempo que no desempolva, tanto si es un solo de Jimmy Page como un cuadro de Georges Braque.

A medida que leo los ensayos científicos, me sugieren que el entrelazado consiste, esencialmente, en preparar el cerebro para lo inesperado. Los escaladores y senderistas comprometidos tienen una frase favorita: *Hasta que algo sale mal, no hay aventura.* Y con *mal* quieren decir *mal pero mal.* Se rompe una cuerda; las reservas de alimentos se caen por la borda; un oso se cuela en la tienda. Creo que el entrelazado nos prepara para un tipo de mal menor. En cada examen, cada torneo, cada partido, cada recital, hay siempre alguna arruga, alguna calculadora en mal sitio o un dolor de cabeza súbito, un sol implacable o una pregunta inesperada. En el fondo, el entrelazado es una manera de insertar en nuestra práctica cotidiana no sólo una dosis de repaso, sino también un elemento de sorpresa. Michael Inzlicht, neurocientífico de la Universidad de Toronto, dijo: «El cerebro está exquisitamente preparado para detectar incongruencias; esto nos lo evidencia todo nuestro trabajo. Ver algo incorrecto o que está fuera de lugar despierta el cerebro, induciendo al subconsciente a procesar más a fondo la información: "¿Por qué está aquí esto?"»

La práctica mixta no sólo aumenta la destreza general e induce a la discriminación activa, sino que también nos ayuda a prepararnos para las pelotas con efecto que nos lanza la vida, tanto las literales como las metafóricas.

Cuarta parte

La conexión con el subconsciente

Capítulo 9

●●●●●●●●●●●●●

Aprender sin pensar

El control de la discriminación perceptual

¿Qué es «tener buen ojo»?

Seguramente conoce a alguien que tiene buen ojo para la moda, la fotografía, las antigüedades, para detectar una pelota de béisbol. Todas estas habilidades son reales y especiales. Pero ¿qué son? ¿Qué hace el ojo en cualquiera de esos ejemplos para ser bueno? ¿Qué *lee* exactamente?

Tomemos como ejemplo batear una pelota. Los jugadores con «buen ojo» son aquellos que parecen tener un sexto sentido para la zona de *strike*, aquellos que de alguna manera son capaces de batear lanzamientos que van un poco demasiado altos o un poco demasiado bajos, dentro o fuera, y golpear sólo los que están en la zona. Jugadores, entrenadores y científicos han analizado sin cesar esta capacidad, de modo que podemos describir algunos de sus componentes esenciales. Empecemos con los rudimentos del bateo. Una bola rápida de las Ligas Mayores se desplaza a una velocidad de más de 140 kilómetros por hora, recorriendo un espacio de 18,4 metros. La pelota llega a la base en más o menos 4/10 de segundo, o 400 milisegundos. El cerebro necesita en torno a dos tercios de ese tiempo (250 milisegundos) para tomar la decisión de si batear o no. En ese lapso tiene que leer el lanzamiento: adónde va la bola, a qué velocidad, si mientras se acerca descenderá, hará un quiebro o ascenderá (la mayoría de lanzadores tiene una variedad de lanzamientos, todos los cuales atraviesan diferentes planos). La investigación demuestra que ni el propio bateador es consciente de si va a intentar el bateo o no hasta que la pelota está a tres metros de él; y a esas alturas es demasiado tarde para hacer ajustes importantes, exceptuando (quizá) el de mantener el bate en alto. Un bateador con buen ojo hace una lectura instantánea y casi siempre precisa.[1]

¿En qué se fundamenta este juicio relámpago? Por supuesto, la velocidad es una variable. El cerebro (entrenado) puede hacer un cálculo general de la velocidad usando el cambio mínimo que experimenta la imagen de la pelota durante los primeros 250 milisegundos; la visión estereoscópica evolucionó para computar a una velocidad increíble todo tipo de trayectorias, y sin duda las de los objetos que se dirigen hacia nuestro cuerpo. Aun así, ¿cómo tiene en cuenta la vista el giro de la pelota, que altera la trayectoria que recorre? Los bateadores con buen ojo no saben muy bien cómo explicarlo. Algunos dicen que ven un punto rojo, lo cual señala una bola quebrada, o un borrón gris, cuando se trata de una bola rápida; dicen que sólo se concentran en esa pequeña zona de su campo de visión en la que la mano del lanzador suelta la pelota, lo cual les ayuda a juzgar su posible trayectoria. Sin embargo, este punto también puede variar. Steven Sloman, científico cognitivo de la Universidad de Brown, me dijo: «Puede que vean una foto fija de la bola, sumada a algún factor en el lenguaje corporal del lanzador. Pero no acabamos de entenderlo».

Un entrenador de bateo puede modificar el *swing* y la mecánica de un jugador, pero nadie puede decirle cómo *ver* mejor los lanzamientos. Éste es uno de los motivos por los que los jugadores de béisbol de las Ligas Mayores cobran como tales. Y por eso pensamos que su agudeza visual es más un don que fruto de la experiencia. Nos decimos que es cuestión de reflejos, que todo radica en las fibras de contracción rápida y en las sinapsis cerebrales. Son bateadores «natos». Distinguimos claramente entre este tipo de habilidad y la experiencia del tipo académico. La segunda radica en aprender, en acumular conocimientos, en estudiar y reflexionar a fondo, en crear. Se *hace*, no nace. También nuestra propia cultura establece una distinción entre los atletas dotados y los eruditos productivos. Sin embargo, esta distinción tiene una lacra fundamental, y nos impide ver un aspecto del aprendizaje que ni siquiera los científicos entienden del todo.

Para dar volumen a esta dimensión y entender su importancia, comparemos las estrellas del béisbol con otro grupo de competidores igual de exóticos, conocidos más por su capacidad intelectual que por su habilidad para golpear bolas en la línea: los ajedrecistas. Si tiene un buen día, un gran maestro de ajedrez puede derrotar al ordenador más avanzado del mundo, lo cual no es poca cosa.[2] A cada segundo ese ordenador puede computar más de 200 millones de movimientos posibles, y aprovechar una amplia gama de estrategias desarrolladas por los científicos y los jugadores más importantes. Por el contrario, un jugador humano (incluso un gran maestro) se plantea con cierta profundidad unas cuatro secuencias de movimiento por turno, reproduciendo en su mente la serie probable de movimientos de defensa y contraataque siguientes. Hablamos de cuatro *por turno*, no por segundo. Dependiendo del tiempo destinado a cada turno, el ordenador puede analizar mil millones más de posibilidades que su contrincante humano. Y aun así, a menudo gana el gran maestro. ¿Cómo es posible?

La respuesta no es evidente. En una serie de estudios realizados en la década de 1960, un psicólogo holandés que también era maestro de ajedrez, Adriaan de Groot, comparó a los maestros con los novatos y no encontró diferencia alguna en el número de movimientos que planificaban; tampoco en la profundidad de cada análisis, la serie de contraataques ensayados mentalmente ni lo que pensaban de las piezas (por ejemplo, considerar que la torre es una pieza atacante en algunas posiciones y defensiva en otras). Como mucho, los maestros analizaban *menos* movimientos que los novatos. Y también podían hacer una cosa que los otros no hacían: memorizar la posición de las piezas en el tablero después de verlo menos de cinco segundos. Con una mirada podían reconstruir con precisión la disposición de las piezas, como si hubieran sacado una foto mental.

En un estudio de seguimiento, dos investigadores de la Universidad Carnegie Mellon (William G. Chase y Herbert A. Simon) demostraron que esta capacidad no tenía nada que ver con la potencia de la memoria del maestro.[3] Su recuerdo a corto plazo de cosas como los números no era mejor que el de otras personas. Sin embargo, veían el tablero en bloques más relevantes que los novatos.* Chase y Simon concluyeron que: «El rendimiento superior de los jugadores avezados se basa en su capacidad de codificar la posición en bloques perceptuales más grandes, cada uno de los cuales consiste en una configuración familiar de las piezas».

Los grandes maestros también tienen buen ojo, como los jugadores de béisbol, pero no son capaces de describirlo. (Si pudieran, enseguida se introduciría en la programación del ordenador, y las máquinas ganarían siempre en ajedrez.) Sin embargo, está claro que lo que hacen tanto los jugadores de béisbol y los grandes maestros de ajedrez es algo más que ver o hacer un análisis general. Sus ojos, y los sistemas visuales de sus cerebros, extraen *el conjunto más significativo de pistas* de un vasto tapiz visual, y además lo hacen instantáneamente. Pienso en esta habilidad comparándola con la fotografía por infrarrojos: usted ve puntos calientes de información, información *viva*, y todo lo demás está a oscuras. Tarde o temprano, todos los expertos (en las artes, las ciencias, la tecnología de la información, la mecánica, el béisbol, el ajedrez, lo que usted quiera) desarrollan hasta cierto punto este

---

* Dentro de la psicología, la formación de «bloques» es la capacidad de almacenar los elementos estudiados en grupos con sentido basándonos en conocimientos previos. Tomemos la secuencia de letras Y, N, B; C, B, B; C, E; F, I, F; A, C, I; A, M, B; A, Y. Estúdiela unos minutos, cierre los ojos e intente recordar todas las que pueda. El número de letras que habitualmente recuerda la mayoría de nosotros es siete. Ahora vuelva a intentarlo agrupando las letras de esta manera: Y, NBC, BBC, FIFA, CIA, MBA, Y. Ahora recordará más, porque ha almacenado las letras formando grupos significantes.

tipo de lente infrarroja. Como los prodigios del ajedrez y del béisbol, lo hacen gracias a la experiencia de toda una carrera, cometiendo errores, acumulando intuición. Sin embargo, el resto de nosotros no dispone de toda una vida para invertirla en la introducción a la química o en la clase de música. Nos quedamos con el «buen ojo», pero tenemos que hacerlo de una forma barata, rápida y sucia.

● ● ●

Cuando yo era niño, los blocs de notas y los libros de texto de todo el mundo, los márgenes de todos los folios de papel pautado a la vista, estaban repletos de garabatos: letras de grafitis, caricaturas, firmas, logos de grupos musicales, laberintos, cubos en 3D. Todo el mundo hacía garabatos, a veces durante toda la clase, y el garabato más frecuente de todos era «la e infinita»:

Este garabato comparte una característica con los copos de nieve: todos se parecen, pero cuando pensamos en ello vemos que cada uno tiene su propia identidad. No es que mucha gente piense en ello. El garabato común es menos interesante que cualquier sílaba sin sentido, que al menos contiene letras que sí lo tienen. Es prácticamente invisible, y a finales de la década de 1940 una joven investigadora se dio cuenta de que esa cualidad era especial. En determinado momento de reflexión ociosa o profunda, decidió que el humilde garabato era el instrumento perfecto para someter a prueba una gran idea.

Eleanor Gibson se consagró como investigadora a mitad del siglo XX, durante lo que algunos llaman la era «estímulo-respuesta», o E-R, de la psicología. En aquella época los psicólogos estaban bajo la influencia del behaviorismo, que consideraba el aprendizaje como la combinación de un estímulo y una respuesta: el sonido de una campanilla antes de almorzar y la salivación, en el famoso experimento de Pavlov. Sus teorías se cimentaban sobre los experimentos con animales, e incluían el llamado condicionamiento operante, que recompensaba una conducta correcta (recorrer un laberinto) con una golosina (un trozo de queso), y disuadía de cometer errores a base de descargas eléctricas de baja intensidad. Este concepto E-R del aprendizaje consideraba que las imágenes, sonidos y aromas que recibían los sentidos no eran particularmente significativos por sí mismos. El cerebro los dotaba de significado al detectar conexiones. Por ejemplo, la mayoría de nosotros aprende pronto en esta vida que establecer contacto visual suscita la aprobación social, y pegar gritos no tanto. Aprendemos que cuando el perro de la familia ladra de determinada manera es porque está nervioso; cuando ladra de otra forma, detecta peligro. En el mundo E-R, el aprendizaje consistía en establecer esas asociaciones entre sentidos y conductas, causas y efectos.

Gibson no era miembro de la fraternidad E-R. Después de licenciarse del Smith College en 1931, se matriculó en un posgrado en la Universidad de Yale con la esperanza de trabajar con el legendario primatólogo Robert Yerkes. Éste se negó. Años más tarde, Gibson diría: «No quería mujeres en su laboratorio, y me dejó extremadamente claro que no me quería cerca».[4] Al final encontró un puesto con Clark Hull, influyente behaviorista conocido por su trabajo con ratas y laberintos, y con él Gibson aguzó su comprensión de los métodos experimentales, convenciéndose de que ya no quedaba mucho que aprender sobre los reflejos condicionados. Hull y sus contemporáneos habían realizado algunos experimentos trascendentales, pero el paradigma E-R en sí mismo limitaba los tipos de preguntas que podía formular un investigador. Si uno estudia solamente los estímulos y las respuestas, eso es lo único que verá. Gibson creía que aquel campo pasaba por alto totalmente algo fundamental: la discriminación; el modo en que el cerebro aprende a detectar diferencias casi imperceptibles en las imágenes, los sonidos o las texturas. Por ejemplo, antes de vincular un nombre a una persona concreta, los niños tienen que ser capaces de distinguir entre el sonido de ese nombre y otros, entre Ron y Don, Fluffy y Scruffy. Éste es uno de los primeros pasos que damos cuando queremos encontrarle sentido al mundo. En retrospectiva, esto parece obvio. Sin embargo, Gibson tardó años en conseguir que alguien la escuchase.

En 1948, su esposo (que era un destacado psicólogo en el Smith College) recibió una oferta de la Universidad Cornell, y la pareja se mudó a Ithaca, Nueva York. Gibson tuvo la oportunidad de estudiar el aprendizaje en niños pequeños, y fue entonces cuando descubrió que su corazonada sobre el aprendizaje y la discriminación era correcta. En algunos de sus primeros estudios en Cornell, descubrió que los niños entre los tres y los siete años podían aprender a distinguir entre las letras estándares (como una «D» o una «V») y otras deformes, como:

Esos niños no tenían ni idea de qué representaban estas letras; no establecían asociaciones entre el estímulo y la respuesta. Aun así, pronto desarrollaron la habilidad de detectar diferencia sutiles en las figuras que estudiaban. Y fue este trabajo lo que condujo al ya famoso experimento de los garabatos, que Gibson realizó junto a su marido en 1949.[5] Los Gibson llamaban a esos dibujitos «garabatos sin sentido», y el propósito del estudio era probar con qué rapidez podían discriminar las personas entre garabatos parecidos. Llevaron a su labora-

torio a treinta y dos adultos y niños, uno por vez, y les enseñaron un
solo dibujo en una tarjeta:

El estudio parecía un truco de magia. Después de enseñar la «tarjeta» durante cinco segundos, los experimentadores la metían en un
mazo de treinta y cuatro tarjetas parecidas. «Algunas de las tarjetas del
mazo son réplicas exactas. Dime cuáles son», decían, y empezaban a
enseñar las cartas una tras otra, durante tres segundos. De hecho, el
mazo contenía cuatro réplicas exactas, y treinta que casi lo eran:

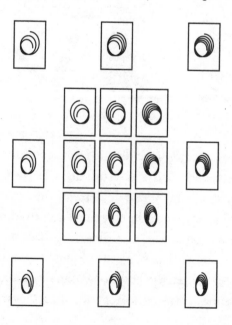

La habilidad que evaluaban los Gibson es la misma que usamos para aprender un alfabeto nuevo, a la edad que sea, da igual que sean caracteres chinos, taquigrafía química o notación musical. Para leer aunque sea una melodía simple, usted tiene que ser capaz de distinguir en la clave un la de una si bemol. Los caracteres del chino mandarín le parecerán los arañazos de un pollo que escarba hasta que pueda discriminar entre cientos de caracteres parecidos. Todos hemos hecho estas distinciones y somos expertos; el caso más claro es cuando aprendimos las letras en nuestra lengua madre, cuando éramos pequeños. Después de que empezáramos a leer palabras y frases (a agruparlas en «bloques», como los maestros del ajedrez), olvidamos lo difícil que fue aprender todas esas letras, por no mencionar el hecho de vincularlas con sus sonidos correspondientes y combinarlos para formar palabras e ideas.

En su experimento de los garabatos, los Gibson no dieron ningún *feedback* a los participantes, nada de «acertaste» ni «prueba de nuevo». Lo único que les interesaba era si el ojo aprendía. Y así fue. Los adultos participantes necesitaron, como media, tres repeticiones para obtener una puntuación perfecta, identificando las cuatro réplicas exactas sin cometer ni un solo error. Los niños mayores, de entre nueve y once años, necesitaron cinco (para acercarse a la puntuación máxima); los más pequeños, entre seis y ocho años, necesitaron siete. Esas personas no establecieron asociaciones E-R, que era la manera en que los psicólogos daban por hecho que se producía la mayor parte del aprendizaje. Ni tampoco era cierto que sus mentes fueran recipientes vacíos que acumulaban pasivamente las sensaciones, como defendía el famoso filósofo británico John Locke en el siglo XVII. No, sus cerebros venían equipados con módulos evolucionados para establecer discriminaciones importantes, sutiles, y para colocar en distintas categorías esos símbolos diferentes.

«Consideremos la posibilidad de rechazar la hipótesis de Locke», escribieron los Gibson. «Quizá todo conocimiento proceda de los sentidos de una forma más sencilla de la que pudo concebir John Locke: por medio de variantes, matices y sutilezas energéticas.»[6]

Es decir, que el cerebro no sólo aprende a percibir detectando las pequeñas diferencias en lo que ve, oye, huele o siente. En este experimento y en otros posteriores con ratones, gatos, niños y adultos, Gibson demostró que también *percibe para aprender*. Toma las diferencias que ha detectado entre notas, letras o figuras semejantes y las usa para descifrar material nuevo que antes no había visto. Una vez que consigue clavar el do mayor en la clave de sol, usa esta nueva habilidad como punto de referencia para notas cercanas; cuando ejecuta bien el la una octava por encima, usa este aprendizaje para leer las notas vecinas, etc. Este «aprendizaje por discriminación» se retroalimenta, y el cerebro atesora los puntos de referencia y marcas para leer bloques de información cada vez más grandes.

En 1969, Eleanor Gibson publicó *Principios de aprendizaje y desarrollo perceptual*, un libro que cohesionó todo su trabajo y estableció una nueva rama de la psicología: el aprendizaje perceptual. Ella escribió que el aprendizaje perceptual «no es una absorción pasiva, sino un proceso activo, en el sentido de que la exploración y la búsqueda de la propia percepción son activas. No sólo vemos, sino que miramos; no sólo oímos, sino que escuchamos. El aprendizaje perceptual se autorregula, en el sentido de que se produce una modificación sin la necesidad de un refuerzo externo. Está orientada al estímulo, con el objetivo de extraer y reducir la simulación de la información. El descubrimiento de rasgos y de una estructura distintivos en el mundo es fundamental para la consecución de esta meta».[7]

Esta cita está tan repleta de información que tenemos que hacer un alto y leerla poco a poco para asimilarlo todo.

El aprendizaje perceptual es activo. Nuestros ojos (u oídos, y los otros sentidos) buscan las pistas correctas. Lo hacen automáticamente, sin necesidad de un refuerzo o una ayuda externas. Por supuesto, hemos de prestar atención, pero no activar o sintonizar el proceso. Se corrige a sí mismo, se sintoniza solo. El sistema se ocupa de encontrar las firmas perceptuales más esenciales y de filtrar el resto. Los jugadores de béisbol ven sólo los borrones de movimiento que son relevantes para juzgar la trayectoria de una pelota, nada más. Los maestros en el estudio de Chase y Simon planificaban menos movimientos que los novatos, porque habían desarrollado un buen ojo tan aguzado que reducían inmediatamente sus opciones, lo cual les facilitaba detectar la defensa más eficaz. Y éstos son sólo ejemplos visuales. La concepción que tenía Gibson del aprendizaje perceptual se aplica a *todos* los sentidos, el oído, el olfato, el gusto y el tacto, aparte de la vista.

Tan sólo en la década anterior, más o menos, los científicos han empezado a explotar los descubrimientos de Gibson, para beneficio de todos nosotros.

• • •

Las condiciones de vuelo sobre Martha's Vineyard pueden cambiar en un abrir y cerrar de ojos. Incluso cuando la nubosidad es escasa, a menudo se asienta sobre la isla una neblina que, después de que se ponga el sol, puede desorientar a un piloto inexperto. Según parece, eso fue lo que pasó justo después de las 21:40 del 16 de julio de 1999, cuando John Kennedy Jr. estrelló su avioneta Piper Saratoga en el océano a doce kilómetros de la costa, accidente en el que murió junto a su esposa y su cuñada. Otro piloto que había sobrevolado la isla aquella noche dijo luego: «No había horizonte ni luz. Viré a la izquierda, hacia Vineyard, para ver si era visible, pero no se detectaba ninguna luz ni había rastro de la isla. Pensé que quizá la isla se había visto afectada por un apagón». La investigación oficial sobre el accidente descubrió que Kennedy tenía cincuenta y cinco horas de experiencia como piloto nocturno, y que carecía de certificación para el uso de los instrumentos. En el argot de los pilotos, eso significa que aún estaba aprendiendo, y que no estaba capacitado para volar sin visibilidad, usando como guía sólo el panel de instrumentos del avión.[8]

Los instrumentos de un avión pequeño suelen constar tradicionalmente de seis diales principales. Uno mide la altitud, otro la velocidad
del aparato. Un tercero, el giroscopio direccional, es como una brúju-
la; un cuarto mide la velocidad vertical (ascenso o descenso). Otros
dos representan un avión en miniatura y señalan su inclinación y la
dirección de los virajes, respectivamente[9] (los modelos más nuevos
tienen cinco diales, prescindiendo del de la inclinación).

Aprender a leer cualquiera de ellos es fácil, a pesar de que usted
no haya visto en su vida un panel de instrumentos. Sin embargo, lo
más difícil es leerlos todo de un golpe de vista y entender lo que le
dicen en conjunto. ¿Está descendiendo? ¿Está equilibrado el avión?
Para los pilotos aficionados esto supone un esfuerzo en un día claro,
no digamos cuando la visibilidad es cero. Añadamos a esto las co-
municaciones por radio con la torre de control, la lectura de los mapas de ruta, la comprobación del nivel del combustible, la preparación del tren de aterrizaje y otras tareas vitales; es una aventura
multitarea que no le apetece vivir a nadie que no goce de una formación considerable.

A Philip Kellman, científico cognitivo del Bryn Mawr College,
esto no se le pasó por alto cuando aprendía a pilotar en la década de
1980. Mientras progresaba en su formación, estudiando para los exámenes de aviación (practicando en simuladores de instrumentos,
acumulando tiempo de vuelo con sus instructores) se le ocurrió que
volar consistía sobre todo en la percepción y en la acción. Reflejos.
Una vez en el aire, sus instructores detectaban patrones que él no
veía. Kellman, que ahora está en la UCLA, me dijo: «Cuando se prepara para aterrizar, un instructor puede decirle a un alumno: "¡Estás
demasiado alto!" En realidad, el instructor percibe el ángulo existente
entre el aparato y el punto de aterrizaje elegido, ángulo que forman la
trayectoria de vuelo y la tierra. El alumno no lo ve. En muchas circunstancias perceptuales como ésta, el novato es prácticamente ciego
a unos patrones que el experto ha conseguido ver con un solo golpe
de vista».

Esa mirada tenía en cuenta *todos* los instrumentos a la vez, así como lo que el piloto veía por el parabrisas. Para pulir esa capacidad hacen falta cientos de horas de vuelo, y Kellman se dio cuenta de que no era tan fácil desarrollarla como parecía desde tierra. A veces se encallaba un dial, o se movía de adelante atrás, creando una imagen confusa. ¿Estaba el avión recto, como indicaba un dial, o viraba inclinado, como sugería otro? Así es como describe Kellman la experiencia de aprender a leer todos estos datos de golpe acompañado de un instructor: «Mientras vuela entre las nubes, el aprendiz, sentado a la izquierda, intenta comprender los diales que parecen tener vida propia. Uno por uno, fija la vista trabajosamente en ellos. Después de fijarse unos segundos en un dial, detecta si se ha salido de los parámetros y se corrige, quizá con un movimiento brusco que posiblemente provocará la siguiente fluctuación. El instructor sentado a la derecha bosteza, echa un vistazo al panel y descubre de inmediato que el alumno se ha salido 60 metros de la altitud asignada, pero al menos ha conseguido no poner el avión boca abajo».

Kellman es un experto en la percepción visual. Éste era su territorio. Empezó a plantearse si no habría una forma más rápida de que sus alumnos obtuvieran aunque fuese un conocimiento instintivo del panel de control antes de intentar hacerlo todo solos a 300 metros de altura. Si uno conseguía desarrollar ese instinto, la experiencia a la hora de volar podría ser menos estresante. El alumno sabría qué decían los instrumentos y se podría concentrar en otras cosas, como comunicarse con la torre. El atajo de formación que desarrolló Kellman es lo que él llama módulo de aprendizaje perceptual, o MAP.[10] Se trata de un programa informático que imparte lecciones sobre lectura de paneles; básicamente es un videojuego, pero tiene un propósito concreto. El alumno ve una imagen de los seis diales y tiene que decidir rápidamente qué le dicen todos ellos en su conjunto. Hay siete opciones: «Recto y equilibrado», «Ascenso directo», «Viraje en descenso», «Viraje sobre plano», «Viraje en ascenso», «Descenso directo» y el problemático «Fallo instrumental», cuando uno de los diales se ha encallado.

En un test de prueba de este módulo, realizado en 1994, Kellman y Mary K. Kaiser, del Centro de Investigación Ames de la NASA, invitaron a diez principiantes que no tenían nada de formación y a cuatro pilotos con una experiencia de vuelo que oscilaba entre 500 y 2.500 horas. Cada participante recibió una breve introducción a los instrumentos, y luego empezó la formación: nueve sesiones, veinticuatro presentaciones del mismo módulo, con pausas breves entre ellas. En la pantalla, los participantes veían un panel de instrumentos, bajo el cual estaban las siete opciones. Si el participante elegía la respuesta equivocada (lo que suelen hacer los novatos al principio), la pantalla emitía un sonido parecido a un eructo y mostraba la correcta. La respuesta correcta hacía sonar una campanilla. Luego salía la siguiente pantalla: otro grupo de diales, con el mismo conjunto de siete opciones.

Al cabo de una hora habían mejorado hasta los pilotos veteranos, que adquirieron más rapidez y precisión en sus lecturas. Las puntuaciones de los novatos se dispararon: al cabo de una hora podían leer los paneles con la misma facilidad que pilotos que tenían, como media, mil horas de vuelo. Habían alcanzado la misma capacidad de lectura, al menos al nivel del suelo, en una milésima parte del tiempo. Kellman y Kaiser realizaron un experimento parecido con un módulo diseñado para mejorar la navegación visual usando las cartas de navegación, y obtuvieron resultados parecidos. Escribieron que «un resultado sorprendente en los dos MAP es que después de la formación los sujetos legos en la materia fueron tan precisos y confiables como los pilotos expertos antes de la formación, y *más rápidos*. Los grandes progresos alcanzados durante breves participaciones en la formación por medio de estos MAP de aviación sugieren que el enfoque promete acelerar la adquisición de habilidades tanto en la aviación como en otros contextos de formación».[11]

Esos contextos incluyen cualquier campo de estudio o de maestría que conlleve la toma de decisiones. ¿Eso es un rombo o un trapezoide? ¿Un roble o un arce? ¿El símbolo chino de «familia» o de «casa»? ¿Una línea descendente positiva o negativa? Los MAP informáticos, tal como los han diseñado Kellman y los demás investigadores, son visuales, tienen un ritmo rápido y se centran en la clasificación de imágenes (¿las protuberancias de ese sarpullido evidencian que es un herpes zoster, un eccema o psoriasis?) o de problemas, no en su resolución (¿esa gráfica representa x − 3y = 8, o x + 12y + 32?). Los módulos van destinados a aguzar los juicios rápidos (habilidades perceptuales), de modo que usted «sepa» qué está mirando sin tener que explicar por qué, al menos en se mismo instante.

En la práctica, los MAP aumentan la intuición perceptual... cuando funcionan. Y en varios estudios recientes han funcionado en su mayor parte. En uno de ellos, realizado en la Universidad de Virginia, los investigadores utilizaron un módulo de aprendizaje perceptual para formar a estudiantes de medicina que aprendían a extirpar la vesícula biliar. Durante buena parte del siglo xx, los médicos habían realizado esta intervención practicando una incisión larga en el abdomen y mediante cirugía abierta. Pero desde la década de 1980 muchos cirujanos realizan esta intervención mediante laparoscopia, un tubo fino que se puede introducir en la cavidad abdominal por medio de una incisión pequeña. El aparato va equipado con una minicámara, y el cirujano debe trabajar en la cavidad basándose en las imágenes que transmite la cámara. Si el médico malinterpreta esas imágenes, puede provocar todo tipo de lesiones, y normalmente hace falta observar cientos de intervenciones para dominar la técnica. En el experimento, la mitad de los alumnos practicaron con un módulo informático que les mostraba vídeos de intervenciones reales, y tenían que decidir rápidamente qué fase de la operación era la que veían. La otra mitad, el grupo de control, estudió los mismos vídeos a su propio ritmo, rebobinando si les apetecía. La sesión práctica duraba una media hora. En un examen final, el grupo del aprendizaje perceptual superó a sus compañeros, que tenían el mismo grado de experiencia, puntuando cuatro veces más que ellos.[12]

Kellman había descubierto que sus MAP pueden acelerar la capacidad que tienen los estudiantes de dermatología para identificar las lesiones y eccemas cutáneos, que se manifiestan en una amplísima variedad y que resultan indistinguibles para un ojo poco entrenado. Él y Sally Krasne, de la UCLA Medical School, han obtenido resultados similares en la radiología, además de en la lectura de electrocardiogramas (ECG). Trabajando con otros colegas, Kellman también ha conseguido buenos resultados con un módulo que induce a los estudiantes de química a categorizar los enlaces químicos entre moléculas.

Es cierto que todo esto son cosas avanzadas y técnicas, para personas que sacaban buenas notas en el colegio. Pero ¿qué pasa con el niño que fija la vista en el reloj durante la clase de mates, intentando descubrir qué narices significa «pendiente» o cómo desentrañar $3(x + 1) = y$?

También en este terreno los módulos perceptuales han resultado prometedores. En una escuela de Santa Mónica, Kellman probó un módulo que funciona igual que el panel de instrumentos de los pilotos, pero con ecuaciones y gráficas. En la pantalla del ordenador aparece la gráfica de una línea, bajo la cual están las ecuaciones entre las que hay que elegir (o una ecuación con tres opciones de gráficas debajo; va alternando). Una vez más, los alumnos deben trabajar rápidamente: tomar una decisión y pasar a la siguiente; tomar otra decisión, y otra, pasando por docenas de pantallas. Con la formación suficiente, el alumno empieza a *sentir* la respuesta correcta, «y entonces puede imaginar por qué es la correcta, si hace falta», como me dijo Joe Wise, el profesor de secundaria que trabaja con Kellman.

Los científicos aún tienen que hacer mucho trabajo hasta que descubran cómo y para qué sujetos son más eficaces los MAP. Usted podrá jugar con juegos de ordenador todo lo que quiera, pero aun así tendrá que pilotar un avión u operar a un ser humano. Eso es un complemento de la experiencia, no un sustituto. Ésta es una razón por la que el aprendizaje perceptual sigue siendo un lugar casi ignoto en la psicología y la educación. Pero eso no es un motivo para ignorarlo, ni mucho menos. Después de todo, el aprendizaje perceptual no cesa, es automático y ahora está claro que se puede aprovechar para acelerar la adquisición de habilidades concretas.

* * *

Este libro prometía describir técnicas que pudieran ayudarnos a aprender con mayor eficacia sin exigirnos un esfuerzo adicional. Nuestro objetivo es tener más tiempo de ocio, no menos. Estoy a punto de traicionar esa promesa, pero sin hacerla pedazos.

Vamos a hacer juntos un pase de diapositivas.

Lo sé, lo sé. Pero fíjese: cuando estaba en secundaria, una vez hice mis propias tarjetas con papel del de siempre y lápices del número 2. En este momento, y aquí mismo, es igual de fácil crear un MAP para mostrarle cómo se puede hacer, qué puede hacer y qué no. Decidí ser todo lo perezoso posible. Subcontraté el trabajo. Contraté a mi hija de dieciséis años para que diseñara el módulo en mi lugar, porque soy un escritor profesional muy ocupado, pero también porque, como muchos adolescentes, ella domina el ámbito digital. Es totalmente capaz de elaborar sus propios pases de diapositivas, sus presentaciones de

PowerPoint o sus vídeos, descargando imágenes de Internet. Y eso es lo que le pedí que hiciera.

También he robado el tema, o al menos la idea. Decidí hacer exactamente lo que hicieron en el capítulo anterior Kornell y Bjork en su estudio entrelazado sobre los estilos pictóricos, introduciendo unos pequeños cambios. Ellos usaron el entrelazado para enseñar a los estudiantes a distinguir entre los estilos individuales de diversos paisajistas. Yo lo cambié. Mi módulo se centraría en famosos movimientos artísticos, como el impresionismo. No fue una elección aleatoria. En este caso mis motivos eran egoístas: durante una visita reciente al Museo de Arte Moderno me avergonzó comprobar lo poco que sabía de historia del arte. Reconocía un cuadro aquí y otro allá, pero carecía por completo de ideas sobre las corrientes artísticas y culturales a las que pertenecían. *La noche estrellada*, de Van Gogh, atrapa la vista con su cielo laberíntico y difuso, pero ¿qué significó este cuadro para él, para sus contemporáneos, para la evolución del «arte moderno»? Yo no tenía ni idea.

Muy bien. No tenía por qué saberlo de inmediato. Sólo quería saber cómo establecer una distinción entre los cuadros. Quería tener buen ojo. Ya me ocuparía más tarde del resto de la información.

¿Qué tipo de módulo perceptual necesitaba? Eso me hizo pensar un poco, pero no mucho. Pedí a mi hija que eligiese una docena de movimientos artísticos y descargase diez cuadros de cada uno. Ésa fue la materia prima, 120 cuadros. Los movimientos que eligió fueron (respire hondo, contenga la respiración): impresionismo, postimpresionismo, romanticismo, expresionismo, expresionismo abstracto, impresionismo abstracto, dadaísmo, constructivismo, minimalismo, suprematismo, futurismo y fauvismo. ¿Lo ha pillado todo? No tiene por qué. La cuestión es que es un campo donde hay que hacer muchas distinciones, y yo era incapaz de hacer ni una sola. Llegué al proyecto provisto de un par de gruesas lentes de lego en la materia: sabía que Monet y Renoir eran impresionistas, y punto.

Kornell y Bjork habían presentado sus lienzos de paisajes en conjuntos mixtos, y como es lógico eso es lo que hizo también mi hija. El orden era aleatorio, no limitado por el estilo. Elaboró un MAP y lo organizó igual que hizo Kellman. Aparecía un cuadro en la pantalla, y debajo una lista de doce estilos. Si yo elegía el correcto, sonaba una campanita y aparecía en pantalla el simbolito de OK. Si me equivocaba, aparecía una X negra y se iluminaba la respuesta correcta.

Estudié todo el tiempo que pude de una sola sentada: unos diez minutos, quizá sesenta pantallas. Me pasé la primera sesión señalando casi al tuntún. Como dije antes, podía reconocer los cuadros impresionistas, pero nada más. Durante la segunda sesión de diez minutos empecé a centrarme en el minimalismo y el futurismo; pasitos de bebé. En la cuarta sesión tenía bastante controlados el expresionismo y el dadaísmo. ¿Cuáles eran las diferencias distintivas, exactamente? No lo sabía. ¿Qué sentido tenían los tonos antinaturales en las piezas fauvistas? Ni idea. No iba a detenerme para averiguarlo. Me concedía unos pocos segundos para cada diapositiva y pasaba a la siguiente. Aquello era aprendizaje perceptual, no historia del arte.

Al final tuve que hacer un examen sobre todo esto, y en ese caso también tomé prestadas cosas de Kornell y Bjork. Recuerde que habían hecho un test a los participantes al final de su estudio sobre cuadros (pintados por los mismos artistas) que *no* habían estudiado. La idea es que, si es usted capaz de detectar la mano de Braque, debería ser capaz de identificar cualquier Braque. Aquél era también mi objetivo. Quería llegar al punto de poder identificar correctamente una obra dadaísta, aunque no la hubiera estudiado en el MAP. Después de media docena de sesiones, hice un test (no me permití pensar), y me fue bien: acerté treinta de treinta y seis, un 80 por ciento. Echaba un vistazo a cada pintura y clicaba rápido. Es cierto que no aprendí nada sobre la historia del arte, ni tampoco sobre el contexto cultural de cada cuadro, los postulados artísticos o los usos del color o la perspectiva. Pero diré esto: ahora distingo perfectamente entre un cuadro fauvista y otro postimpresionista. No está mal a cambio de una hora de trabajo.

La mayor diferencia entre mi enfoque y el de Kornell y Bjork fue que el entrelazado puede conllevar una deliberación más consciente. Los módulos perceptuales tienden a tener un ritmo más rápido, involucrando los sistemas visuales (perceptuales), además de los cognitivos, intelectuales. Las dos técnicas son complementarias y se pulen mutuamente.

Sin embargo, lo que más recuerdo es que fue divertido de principio a fin, que es como se supone que debe ser el aprendizaje. Por supuesto, no había ningún examen cerniéndose en el horizonte, no sentía presión para mejorar mis notas, no había una competición para la que prepararse. He puesto este ejemplo solamente para ilustrar que la formación perceptual a la que se somete uno mismo es posible con un mínimo esfuerzo. Lo que es más importante, lo he usado para demostrar que los MAP van destinados a cierto tipo de objetivo: clasificar o discriminar entre cosas que a la vista inexperta le parecen iguales, pero no lo son. En mi opinión, si existe un solo nudo perceptual que le provoque dolor de cabeza, vale la pena invertir este tiempo extra. La diferencia entre seno, coseno, tangente, cotangente. Los intervalos y la cadencia musicales. Las diferencias entre tipos de enlaces químicos. Entre estrategias económicas o las cifras de los informes anuales. Incluso entre cosas sencillas, como si la suma de dos fracciones (3/5 y 1/3) es mayor o menor que 1. Recorra velozmente un puñado de ejemplos y deje que las áreas sensoriales de su cerebro hagan el resto.

Esto no es ningún truco. Con el tiempo, el aprendizaje perceptual transformará la formación en muchos campos del estudio y el conocimiento profundo, y es bastante fácil crear módulos adaptados al material con el que quiere familiarizarse rápidamente. Los árboles autóctonos o las flores silvestres, por ejemplo. Los diversos tipos de inyectores de combustible. Compositores barrocos o vinos franceses. Recuerde que todos los sentidos, no sólo la vista, se aguzan solos. Como padre, a menudo deseo haber conocido mejor a los dinosaurios a simple vista (hay muchísimas más especies de las que se imagina, con sus respectivas categorías), o tener más información sobre las especies de peces antes de visitar un acuario.

Lo mejor de todo es, como dijo Eleanor Gibson, que el aprendizaje perceptual es automático y se corrige a sí mismo. Usted aprende sin pensar.

Capítulo 10

• • • • • • • • • • • • • •

Si se duerme, gana

El papel cohesivo del sueño

La gran madriguera de conejo en nuestras vidas, ese reino oscuro que visitamos regularmente, es el sueño. El sueño es un misterio rotundo para la mayoría. Lo necesitamos, pedimos más y deseamos que tenga una naturaleza más profunda y reparadora. Por un lado, sabemos que puede traicionarnos cualquier noche. Por otro, sabemos que durante esas horas de inconsciencia, repletas de sueños, se produce cierta alquimia, una mezcla de realidad, fantasía y sentimientos que puede inducirnos a hacer que los esfuerzos que hacemos durante la vigilia para dominar nuevas habilidades se conviertan en ese bien tan preciado: la *comprensión*.

Usted no tiene por qué ser un terapeuta onírico de la Nueva Era para creer que durante el sueño el cerebro establece conexiones que no crea cuando estamos despiertos. ¿Quién no se ha incorporado de repente en su cama a las tres de la mañana y ha pensado *¡Claro, por supuesto!*, recordando de repente dónde ha dejado las llaves, o visualizando cómo alterar su *swing* en el golf, o cómo modificar su ejecución de una pieza de Albéniz? En muchísimas ocasiones me he acostado sumido en un estado de frustración autocompasiva (prisionero de algún artículo que no sé por dónde empezar), y luego me he despertado de madrugada, he cogido un bolígrafo en la mesita de noche y he garrapateado algunas ideas que habían subido a la superficie entre sueños. Por la mañana me despierto y me encuentro con un montón de frases a medias que, si son legibles, a menudo me ayudan a sacar adelante mi artículo.

Y no me pasa sólo a mí. La historia de los descubrimientos científicos está salpicada de sugerencias que indican que el sueño fomenta los grandes saltos intelectuales. El químico alemán del siglo xix Friedrich August Kekulé, por ejemplo, afirmó que había descubierto la estructura química del benceno (en la que las moléculas adoptan una forma circular) después de soñar con unas serpientes que se mordían la cola.[1] Se sabe que el científico ruso Dimitri Mendeleev se pasó bastantes noches en vela infructuosas intentando componer lo que se convertiría en su famosa tabla periódica de los elementos, pero le contó a un colega que no fue hasta que echó una cabezada cuando vio «una tabla en la que cada elemento ocupaba su lugar». Este tipo de anécdotas siempre me recuerdan al cuento de los hermanos Grimm titulado *El pájaro de oro*, en el que un joven que tiene la misión de encontrar a un pájaro mágico con plumas de oro se enamora de una princesa cuya mano su padre, el rey, concederá con una sola condición: que el joven aparte en un plazo de ocho días la colina que le entorpece la vista desde su ventana. ¿Cuál es la única complicación? Que no es una colina, sino una montaña, y después de cavar durante ocho días el joven se derrumba, derrotado. Es entonces cuando su amigo el zorro le susurra: «Échate a dormir; yo trabajaré para ti». Y por la mañana, la montaña ha desaparecido.

El sueño es el territorio de las leyendas y los cuentos de hadas precisamente por ser tan desconocido, una pantalla en blanco en la que podemos proyectar nuestras ansiedades y esperanzas. Si el cuarto oscuro está cerrado, sólo podemos conjeturar qué imágenes se van revelando en su interior. Todo esto suscita la pregunta: ¿qué hace exactamente el cerebro durmiente?

Y ya puestos, ¿por qué tenemos que dormir?

La verdad es que nadie lo sabe. O, para ser más exactos, no hay una única explicación científica y consensuada. Nos pasamos una tercera parte de nuestra existencia inconscientes, de modo que cualquier teoría sobre el propósito central del sueño tiene que ser amplia. ¿Acaso el cuerpo no necesita un tiempo regular para curarse? ¿Y para aliviar el estrés? ¿Para gestionar los estados anímicos, crear músculo, restaurar la claridad mental? Sí a todo. Sabemos que la privación de sueño nos hace más temerarios, más frágiles emocionalmente, menos capaces de concentrarnos y, posiblemente, más vulnerables a la infección. Sin embargo, nada de esto constituye una teoría general, porque no explica las tremendas variaciones en las horas de sueño y en sus patrones. Piense en la inmensa diferencia que existe entre los hábitos de sueño entre una y otra persona. Algunas personas sólo necesitan dormir tres horas cada noche, mientras que otras, si no duermen ocho, se sienten agotadas; algunas funcionan mejor pasando la noche sin dormir y durmiendo durante buena parte del día; otras necesitan una siesta diaria. Por lo tanto, una teoría del sueño verdaderamente incluyente tendría que explicar estas diferencias. También tendría que explicar los ciclos de sueño y vigilia en los animales, que son de una diversidad impresionante. Cuando las orcas hembra buscan a una cría extraviada, pueden estar alertas y desplazándose durante más de tres semanas; casi un mes sin dormir. Las aves migratorias vuelan durante semanas sin detenerse a descansar.[2]

Han surgido dos teorías nuevas que ponen orden en este caos.

Una dice que, básicamente, el sueño es una adaptación a la gestión del tiempo. El reloj interno de nuestro cuerpo evolucionó para mantenernos fuera de la circulación cuando no había mucha vida que vivir (pongamos que a las tres de la madrugada), y estar despiertos cuando la hay. Pensemos en el murciélago marrón, que seguramente es el mamífero que duerme más horas. Se pasa veinte horas diarias durmiendo, y las cuatro restantes, cuando se pone el sol, cazando mosquitos y polillas. ¿Por qué sólo cuatro horas durante el ocaso? Porque entonces es cuando abunda la comida. Pero también porque, como dice Jerome

Siegel, neurocientífico de la UCLA, «que este animal dispusiera de un aumento del tiempo de vigilia sería una muy mala adaptación, dado que gastaría energías y estaría expuesto a aves de presa con una vista mejor y mayor capacidad de vuelo».[3] Siegel arguye que nuestra obsesión con la calidad y la duración del sueño es, en cierto sentido, retrógrada. Me dijo: «Nos pasamos un tercio de la vida durmiendo, lo cual parece inadaptativo, "el error más grande cometido por la naturaleza", como suelen llamarlo los científicos. Otra forma de verlo es que una vigilia innecesaria es una equivocación aún mayor».

Cuando hay que trillar el heno, lo hacemos tanto si brilla el sol como si no. Y cuando no hay nada que trillar (o demasiado poco, teniendo en cuenta el riesgo que supone andar por ahí afuera), nos vamos a dormir. En resumen: el sueño y la vigilia se ajustan a las exigencias y a los riesgos de nuestra vida, no a lo que dicen los manuales sobre salud.

La otra teoría sostiene que el propósito principal del sueño es la consolidación de la memoria: el aprendizaje. Estos últimos años los científicos que estudian el cerebro han publicado toda una batería de descubrimientos que sugieren que el sueño juega un papel crítico para marcar y almacenar recuerdos importantes, tanto intelectuales como físicos.[4] También (sí) para establecer conexiones sutiles: por ejemplo, una manera nueva de resolver un problema matemático abstruso, o para ejecutar una secuencia especialmente difícil de notas en la viola; son vínculos invisibles durante la vigilia. Piense en lo que describimos en el capítulo 1, todo aquel flujo de sensaciones, el increíble volumen de conexiones neuronales que tiene que realizar el cerebro durante un día cualquiera. En determinado momento hemos de decidir cuáles de esas conexiones vale la pena conservar y cuáles podemos ignorar. A veces esta decisión es fácil, y la tomamos de inmediato: el nombre de un compañero de trabajo nuevo; la hora de recogida del centro asistencial; qué casa de la calle tiene esos Doberman tan agresivos. Hay otras elecciones que no tienen nada de evidente. Algunas de las percepciones más críticas que registramos un día cualquiera contienen pistas sutiles, como encogimientos de hombros, miradas de reojo, insinuaciones, pistas falsas. Cuando apagamos la luz todo un mundo de impresiones da vueltas en nuestra cabeza y, según esta teoría, es entonces cuando el cerebro empieza a separar lo importante de lo trivial.

En el beligerante terreno de la investigación sobre el sueño, lo más habitual es que estas dos teorías se opongan entre sí, pugnando por superar a la otra como la función primaria de nuestras vidas subconscientes. En realidad, no son mutuamente excluyentes. De hecho, sólo cuando las combinamos podemos empezar a entender cómo el sueño contribuye al aprendizaje, y usar ese entendimiento a nuestro favor.

• • •

El cerebro del muchacho iba como una moto, pero estaba profundamente dormido, insensible. Su padre dijo su nombre: *¿Armond? ¿Armond?* No hubo respuesta. ¿Estaría fingiendo? No, estaba claro que no.

Era diciembre de 1951, y Eugene Aserinsky, un joven licenciado de la Universidad de Chicago, había llevado a su hijo de ocho años, Armond, a su laboratorio del sótano para realizar un experimento sobre el sueño.[5] Aserinsky estudiaba para licenciarse en fisiología, e intentaba reforzar sus credenciales como científico experimental; el sueño le interesaba poco como dedicación profesional. Lo único que hacía era guardia de noche, siguiendo órdenes de su asesor académico, Nathaniel Kleitman, que resultaba ser el padre de la ciencia moderna. Aserinsky había estado trabajando con una máquina llamada dinógrafo de Offner, que estudiaba la actividad del cerebro dormido. El dinógrafo, precursor del electroencefalograma, registra las señales eléctricas procedentes del cerebro por medio de unos electrodos sujetos al cráneo. Aserinsky usaba a Armond como sujeto de pruebas. Había fijado un par de electrodos a la cabeza y a los párpados del niño (para detectar su movimiento) y sintonizó la máquina, que estaba en el cuarto de al lado, pidiendo a su hijo que mirara a un lado y a otro, mientras él calibraba los diales. Poco a poco, Armond se quedó dormido, y Aserinsky, dando sorbos a su café, observó cómo iba actuando el dinógrafo y cómo se movían sus agujas trazando con tinta ondas más reducidas y suaves, como era de esperar. Pero al cabo de un par de horas las ondas empezaron a encresparse (todas, tanto las que provenían de los párpados de Armond como las de su cerebro), como si el niño estuviera despierto y alerta. Aserinsky se levantó de su silla y entró en silencio en el cuarto donde dormía su hijo para asegurarse de que éste estaba dormido y no le pasaba nada.

¿Armond?, *¿Armond?* No hubo respuesta.

Aserinsky regresó a la habitación contigua y observó el dinógrafo. En aquella época los científicos consideraban que el sueño era un periodo en el que el cerebro, básicamente, se desconectaba, convirtiéndose en un terreno de juego para el subconsciente, un lienzo para los sueños. El dinógrafo indicaba lo contrario. Aserinsky se puso a caminar arriba y abajo por el laboratorio («anonadado», como declararía más tarde, por la actividad frenética de las ondas) y observó mientras las ondas de Armond volvían a aplacarse y las agujas dejaban de susurrar sobre el papel. Era tarde, y no había nadie por allí. ¿Estaría alucinando? Si así era, informar de aquel descubrimiento podría ser potencialmente embarazoso, y lo rechazarían tachándolo de una emoción inadecuada de un experimentador novel. Si no era así, el cerebro en reposo de su hijo quizá le estaba diciendo sobre el subconsciente algo que nadie sospechaba.

Unas semanas después volvió a llevar a Armond al laboratorio para otra sesión, para comprobar si su observación original había sido casualidad. No lo fue. En diversos periodos durante la noche, el cerebro de Armond se activaba como si estuviera totalmente despierto. Aserinsky se convenció de que este patrón no era un espejismo. Años más arde diría: «La pregunta era qué activaba aquellos movimientos oculares. ¿Qué querían decir?»

Carecía de suficiente experiencia en aquel campo o en sus técnicas experimentales como para saberlo. Tendría que ir a lo más alto, a

Kleitman, y preguntarle si aquella actividad cerebral tan inusual se había registrado en experimentos anteriores sobre el sueño, y si valía la pena dedicarle tiempo. Kleitman no lo dudó: «Estudie a más sujetos», pidió a Aserinsky. «Es posible que haya descubierto algo.»

A finales de 1952, Aserinsky había mejorado su equipo y se embarcó en el estudio de dos docenas de adultos. Sus patrones cerebrales se asemejaban a los de Armond: periodos de ondulaciones lentas puntuados por estallidos de una intensa actividad. Esos fogonazos carecían de precedentes en la literatura científica sobre el sueño, de modo que ni siquiera estaba seguro de cómo llamarlos. Volvió a consultar con Kleitman y entre los dos revisaron los datos. Si querían informar de un descubrimiento tan inusual y afirmar que era universal, era mejor que estuvieran seguros de sus mediciones.

Su informe apareció por fin en septiembre de 1953 en la revista *Science*.[6] El informe ocupaba dos páginas, pero Aserinsky y Kleitman no malvendieron las consecuencias de su trabajo. «El hecho de que estos movimientos oculares, este patrón EEG, y esta actividad nerviosa autónoma estén relacionados significativamente y no se produzcan de forma aleatoria sugiere que es muy probable que estos fenómenos fisiológicos, y probablemente los oníricos, sean manifestaciones de un nivel concreto de actividad cortical que se produce normalmente durante el sueño», concluyeron. «El primer periodo de movimiento ocular sobreviene unas tres horas después de conciliar el sueño, recurre dos horas más tarde y luego se manifiesta, en intervalos más frecuentes, una tercera o cuarta vez poco antes de que el sujeto se despierte.» Al final acordaron un nombre más científico para el fenómeno: fase del sueño del movimiento ocular rápido, o REM.

William Dement, que entonces era estudiante de medicina en el laboratorio de Kleitman y hoy es catedrático de psiquiatría y medicina del sueño en la Universidad de Stanford, me dijo: «Ése fue en realidad el inicio de la investigación moderna sobre el sueño, aunque en aquella época nadie lo hubiera dicho. Hicieron falta años para que la gente se diera cuenta de lo que teníamos entre manos.»

Un motivo para esta demora fue el apego que se sentía por una teoría antigua. En la década de 1950 muchos neurocientíficos, sobre todo en Estados Unidos, seguían enamorados de la idea de Freud de que los sueños son un cumplimiento de los deseos, proyectados en la fantasía y en imágenes simbólicas que no son accesibles durante la vigilia. La investigación sobre el sueño contaba con fondos, pero se usaban para estudiar el *contenido* de los sueños durante la fase REM, no la mecánica o el propósito de esa fase por sí misma... y no servía de mucho. La gente a la que despertaban durante la fase REM describía una maraña de ansiedades, fantasías y escenas sin sentido que no decían nada coherente sobre la naturaleza humana. Dement me dijo: «Era un trabajo emocionante, pero al final no pudimos declarar nada concluyente». Aun así, esos estudios sobre el sueño y otros confirmaron sin ningún género de dudas que la fase REM era universal y se producía periódicamente durante la noche, alternando con otros estados de inconsciencia. De hecho, lo normal es que una persona experimente cuatro o cinco ráfagas REM durante la noche (que duran entre veinte y treinta minutos), a medida que el cerebro emerge casi a la superficie de la consciencia antes de volver a sumergirse. En 1960, los científicos del sueño empezaron a sostener que el sueño tenía como mínimo dos dimensiones: REM y no REM, o NREM.

Más tarde, usando los datos proporcionados por los EEG, así como registros eléctricos más concretos de los ojos y los párpados, los investigadores descubrieron que la fase NREM también tenía sus propios estadios distintivos. La definición de esos estadios es arbitraria, dependiendo sobre todo de la forma y la frecuencia de las ondas. El sueño ligero que nos invade poco después de adormilarnos se llama fase 1; es cuando las ondas picudas de la consciencia cerebral despierta empiezan a suavizarse; en la fase 2, las ondas comienzan a ser más regulares, parecidas a una onda senoidal, o un conjunto discreto de olas que se desplazan hacia la playa en un día sin viento. En las fases 3 y 4 las ondas se van extendiendo de forma gradual, hasta que ondulan suavemente como la marea en el mar abierto, un patrón de ondas lentas que indica la llegada del sueño profundo. El cerebro pasa por sus cinco estadios de sueño en orden: de la fase 1 a la 2, profundiza en la fase 3 y toca fondo en la 4, antes de volver a ascender pasando por las fases 3 y 2 y llegar a la REM. Entonces este ciclo se repite a lo largo de la noche, volviendo a bajar hasta la fase 4 y a subir hasta la REM. Estas cuatro fases y la REM describen lo que los científicos llaman la arquitectura del sueño, que se puede traducir fácilmente en un gráfico:

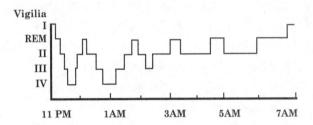

El descubrimiento y la descripción de esta arquitectura, antes oculta, hizo algo más que desterrar de una vez por todas la idea de que nuestros cerebros simplemente «se desconectan» por la noche, convirtiéndose en contenedores de sueños. También planteó una pregunta: si el cerebro está tan activo cuando dormimos, ¿qué hace exactamente? La naturaleza no desperdicia recursos a esta escala. Dados esos exabruptos de REM y esas capas intrincadas y alternantes de patrones ondulares, el cerebro debe hacer *algo* durante el sueño. Pero ¿qué?

J. Allan Hobson, profesor de psiquiatría en Harvard, me dijo: «Para hacer ciencia debes tener una idea, y durante años nadie tuvo ninguna. Consideraban que el sueño no era más que la aniquilación de la consciencia. Ahora pensamos otra cosa».

• • •

Una de las razones por las que las intrigas palaciegas se prestan a novelas tan absorbentes o a series televisivas adictivas es lo que los psicólogos llaman «jerarquía incrustada». El rey es el rey, la reina es la reina y luego hay estratos de príncipes, herederos, parientes, damas de compañía, patriarcas entrometidos, advenedizos ambiciosos y consejeros, todos los cuales luchan por llegar a lo alto. ¿Qué alianzas son más importantes? ¿Cuál es la jerarquía del poder? ¿Quién tiene ascendencia sobre quién? Usted no tendrá ni idea hasta que vea interactuar a los individuos. Y si no puede ver la interacción individual por parejas, imagina distintos escenarios para intentar averiguar el poder relativo de los participantes. Si se enfrentaran, ¿podría Grishilda conseguir encadenar a Thorian y tirarlo al foso? Después de todo, ella es una de las favoritas del rey. Pero a lo mejor Thorian guarda algunos contactos en la manga... ¡Un momento! ¿Quién era su madre?

A los científicos del aprendizaje les gustan los problemas de jerarquía incrustada porque ejemplifican el tipo de razonamiento que tenemos que hacer constantemente para comprender tanto la política laboral como los problemas matemáticos. Hemos de recordar las relaciones individuales, una retención directa. Debemos usarlas para inducir extensiones lógicas: si A > B y B > C, entonces A > C. Por último, tenemos que incorporar esos pasos lógicos en un marco más amplio, para *deducir* las relaciones entre personas o símbolos que mantienen una relación distante. Cuando tenemos éxito, creamos una panorámica a vista de pájaro, un sistema para juzgar la relación entre dos figuras dadas dentro del universo definido, literario o simbólico, que es invisible para la mente que no está preparada.

En un estudio de 2007, unos investigadores de la Universidad de Harvard y de McGill examinaron la capacidad que tenían los alumnos universitarios para discernir una jerarquía incrustada en algo que parecía un simple juego.[7] El equipo de investigación pidió a los alumnos que estudiasen parejas de huevos de colores, una pareja por vez, que aparecían en una pantalla de ordenador. Los huevos estaban clasificados jerárquicamente. Por ejemplo:

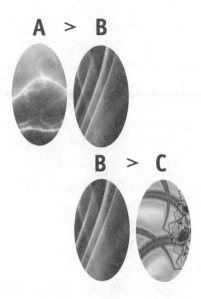

Dividieron a los participantes en dos grupos: uno estudió los huevos por la mañana y el otro por la tarde. Ambos grupos memorizaron rápidamente los rangos relativos de las parejas, e hicieron un test sobre ellas justo después, sacando buena nota. Pero doce horas más tarde los grupos se sometieron a otro test, donde les pedían que clasificaran huevos que *no* habían visto comparados directamente. Ésta es la pregunta «incrustada» Grishilda-Thorian, y la respuesta no es tan evidente. Si el azul claro supera al arco iris, ¿quiere decir que también es más que el perejil? ¿Y qué hay del coral? ¿Está en tercera posición o en cuarta? Mientras los participantes estudiaban, nunca llegaron a ver la jerarquía completa de los huevos, de modo que la tenían poco clara.

Por supuesto, estuvo poco clara hasta el día siguiente.

El grupo que estudió por la tarde e hizo el test a la mañana siguiente después de dormir toda la noche (el «grupo del sueño», como los llamaron), sacó un porcentaje del 93 por ciento sobre la pareja de huevos con una relación más distante, es decir, la pregunta más difícil. El grupo que estudió por la mañana e hizo el examen por la tarde, sin haber dormido (el «grupo de la vigilia»), sacó un 69 por ciento. Vein-

APRENDER A APRENDER

ticuatro horas más tarde, cada alumno volvió a hacer el test, y la ventaja del grupo del sueño había aumentado para las parejas más distantes. Ésta es una diferencia importante respecto a las preguntas más difíciles, un 35 por ciento, lo cual separa a un tipo de estudiante de otro, pero no es infrecuente en los estudios sobre el sueño y el aprendizaje. El autor más mayor del estudio, Matthew Walter, me dijo: «Creemos que lo que sucede durante el sueño es que uno amplía la abertura de la memoria y es capaz de captar la imagen más amplia. De hecho, hay evidencias de que el REM es el terreno de esta memoria creativa con la que forjamos distintas asociaciones, combinamos cosas de formas diferentes, etcétera».

En un juego como éste, sostienen él y sus coautores, se nos da muy bien construir categorías separadas de asociaciones (azul cielo más que arco iris, perejil más que coral), pero nos resulta más difícil establecer las relaciones más abstrusas *entre* esas categorías... hasta que dormimos.

La investigación sobre el sueño como elemento cohesivo del aprendizaje todavía está en marcha. Después de que los científicos partidarios de Freud se toparan con un muro en la década de 1960, la investigación sobre el sueño, como sus sujetos nocturnos, se quedó sin recursos. El dinero dejó de llegar. La ventana que había abierto Eugene Aserinsky, revelando el sueño REM, pareció no mostrar durante un tiempo nada más que otra habitación a oscuras. Como me dijo Robert Stickgold, un neurocientífico de Harvard, «hubo una gran emoción, seguida básicamente por cuarenta años de ausencia; fue espantoso». Pero durante las dos últimas décadas, ha habido docenas de estudios como los de Walker que han iluminado el horizonte, convirtiendo el sueño en una de las fronteras más prometedoras (y beligerantes) de la ciencia del aprendizaje. Hasta la fecha, la mayoría de las evidencias demuestra que el sueño mejora la retención *y* la comprensión de lo que se estudió el día antes, y no sólo en el caso de huevos de colores. Funciona también para el vocabulario. Las parejas de palabras, el razonamiento lógico parecido al que se enseña en las matemáticas de ciclo medio. Incluso la presentación que dará en su trabajo o el examen que hará en la escuela. En estos casos tiene que memorizar los detalles de las ideas importantes, y crear un mapa mental de cómo encajan entre sí. Las mejoras tienden a ser sorprendentes, entre un 10 y un 30 por ciento, y los científicos no entienden lo bastante bien la dinámica de los estados inconscientes como para explicar el porqué.

Mi propia teoría dice que el sueño amplifica muchas de las técnicas que hemos abordado en este libro. El efecto del espaciado descrito en el capítulo 4, por ejemplo, es especialmente intenso con intervalos de uno o dos días (más el sueño). La «reminiscencia» de Philip Ballard (esa chocante mejora en el recuerdo del poema *El naufragio del Hesperus*, descrita en el capítulo 2) llegó a su punto álgido el primer o segundo día. Un buen descanso nocturno podría liberar sin duda la «fijación» que nos dificulta encontrar de inmediato la solución del problema de los lápices, descrito en el capítulo 6. Es probable que el cerebro, mientras duerme, haga con la información muchas de las mismas cosas que hace cuando está despierto, o al menos que realice funciones *complementarias*.

Sin embargo, la historia no acaba ahí.

Los científicos han empezado a estudiar los efectos que tiene la interrupción de determinadas fases del sueño, como la REM, para aislar el impacto que tienen esas fases sobre el aprendizaje de diversas habilidades o materias. Recuerde que el sueño tiene cinco dimensiones que conozcamos: la REM y los cuatro estadios que la rodean. Nuestras ondas cerebrales tienen patrones distintos en esos periodos, lo cual sugiere que en cada uno de ellos operan distintas dinámicas mentales. ¿Podría ser que cada fase se haya especializado para consolidar un tipo determinado de habilidad, ya sea una comprobación geométrica, una redacción o un saque de tenis? Hoy día muchos científicos sospechan que es así, basándose en evidencias procedentes tanto de los animales como de los humanos. Estos descubrimientos se han cohesionado en una hipótesis notable, que describieron por primera vez en 1995 unos científicos italianos bajo la dirección de Antonio Giuditta, de la Universidad de Nápoles Federico II.[8] Desde entonces otros han ido perfilando la idea, sobre todo Robert Stickgold, de Harvard, y Carlyle Smith, de la Universidad Trent en Peterborough, Ontario, quienes aportaron suficientes evidencias experimentales para convertir este modelo de aprendizaje durante el sueño en una teoría completa, la explicación más general que existe hoy día sobre cómo consolidan la memoria las diversas fases del sueño.

Supongo que, técnicamente, a esta idea deberíamos llamarla el Modelo de Consolidación del Aprendizaje de Giuditta-Smith-Stickgold. Yo prefiero llamarla, sencillamente, la teoría del turno de noche. Las luces se apagan y se lleva a cabo el mantenimiento básico. La teoría del turno de noche dice que por la noche, durante cada fase, pasa lo siguiente:

Fase 1: ésta es esencial. Es imposible privar a una persona del sueño ligero de la fase 1 si queremos que duerma de verdad. Es difícil aislar el papel que desempeña en la consolidación de los recuerdos, aunque a menudo se enlaza con los periodos semejantes a la REM.

REM: Parece que estas tormentas de relámpagos neuronales contribuyen al reconocimiento de patrones, como en el experimento de los huevos de colores, así como a la resolución creativa de problemas y a la percepción de relaciones que durante el día no fueron evidentes, como un problema de cálculo complejo. Seguramente desempeña el papel más importante, entre todas las fases, para contribuir a la percolación. Los individuos siguen beneficiándose igual del sueño cuando no hay fase REM, pero no en el mismo grado. La REM también participa en la interpretación de recuerdos con carga emocional. Matthew Walker, el neurocientífico de Berkeley coautor del estudio de los huevos de colores, me dijo: «Creemos que durante la REM es cuando el cerebro se desprende de la sensación visceral que experimenta cuando se forma un recuerdo emocional, pero retiene la información objetiva, los detalles, el dónde y cuándo sucedió qué». ¿Recuerda el pánico que le invadió la última vez que abrió el examen de geometría? Es mejor «liberarse» de esa sensación (o al menos reducirla) para poder recordar cuáles fueron realmente los problemas que indujeron ese pánico. Walker describe la REM como «una sesión de terapia nocturna».

Fase 2: ésta es la especialista en la memoria motora. En una serie de estudios poco conocidos, Carlyle Smith formó a unas personas en lo que él bautizó como «el trabajo rotor». Se trata de un ejercicio de coordinación entre ojos y manos en el que los sujetos, usando un joystick, tienen que usar la mano que no utilizan para escribir para perseguir un punto de luz que se desplaza por una pantalla de ordenador. Es bastante fácil mejorar, y normalmente los sujetos mejoran, pero no tan rápidamente como cuando les privan de la fase 2 del sueño. «Parece que la fase 2 es la más crítica para el aprendizaje motor», me comentó Smith. «Cuando privamos a una persona de la fase 2, no vemos el mismo grado de mejora, y creemos que este descubrimiento es extensivo a todos los tipos de aprendizaje motor, tanto si hablamos de música como de atletismo, y posiblemente de las habilidades mecánicas.»

Fases 3 y 4: en la investigación sobre el aprendizaje estas dos suelen considerarse una sola, como fases de ondas lentas o sueño profundo. Es el territorio de la retención básica. Si privamos a alguien del sueño profundo no sólo perjudicaremos su belleza; no gozará de la ayuda que proporciona el sueño para recordar datos nuevos, léxico, nombres, fechas y fórmulas. «Tenemos muchas evidencias que demuestran que las ondas lentas son importantes para la consolidación de la memoria declarativa, y que esto no sucede tanto en la fase REM», me dijo Stickgold.

Para poner todo esto en perspectiva, recobremos de nuevo el gráfico de la arquitectura onírica.

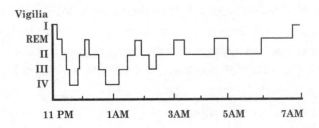

Lo primero que hemos de detectar en este diagrama es que dibuja la arquitectura para una persona que, en este caso, se va a dormir a las once de la noche y se despierta a las siete de la mañana. No obstante, la arquitectura viene a ser la misma para todo el mundo, independientemente de a qué horas suela irse a dormir o se levante. En un sentido importante, el propósito de dormir toda la noche es obtener las dosis habituales de las cinco fases. De alguna manera, cada fase complementa el trabajo de las demás. Donde la cosa se pone realmente interesante es cuando alteramos nuestro programa de sueño habitual para prepararnos para cierto rendimiento, ya sea un discurso, una prueba de aptitud o un examen.

Fíjese, por ejemplo, en que el lapso más largo del sueño de fase 2 se produce justo antes de despertar. Si recorta ese tiempo reducirá el periodo en el que su cerebro consolida un movimiento de monopatín, una ejecución difícil al piano o un saque con salto. Smith me dijo: «La consecuencia es que si se está preparando para una actuación (por ejemplo, un recital de música), es mejor acostarse tarde que levantarse temprano. Hay entrenadores que hacen que los atletas u otros sujetos se levanten a las cinco de la mañana. Me parece una locura».

La misma lógica es aplicable a la fase REM. La dosis más grande la recibimos a primera hora de la mañana, entre los lapsos de la fase 2. Si prepara un examen de matemáticas o de química, un examen que pondrá al límite su capacidad de detectar patrones, es mejor quedarse estudiando hasta tarde y, si es posible, apagar el despertador por la mañana. Que el gallo cante hasta que se quede afónico.

Por otro lado, el sueño profundo, como indica el diagrama, se sitúa en la primera mitad del sueño normal de toda la noche. Ésa es la longitud de onda lenta que necesita cuando prepare un examen de retención, como aprender vocabulario nuevo o rellenar la tabla periódica. Organice su estudio de tal manera que se vaya a dormir a la hora habitual, métase una dosis importante de la materia más dura, y levántese temprano para hacer un último repaso antes del amanecer.

Todo esto viene a decir que, si se va a privar de sueño, le conviene saber qué horas son las mejores.

Y aquí viene lo mejor de todo: es posible que no tenga que privarse de sueño.

Las siestas también son sueño. En una serie de experimentos realizados durante la pasada década, Sara Mednick, de la Universidad de California en San Diego, descubrió que las siestas de una duración entre una hora y una hora y media a menudo contienen sueño profundo de ondas lentas y REM.[9] Las personas que estudian por la mañana (da igual que sean palabras o juegos de reconocimiento de patrones, retención directa o comprensión de estructuras profundas), rinden un 30 por ciento más en un examen realizado por la tarde si han echado una siesta de una hora que si no lo han hecho. «Hacer estos estudios ha cambiado mi forma de trabajar», me dijo Mednick. «Ha cambiado mi forma de vivir. En algunos experimentos hemos descubierto que, haciendo siestas de entre una hora y una hora y media obtenemos casi los mismos beneficios para la consolidación del aprendizaje que si hubiéramos dormido ocho horas.»

● ● ●

Aprender cuesta. Pensar cuesta. Es tan fatigoso, aunque en otro sentido, como el trabajo físico, y a la mayoría nos agota a la misma velocidad. Sí, hay gente capaz de pegarse catorce horas al día haciendo un esfuerzo mental increíble y luego relajarse haciendo crucigramas o asistiendo a una lectura de la poesía de un exiliado de la Europa del este. ¡Bien por ellos! Yo me encuadro más en el campo de aprendizaje de Michael Gazzaniga. Fue el neurocientífico que descubrió la especialización cerebral en dos hemisferios, de la que hablamos en el capítulo 1, y que pasó largos días y noches trabajando en el laboratorio del Instituto Tecnológico de California en sus estudios, que fueron todo un hito. Gazzaniga me dijo: «En aquel entonces en el Instituto Tecnológico de California teníamos a un montón de gente que luego se hizo famosa, como Richard Feynman, Roger Sperry, Murray Gell-Mann,

Sidney Coleman, pero no estábamos todo el día trabajando. No éramos intelectuales en el sentido de que por la tarde nos íbamos a conferencias o a actividades culturales. Nos dedicábamos a tomar martinis».

Y casi hemos llegado.

Volvamos a la teoría del sueño de Jerome Siegel, la que describimos al principio de este capítulo. Él sostiene que el sueño evolucionó para mantenernos a salvo cuando la caza y la recolección eran escasas o demasiado peligrosas. Estamos despiertos cuando la búsqueda de alimentos es productiva, cuando es importante socializar con el grupo, y dormimos cuando no sale a cuenta dedicarse a las actividades mencionadas, cuando el precio es demasiado alto. El sueño ocupa tanto tiempo porque es esencial para la supervivencia inmediata, día a día.

Sin embargo, no es exagerado decir que el aprendizaje (en la escuela, el trabajo, en la práctica) es igual de crucial para el juego de la supervivencia. Puede que dominar una materia o una habilidad no sea tan acuciante como eludir a un felino dientes de sable, pero a lo largo de la vida nuestro conocimiento y nuestras habilidades se vuelven cada vez más valiosas, y tenemos que actualizarlas sin cesar. El aprendizaje es nuestra manera de descubrir lo que queremos hacer, qué se nos da bien y cómo podremos ganarnos la vida cuando llegue el momento. Eso también es supervivencia. Sin embargo, sobre todo cuando somos jóvenes, lo pasamos fatal intentando distinguir entre lo que es importante y lo que no lo es. La vida es caótica, se mueve rápido, recibimos todo tipo de mensajes (a menudo contradictorios) y exigencias por parte de padres, maestros, amigos y rivales. El día no tiene suficientes horas para asimilar todo lo que significa esto.

Éste es un motivo suficiente para sospechar que lo que hace el cerebro por la noche tiene más objetivos que la supervivencia. Es posible que el ciclo de sueño-vigilia haya evolucionado principalmente para ayudarnos a comer y a no ser comidos, pero si a ese tiempo de ocio se le puede dar un buen uso, la teoría de la evolución nos dice que así lo haremos. ¿Qué mejor manera de filtrar las percepciones cotidianas y marcar las que parecen más importantes? La habilidad de seguir un rastro. Un patrón de movimiento entre los arbustos. Una mirada extraña de un vecino. Una fórmula para calcular el volumen de un cono. Una nueva posición para batear. Un argumento confuso en una novela de Kafka. Para filtrar toda esa variedad de datos, el sueño tiene que desarrollar necesariamente diversas fases para gestionar distintas categorías de aprendizaje, ya sea retención o comprensión, termodinámica o Tucídides. No digo que cada fase del sueño esté especializada, que *sólo* la fase REM puede abordar las matemáticas y *sólo* el sueño profundo puede ayudarnos a almacenar verbos en farsí. Todo el que se haya pasado alguna noche en vela sabe que no necesitamos dormir nada para aprender un montón de material nuevo, al menos temporalmente. Lo que digo es que, hasta ahora, la investigación sugiere que cada una de las cinco fases del sueño nos ayuda a consolidar el aprendizaje de forma distinta.

La teoría de Siegel nos dice que el agotamiento nos sobreviene cuando el coste de permanecer despierto es mayor que los beneficios obtenidos. La teoría del turno de noche nos da el motivo: que el sueño también tiene beneficios, precisamente para filtrar y consolidar lo que acabamos de estudiar o practicar. Visto desde este ángulo, es como el *yin* y el *yang*. El aprendizaje toca techo durante las horas de vigilia, dando paso al sueño en el momento en que somos menos productivos, cuando la vigilia prolongada es una pérdida de tiempo. Por lo tanto, el sueño remata la faena.

Siempre me ha gustado dormir, pero dentro del contexto del aprendizaje daba por hecho que era una interferencia. No lo es. Los últimos estudios dicen exactamente lo contrario: que el tiempo de descanso inconsciente clarifica la memoria y agudiza las habilidades; que es un paso necesario para afirmar ambas. Es decir, que en un sentido fundamental, el sueño *es* aprendizaje.

Nadie está seguro de cómo gestiona el cerebro la invasión sensorial que, desde el punto de vista biológico, es el *input* cotidiano. La ciencia del sueño está aún en pañales. Sin embargo, uno de sus teóricos principales, Giulio Tononi, de la Universidad de Wisconsin, ha descubierto evidencias de que el sueño debilita a gran escala las sinapsis neuronales establecidas durante el día anterior. ¿Se acuerda de todas esas redes neuronales conectadas que se forman sin cesar mientras estamos despiertos? Tononi sostiene que la función primaria del sueño es deshacerse de las conexiones triviales realizadas durante el día y «contribuir a consolidar las inferencias valiosas que se hicieron».[10] El cerebro separa la señal del ruido, dejando que, en términos biológicos, el segundo se apague. También es probable que continúe la consolidación activa. Los estudios sobre los animales han detectado evidencias directas de «charla cruzada» durante el sueño entre órganos separados relacionados con la memoria (el hipocampo y el neocórtex, descritos en el capítulo 1), como si el cerebro repasara y almacenara detalles de los sucesos más importantes del día, e integrase el material nuevo con el viejo.[11]

Está claro que no sé toda la historia. Nadie la conoce, y quizá nadie lo consiga nunca. Las propiedades del sueño que hacen que sea un compañero tan poco de fiar (a menudo superficial, esquivo cuando más se le necesita, o dominante cuando menos nos conviene) también dificultan estudiarlo de forma controlada a lo largo del tiempo. Es probable que las fases del sueño, definidas arbitrariamente por los cambios en las ondas cerebrales, se vean sustituidas por baremos más precisos, como los cócteles químicos que circulan durante los estadios del sueño, o por distintos tipos de «charla cruzada». Sin embargo, yo apuesto que la inmensa promesa que tiene trastear con el sueño para profundizar el aprendizaje tentará a alguien a realizar experimentos más a largo plazo, comparando los efectos de distintas agendas sobre temas concretos. Seguramente esos efectos serán muy individualizados, como tantos otros descritos en este libro. Algunos trasnochadores descubrirán que sus sesiones temprano por la mañana les resultan tortuosas e improductivas, y algunos madrugadores sentirán que los chakras se les descomponen a partir de las diez de la noche. Al menos, con la Teoría del turno de noche tenemos cierto fundamento sobre el que experimentar por nuestra cuenta, para ajustar nuestro sueño en nuestro beneficio siempre que sea posible.

Digámoslo de esta manera: ya no considero que las siestas o la costumbre de acostarse temprano sean evidencias de pereza, una pérdida de tiempo o, lo que es peor, un fracaso de la voluntad. Creo que el sueño es aprender con los ojos cerrados.

Conclusión

• • • • • • • • • • • • • •

El cerebro saqueador

Empecé este libro sosteniendo que la mayoría de nuestros instintos sobre el aprendizaje están extraviados, son incompletos o son totalmente erróneos. Que inventamos sin más teorías del aprendizaje, que nuestro pensamiento se fundamenta más en la superstición que en la ciencia, y que nos equivocamos al señalar las fuentes de nuestra frustración: que siempre obstaculizamos nuestro propio camino innecesariamente. En los capítulos siguientes he demostrado este postulado, describiendo experimentos cruciales y algunas de las ideas más recientes sobre cómo se relacionan estrechamente el recuerdo, el olvido y el aprendizaje, de maneras que no son ni evidentes ni intuitivas. También demostré cómo esas relaciones inesperadas se pueden explotar usando técnicas concretas de aprendizaje.

Lo que *no* he hecho ha sido intentar explicar por qué aún no sabemos todo esto.

Si aprender es tan esencial para la supervivencia, ¿por qué seguimos ignorando hasta tal punto cuándo, dónde y cómo se produce? Después de todo, lo hacemos de forma natural. Reflexionamos sobre las mejores maneras de hacerlo, probamos nuevos enfoques, pedimos consejo a otros que nos parecen más listos. En realidad, el acicate para mejorar tampoco acaba nunca. Por lógica tendríamos que haber desarrollado unos instintos bastante agudos sobre la mejor manera de abordar el aprendizaje. Pero no ha sido así, y los motivos no son ni mucho menos evidentes. Nadie que yo conozca ha propuesto una explicación convincente, y la verdad es que quizá no haya una.

Sin embargo, yo tengo una propia: la escuela nació ayer. La clase de inglés, la introducción a la trigonometría, la sala de estudio, el entrenamiento de fútbol, las lecciones de piano, los estudios sociales, la historia del arte, la novela rusa, la química orgánica, las paradojas de Zenón, la trompeta de jazz, Sófocles y el primer año de universidad, Josefo y la clase de gimnasia, poesía moderna y civilizaciones antiguas; todo esto, hasta el último componente de lo que llamamos educación, es una invención reciente dentro del esquema general de las cosas. ¿Aquellas civilizaciones «antiguas» que estudiamos en el instituto? Pues después de todo no son tan antiguas. Se remontan a unos pocos miles de años, no más. Los seres humanos llevan en este mundo como mínimo un millón de años, y durante la inmensa mayoría de ese tiempo hemos estado preocupados por los alimentos, el refugio y la seguridad. Hemos evitado a los depredadores, eludido las tormentas, sobrevivido gracias a nuestra astucia, andando en busca de comida. Y como lo expresa tan sucintamente un psicólogo de Harvard, Steven Pinker, la vida para los recolectores «es un viaje de acampada que no acaba nunca».[1]

Nuestro pasado forrajeador tuvo algunas consecuencias no tan evidentes para el aprendizaje. Piense en un momento en lo que supuso ese viaje de acampada de toda una vida. La caza y el seguimiento de rastros *fueron* el equivalente de su lectura y escritura. Trazar mapas del entorno local (con todos sus cañones, llanuras y jardines secretos) *fue* su geometría. El currículo de ciencias incluía la botánica, saber qué plantas tenían bayas comestibles y cuáles propiedades medicinales; y la conducta animal, conocer las rutinas de caza de los depredadores, los hábitos alimenticios de las presas.

Con el paso de los años, ciertamente, uno recibía una educación. Parte de ella la impartían los ancianos y los miembros de la tribu, pero la mayor parte se iba acumulando por vía empírica. Escuchar, observar, explorar el mundo en círculos cada vez más amplios. *Así* es como el cerebro desarrolló el aprendizaje, gradualmente y sobre la marcha, a cualquier hora del día, en medio de todo tipo de condiciones atmosféricas. Mientras andábamos en busca de alimentos, el cerebro se adaptó para absorber, con la máxima eficacia posible, los indicios más valiosos y las lecciones de supervivencia a lo largo del camino.

También se convirtió en un saqueador de información, de estrategias, de maneras inteligentes de superar las defensas de otras especies y vivir de lo que daba la tierra. Ésa fue la academia en la que nuestros cerebros aprendieron a aprender, y define quiénes somos y cómo llegamos a ser humanos.

Los humanos llenan lo que los antropólogos John Tooby e Irven DeVore llaman «el nicho cognitivo» de la historia evolutiva.[2] Las especies medran a costa de otras, y cada una desarrolla defensas y armas para intentar dominar el nicho en que se encuentra. El pájaro carpintero desarrolló una extraordinaria estructura ósea para practicar agujeros en cortezas duras y alimentarse de los insectos ocultos en los árboles. El murciélago marrón desarrolló un sónar interno, llamado ecolocación, que le permite cazar insectos cuando se pone el sol. Nosotros evolucionamos para ser más listos que nuestros competidores, observando, poniendo a prueba nuestras intuiciones, creando instrumentos, trampas, anzuelos, teorías y demás instrumentos.

La institución moderna de la educación, que nació de esos vestigios originarios del aprendizaje, ha producido generaciones de personas que tienen habilidades increíbles, habilidades que a nuestros ancestros forrajeros les hubieran parecido cosa de magia. Sin embargo, su lenguaje, sus costumbres y su agenda, eso de dividir el día en fragmentos (clases, prácticas) y dedicar horas al estudio (los deberes en el hogar) ha llegado a definir nuestra forma de pensar en cómo funciona el cerebro, o cómo debería funcionar. Esta definición es tan conocida que se da por hecho sin que nadie la cuestione. Todos «sabemos» que necesitamos ser organizados, desarrollar rutinas de estudio buenas y coherentes, encontrar un lugar tranquilo y evitar las distracciones, centrarnos en una habilidad por vez y, por encima de todo, *concentrarnos* en nuestro trabajo. ¿Qué tiene esto de cuestionable?

Pues resulta que mucho. Tomemos por ejemplo la «concentración», esa necesidad educacional tan esencial, ese flujo mental que nos dicen que es tan crítico para aprender. ¿Qué es exactamente la concentración? Todos tenemos una idea de lo que significa. La reconocemos cuando la vemos, y nos gustaría tener más de ella. Sin embargo, se trata de un ideal, un espejismo, una palabra que emborrona la realidad de lo que hace realmente el cerebro cuando aprende.

Recuerdo que hace algunos años, un fin de semana llevé a mi hija menor, que entonces tenía doce años, al despacho del periódico donde trabajo. Yo estaba volcado en una historia que tenía que acabar, de modo que aparqué a la niña en una mesa vacía cerca de la mía y la conecté a Internet. Luego me senté a mi mesa y me centré en concluir el artículo; me concentré a fondo. De vez en cuando levantaba la vista y me aliviaba ver que ella estaba tecleando y también parecía concentrada. Tras un par de horas de duro trabajo, acabé el artículo y se lo envié a mi editor. En ese momento pregunté a mi hija qué había estado haciendo, y ella me lo enseñó. Había llevado un diario, minuto a minuto, de mi conducta mientras trabajaba. Había tomado notas de campo, como Jane Goodall observando a uno de sus chimpancés:

10:46   teclea
10:46   se rasca la cabeza
10:47   saca papeles de la impresora
10:47   gira la silla
10:48   vuelve a girar la silla
10:49   suspira
10:49   toma un sorbo de té

10:50   mira fijamente la pantalla

10:51   se pone unos auriculares

10:51   telefonea a alguien a quien llama «tío»

10:52   cuelga el teléfono

10:52   se pone un dedo en la cara, a medio camino entre la boca y la barbilla; ¿pose de pensar?

10:53   se acerca a la mesa un amigo, se ríen

10:53   se rasca la oreja mientras habla

Y así tres páginas. No me gustó. Me estaba tomando el pelo, claro, pero lo de la llamada de teléfono no era verdad, ¿no? ¿En serio hice una llamada? ¿No había estado todo el rato concentrado, conectado, sin apenas apartar la vista de la pantalla? ¿No me había tirado de cabeza y redactado mi artículo sin salir a tomar aire? Pues parecía que no, ni de cerca. Lo cierto es que mi hija no podría haberse inventado todas aquellas entradas, todos aquellos detalles. Sí, es cierto que hice mi trabajo, y tuve que concentrarme en él. Lo único es que, para un observador externo, parecía inquieto, distraído, *no* centrado.

La idea no es que la concentración no exista o no sea importante. Lo que digo es que no necesariamente tiene la pinta o produce la sensación que nos han dicho. De hecho, la concentración puede incluir muchas interrupciones, distracciones y pensamientos aleatorios. Por eso muchas de las técnicas descritas en este libro pueden parecen inusuales a primera vista, o no encajar con lo que nos han dicho que hemos de esperar. En un grado muy superior al que sospechamos, aún andamos forrajeando. El cerebro aún no se adaptado a «encajar» en el vocabulario de la educación moderna, y las cosas que se dan por hecho en ese vocabulario enmascaran su verdadera naturaleza de órgano discente.

El hecho de que podamos crear y dominar inventos modernos como las pruebas euclidianas, los entresijos de los derivados de bonos de investión y los trastes de la guitarra no quiere decir, ni mucho menos, que esos instintos antiguos sean irrelevantes o estén caducos. Por el contrario, muchos científicos sospechan que a las mismas redes neuronales que nos ayudaron a encontrar el camino de vuelta al campamento se les ha asignado un nuevo propósito para ayudarnos a encontrar el camino por las catacumbas de los ámbitos académico y motor.[3] Esas redes, que otrora fueron esenciales para saber exactamente dónde estábamos en un espacio físico, se adaptaron a las exigencias de la educación y el entrenamiento. Ya no las necesitamos para volver a casa. Sabemos nuestra dirección postal. Se ha resintonizado el GPS interno del cerebro (hace mucho tiempo evolucionó comunidades internas de neuronas que desarrollan mapas espaciales, para ahorrarnos la sentencia de muerte que suponía perderse). Se ha adaptado, aunque todavía no es perfecto.

Los científicos aún intentan averiguar cómo esas células pueden ayudarnos a encontrar el camino por el aprendizaje de la era moderna. Hay una teoría general llamada el modelo del mantenimiento del sentido,[4] y la idea es la siguiente: estar perdido, confuso o desorientado produce una sensación de angustia. Para aliviarla, el cerebro se pone al máximo funcionamiento, intentando encontrar o crear sentido, buscando patrones, alguna escapatoria... un camino de vuelta al campamento. Travis Proulx, un psicólogo de la Universidad de Tilburg en Holanda, me dijo: «Necesitamos una estructura, que las cosas tengan sentido, y cuando no lo hacen estamos tan motivados para librarnos de esa sensación que nuestra respuesta puede ser generativa. Empezamos a anhelar patrones con sentido, y esto puede contribuir a determinados tipos de aprendizaje».

¿Qué tipos? No lo sabemos seguro, aún no. En un experimento, Proulx y Steven J. Heine, un psicólogo de la Universidad de la Columbia Británica, descubrieron que confundir deliberadamente a estudiantes universitarios (haciéndoles leer un relato corto carente de sentido basado en otra de Franz Kafka) mejoraba su rendimiento casi en un 30 por ciento en un test sobre la detección de patrones ocultos, parecido al test de los huevos de colores que vimos en el capítulo 10.[5] Las mejoras eran subconscientes; los alumnos no eran conscientes de que estaban aprendiendo más. Proulx me dijo: «Un libro de Kafka empieza siendo normal, las dos primeras páginas te hacen pensar que será una narrativa estándar, pero luego cada vez se vuelve más extraña. La verdad es que los psicólogos no tienen un término para la sensación que crea, pero para mí que se remonta a los existencialistas de la antigüedad, a una nostalgia por la unidad, una sensación de extrañeza. Es inquietante. Queremos encontrar el camino de vuelta al sentido, y creemos que eso es lo que te ayuda a extraer estos patrones tan complejos en esta gramática artificial, y quizá patrones esenciales en mucho más de lo que nos piden que estudiemos».

Cuando decimos que estamos «perdidos» en una clase o materia, ese sentimiento puede programarnos, ser un preludio del fracaso o el permiso para desconectar por completo, de tirar la toalla. Sin embargo, para el cerebro vivo, estar *perdido* (literalmente, en un páramo, o figurativamente, en *La tierra baldía*) no es lo mismo que estar indefenso. Por el contrario, la desorientación sitúa el modo del GPS en «hipersensible», calentando los circuitos mentales tras la incubación, la percolación e incluso las revelaciones nocturnas que nos ofrece el sueño. Si quien aprende está motivado, ahora tendrá la tesitura mental para hallar el camino a casa. Por lo tanto, estar perdido no es necesariamente el final del camino. Con la misma frecuencia es un comienzo.

• • •

Llevo veintiocho años, toda mi carrera laboral, siendo un periodista dedicado a la ciencia, y durante la mayor parte de ese tiempo no me interesaba mucho escribir un libro de no ficción para adultos. Se parecía demasiado a mi trabajo cotidiano. Cuando uno se pasa ocho o nueve horas diarias revisando estudios, entrevistando a científicos, buscando evidencias y argumentos contrarios, al final del día le apetece cerrar la fábrica. No quiere hacer más de lo mismo; en realidad, no quiere hacer nada. Así que escribí ficción (dos novelas infantiles de misterio con base científica), aventuras en lugares inventados donde figuraban personajes también ficticios. Me alejé de los diarios todo lo que pude.

Lo que me hizo dar un giro fue la propia ciencia. La ciencia del aprendizaje, la psicología cognitiva, el estudio de la memoria..., como quiera llamarlo. Cuánto más descubría sobre el tema, mayor era mi deseo de hacer algo más grande que un artículo periodístico. Me di cuenta de que todos esos científicos, trabajando en el anonimato, producían una obra que era algo más que interesante, iluminadora o innovadora. Era práctica, y no sólo eso, sino que encajaba perfectamente con mi forma de mejorar como estudiante hacía tantos años, cuando aflojé un poco las riendas y amplié los márgenes. En la universidad toqué todos los palos. Vivía desafiando informalmente todos los hábitos de estudio sanos, y también viví (más incluso de lo que lo hubiera hecho siguiendo los hábitos de estudio «buenos») *con* el material que intentaba dominar. Mis notas fueron ligeramente mejores que en el instituto, y con asignaturas mucho más difíciles. En cierto sentido, desde entonces he estado experimentando con ese enfoque.

Los descubrimientos de la ciencia del aprendizaje me han permitido convertir mi técnica deslavazada en una táctica, una estrategia de juego. Estos descubrimientos no son únicamente sorprendentes; son específicos y útiles. Ahora. Hoy. Y lo más bonito es que se pueden introducir sin invertir mucho más tiempo y esfuerzo, y sin invertir en clases especiales, tutores o escuelas preparatorias.

En este sentido, considero que ese volumen de obras es un gran igualador. Después de todo, en el aprendizaje hay muchas cosas que no podemos controlar. Nuestros genes, nuestros profesores, dónde vivimos o vamos a la escuela. No podemos elegir nuestro entorno familiar, si papá aparece y desaparece o es piloto de helicópteros, si mamá nos mima o nos ignora. Tenemos lo que tenemos. Cuando tenemos suerte, eso conlleva una «educación sensorial» de la variante familiar James, con todos sus tutores, viajes y décadas de aprendizaje profundo y de inmersión total. Si no la tenemos..., pues nada.

Casi lo único que podemos controlar es *cómo* aprendemos. La ciencia nos dice que hace un poco aquí y un poco allá, metiendo nuestro trabajo en los bolsillos del día no es un síntoma de una «concentración» que se erosiona, la ansiedad cultural que está de moda hoy. Es un estudio espaciado, cuando se hace como lo describimos en este libro, y da como resultado un aprendizaje más eficiente y profundo. La ciencia nos ofrece una bocanada de aire fresco, la sensación liberadora de que no estamos locos por no dedicar todas y cada una de las horas a una práctica concentrada como un láser. Aprender es un ejercicio desasosegado, y ese desasosiego se aplica no sólo a los lapsos de tiempo dedicado a las sesiones de estudio sino también a su contenido, es decir, el valor que tiene mezclar materias nuevas y viejas en una sola sesión.

He comenzado a introducir la ciencia del aprendizaje en una teoría de base amplia sobre mi forma de pensar en la vida. Dice así: de igual manera que las hipótesis modernas sobre los buenos hábitos de estudio son tendenciosas, también lo son nuestras ideas sobre los malos hábitos.

Piense en ello un instante. Las distracciones, diversiones, siestas breves, interrupciones, no son meras notas al pie, detalles mundanos en una vida que, por lo demás, está bien dirigida. Es cuando le interrumpe su hija de diez años, su perro o su madre. Ese impulso inquieto de dar un salto es hambre o sed, y la distracción es un programa televisivo que es esencial para su grupo social. Hace una siesta breve porque está cansado, y una pausa porque se ha encallado. Éstos son los hilvanes que mantienen unida nuestra existencia diaria; representan la propia vida, no son divergencias aleatorias de ella. El tiempo que dedicamos al estudio y a la práctica debe orientarse en torno a ellos, y no a la inversa.

No es una idea fácil de aceptar, dado todo lo que se nos ha dicho. Al principio yo no me fiaba mucho de ninguna de estas técnicas, incluso después de darle unas palmaditas en el hombro a mi yo universitario por hacerlo (casi) todo bien. Resulta demasiado fácil felicitarse a uno mismo, y no constituye un fundamento para introducir cambios en la vida. No fue hasta más tarde, cuando empecé a analizar a fondo las múltiples dimensiones del olvido, cuando mis sospechas aumentaron. Siempre había dado por hecho que olvidar es negativo, un tipo de corrosión mental. ¿Quién no lo cree?

Sin embargo, a medida que escarbaba en la ciencia, tuve que invertir por completo la definición. Vi que olvidar es tan esencial para aprender como el oxígeno. Los demás ajustes venían solos mediante la prueba y el error. Por ejemplo, me gusta acabar las cosas. Eso de interrumpirme un poco antes *a propósito*, para aprovechar el efecto Zeigarnik, es algo que no me sale de forma natural. Lamentablemente (o no), no tengo elección. Como soy periodista (por no mencionar marido, padre, hermano, hijo y colega de copas), eso supone que tengo que interrumpir grandes proyectos repetidas veces antes de tener la ocasión de sentarme y rematarlos. Por lo tanto, la percolación es real. A mí me sucede constantemente, y sin ella no podría haber escrito este libro.

El hecho de aplicar éstas y otras técnicas no me ha convertido en un genio. La genialidad es un ídolo, una proyección sin sentido, no una meta real. No paro de quedarme corto en temas que se supone que conozco bien, y de sentirme avergonzado por lo que no sé. Sin embargo, incluso esas experiencias huelen menos a derrota que antes. Dados los peligros del efecto del flujo, o la confianza injustificada, la revelación de mi ignorancia me parece como una caída sobre blando. Caigo, es cierto, pero no me duele tanto como antes. Lo que es más importante, la experiencia es un recordatorio para repasar una y otra vez lo que doy por hecho que ya sé (para autoexaminarme).

Para mí, la ciencia del aprendizaje ya ni siquiera es «ciencia». Es mi forma de vivir. Es como saco lo mejor de las modestas habilidades que tengo. Nada más y nada menos.

Seguiré estudiando este campo. Resulta difícil no hacerlo una vez uno se da cuenta de lo poderosas que son sus herramientas y lo fácil que es utilizarlas. Las técnicas que he expuesto en este libro son en su mayor parte alteraciones pequeñas que pueden tener grandes beneficios, y sospecho que la investigación futura se concentrará en las aplicaciones. Sí, sin duda que los científicos realizarán un trabajo más básico, y quizá descubran otras técnicas mejores y teorías más complejas. Sin embargo, el valor evidente de lo que ya tenemos exige investigar cómo encajan técnicas específicas, o *combinaciones*, en temas concretos. Por ejempoo, el «entrelazado espaciado» quizá sea la mejor manera de asimilar conceptos matemáticos. Es posible que los profesores programen su examen «final» para el primer día de clase, además del último. Las sesiones de estudio o de práctica de madrugada, mixtas, podrían ser la onda del futuro para formar a músicos y atletas. Voy a hacer una predicción a la que me atrevería a apostar dinero: las herramientas de aprendizaje perceptual tendrán un papel cada vez más crucial en el aprendizaje avanzado (de cirujanos y científicos además de pilotos, radiólogos, criminólogos y demás), y quizá también en la enseñanza elemental.

Sin embargo, en última instancia este libro no habla de un futuro dorado. El espacio que queremos ocupar es el presente, persistente, molesto, divertido y sorprendente. Las herramientas expuestas en este libro son sólidas, funcionan en tiempo real, y usarlas le pondrá más en sintonía con la máquina hermosa, aunque excéntrica, que es su cerebro. Olvídese de lo que siente que debería hacer, todo ese ritual repetitivo, exigente, reconcentrado. Olvídese de él y descubra cómo los supuestos enemigos del aprendizaje (la ignorancia, la distracción, la interrupción, el desasosiego, incluso el abandono) pueden obrar a su favor.

Después de todo, lo que hace es aprender.

Apéndice

●●●●●●●●●●●●●●

Once preguntas críticas

¿De verdad «liberar al perezoso interior» puede definirse como una estrategia legítima para aprender?

Si significa trasegar vino delante de la tele, pues no. Pero en tanto en cuanto suponga apreciar el aprendizaje como un proceso inquieto, poco sistemático, subconsciente y un tanto tortuoso, que sucede en todo momento (no sólo cuando está sentado ante una mesa, con la cara hundida en un libro), entonces es la mejor estrategia que existe. Y es la única disponible que no requiere más tiempo y esfuerzo por su parte, que no aumenta la presión para alcanzar objetivos. De hecho, las técnicas expuestas en este libro reducen parte de esa presión.

A la hora de aprender, ¿hasta qué punto es importante la rutina? Por ejemplo, ¿es importante contar con un lugar concreto donde estudiar?

En absoluto. La mayoría de personas rinde más cuando varía los lugares donde estudia o practica. Cuantos más entornos haya en los que ensaya, más agudo y duradero será el recuerdo de ese material, y menos vinculado estará a una «zona de comodidad». Es decir, que el conocimiento se vuelve cada vez más *independiente* del entorno cuantos más cambios introduzca: llevarse el portátil al porche, a una cafetería, a un avión. Después de todo, la meta es ser capaces de rendir bien en cualquier circunstancia.

Sin embargo, cambiar de entorno no es la única manera de aprovechar el llamado efecto contextual sobre el aprendizaje. También ayuda cambiar el horario del estudio cotidiano, o su manera de abordar la materia, leyéndola, comentándola con otros, introduciéndola en un ordenador o escribiéndola a mano, recitándola delante de un espejo o estudiando mientras escucha música: cada una de estas actividades cuenta como un «entorno» cognoscitivo diferente, en el que almacena el material de forma distinta.

¿Cómo afecta el sueño al aprendizaje?

Hoy día sabemos que el sueño tiene diversas fases, cada una de las cuales consolida y filtra la información de manera distinta. Por ejemplo, los estudios demuestran que el «sueño profundo», que se concentra en la primera mitad de la noche, es muy útil para retener datos puros y duros: nombres, fechas, fórmulas, conceptos. Si se prepara para un examen que depende mucho de la retentiva (vocabulario en otro idioma, nombres y fechas, estructuras químicas), es mejor que se vaya a dormir a su hora habitual, duerma todo lo que debe y se levante temprano para hacer un repaso fugaz. Pero las fases del sueño que ayudan a consolidar las habilidades motoras y el pensamiento creativo (ya sea en las matemáticas, la ciencia o la escritura) se producen a última hora de la madrugada, antes de despertarnos. Si lo que usted prepara es un recital musical o una competición atlética, o un examen que exija pensamiento creativo, quizá se plantee quedarse despierto hasta un poco más tarde de lo habitual. Como vimos en el capítulo 10:

si piensa dormir poco, es mejor saber cuáles son las mejores horas para ello.

¿Hay una cantidad óptima de tiempo para estudiar o practicar?

Hay algo más importante que cuánto tiempo estudie, y es cómo distribuya el tiempo del que dispone. Dividir en bloques el tiempo de estudio o de práctica (en dos o tres sesiones, en vez de en una sola) es mucho más eficaz que concentrarlo. Por ejemplo, si ha dedicado dos horas a dominar una lección de alemán recordará más si estudia una hora hoy y otra mañana o, incluso mejor, una hora al día siguiente. Esa división le obliga a conectarse de nuevo con el material, recopilando lo que ya sabe, y a *re*-almacenarlo; éste es un paso mental activo que mejora sensiblemente la memoria. Disponer de tres sesiones es incluso mejor, siempre que se conceda tiempo suficiente en cada una para sumergirse en la materia o en la habilidad. El capítulo 4 analiza por qué el espaciado del tiempo de estudio es la técnica más poderosa y confiable que conocen los científicos para profundizar y ampliar la memoria.

¿Empollar de una sentada es mala idea?

No siempre. Es útil como último recurso, una forma de prepararse rápidamente para un examen si se le echa el tiempo encima y no tiene otra elección. Lo malo del asunto es que, después del examen, no recordará gran cosa de lo que «aprendió», si es que logra recordar algo. El motivo es que el cerebro sólo puede aguzar un recuerdo después de que se haya producido cierto olvido. De esta manera, la memoria es como un músculo: una pequeña «ruptura» le permite acrecentar su fuerza. Por definición, «empollar de golpe» impide que pase esto.

El ensayo o el estudio espaciado (véase la pregunta anterior) o el autoexamen (véase la siguiente) son maneras mucho más eficaces de prepararse. Usted recordará el material más tiempo y podrá retenerlo fácilmente hasta el siguiente curso o semestre. Los estudios revelan que las personas que estudian una materia repartida en sesiones espaciadas o con autoexamen recuerdan hasta dos veces más que quienes la estudian de golpe en el último minuto. Si debe estudiar así, hágalo en asignaturas que no sean cruciales para su área de interés principal.

¿Hasta qué punto es útil someterse a test breves, por ejemplo con tarjetas?

Pues la verdad es que es muy útil. El autoexamen es una de las técnicas de estudio más potentes que hay. Las tarjetas de toda la vida son útiles, o contar con un compañero de clase con quien tomarse la lección mutuamente. Los mejores test hacen dos cosas: le obligan a *elegir* la respuesta correcta de entre varias posibilidades, y le proporcionan un *feedback* inmediato: ¿ha acertado o se ha equivocado? Como vimos en el capítulo 5, el autoexamen aumenta la retención y la comprensión mucho más que el propio lapso de tiempo dedicado a repasar. Además, puede adoptar muchas formas. Recitar un pasaje de memoria, delante de un compañero o del espejo, es una forma de examinarse. También lo es explicarse una lección a sí mismo mientras da vueltas a la cocina, o a un compañero de trabajo o a un amigo mientras almuerzan. Como dicen a menudo los profesores: «Uno no entiende de verdad una cosa hasta que tiene que enseñarla». Justo.

¿Ayuda mucho repasar los apuntes de clase o las lecciones?

La respuesta depende de cómo se repase. La copia palabra por palabra añade muy poca cosa a la profundidad de su aprendizaje, y lo mismo pasa al leer pasajes o fórmulas marcados en fosforito. Ambos ejercicios son bastante pasivos, y pueden provocar lo que los científicos del aprendizaje llaman «el espejismo de la fluidez»: la impresión de que, sólo porque en ese momento algo nos resulta evidente, seguirá siéndolo dentro de un día o una semana. No tiene por qué. El mero hecho de que haya subrayado algo o lo haya reescrito, digitalmente o en papel, no quiere decir que su cerebro haya registrado ese material con más intensidad. Estudiar los apuntes subrayados e intentar escribirlo de nuevo sin mirar hace que la memoria trabaje más y es un enfoque mucho más eficaz al repaso. Encima tiene otro beneficio añadido: también le señala inmediatamente lo que no sabe y tiene que volver a repasar.

Existe la preocupación de que los medios sociales, los smartphones *y otros tipos de aparatos electrónicos interfieran en el aprendizaje, e incluso cambien la forma en que piensan las personas. ¿Está justificada esta inquietud? ¿Las distracciones* siempre son malas?

No. Las distracciones son un peligro si le exigen concentrarse constantemente, como cuando escucha una conferencia. Pero una pausa breve al estudiar (cinco, diez, veinte minutos para pasarse por Facebook, responder unos cuántos correos electrónicos, enterarse de los resultados deportivos) es la técnica más eficaz que conocen los científicos que estudian el aprendizaje para ayudarle a resolver un problema cuando se atasca. Distraerse de la tarea que tiene entre manos le permite librarse de suposiciones equivocadas, reexaminar las pistas de una forma nueva y volver fresco al trabajo. Si está motivado para resolver el problema (da igual que sea una prueba, una integral o un párrafo que no acaba de cuadrar), su cerebro seguirá trabajando en él durante la pausa *off-line*, subconscientemente, sin la guía (fija, improductiva) que le ha estado aplicando. Abordamos la evidencia de esto en el capítulo 6.

¿Hay alguna estrategia eficaz para mejorar el rendimiento en proyectos creativos más a largo plazo?

Sí. En pocas palabras: *empiece* lo antes posible, y concédase permiso para desconectar a ratos. La interrupción deliberada no es lo mismo que el abandono. Por el contrario, pausar el trabajo sobre una presentación larga, compleja, un trabajo de fin de trimestre o una redacción activa el proyecto en su mente, y empezará a ver y a escuchar todo tipo de cosas en su vida cotidiana que serán relevantes para él. También estará más sintonizado con lo que *piensa* sobre ese input de pistas aleatorias. Todo esto es leña para su proyecto (es una interrupción que obra a su favor), aunque tiene que volver al pupitre o a la mesa de diseño antes de que pase demasiado tiempo. Los elementos principales en este proceso de «percolación» se detallan en el capítulo 7.

¿Cuál es el motivo más frecuente para suspender un examen después de lo que parece una preparación exhaustiva?

El espejismo de que «sabe» algo bien solamente porque le pareció de lo más evidente en el momento en que lo estudió. Esto es lo que los científicos del aprendizaje llaman «fluidez», la hipótesis de que porque algo es bien conocido ahora seguirá siéndolo en el futuro. Las ilusiones de fluidez se forman automática y subconscientemente. Cuidado con las «ayudas» para el estudio que pueden reforzar el espejismo: subrayar o rescribir apuntes, trabajar según el esquema de un profesor, *re*estudiar después de acabar de estudiar. Éstos son en gran medida ejercicios pasivos, y no enriquecen en absoluto el aprendizaje. Hacer que su memoria trabaje un poco más duro (por ejemplo, poniéndose test o espaciando el tiempo de estudio) profundiza la huella de lo que sabe, y pone de manifiesto los efectos de la fluidez.

¿Es mejor practicar una habilidad por vez hasta que se vuelva automática, o trabajar en varias cosas al mismo tiempo?

Centrarse en una habilidad por vez (una escala musical, los tiros libres, la fórmula de una ecuación de segundo grado) produce rápidamente una mejora detectable, tangible. Pero con el paso del tiempo, esa práctica concentrada limita en realidad nuestro desarrollo de cada habilidad. Por el contrario, la mezcla o «entrelazado» de múltiples habilidades en una sola sesión de práctica agudiza nuestra comprensión de todas ellas. Este principio es aplicable ampliamente a una gama de habilidades, y se puede introducir en los deberes o prácticas en el hogar; por ejemplo, al hacer una prueba de geometría a principios del trimestre, ejecutar arpegios que aprendió hace años o mezclar estilos artísticos cuando se prepare para una clase de historia del arte. Este tipo de combinación no sólo sirve de repaso, sino que agudiza su habilidad discriminatoria, como describimos en el capítulo 8. En una materia como las matemáticas, esto resulta muy útil. Los conjuntos de problemas mezclados (añadir uno o dos de lecciones anteriores) no sólo le recuerdan lo que ha aprendido, sino que le preparan para *asociar* los tipos de problemas y las estrategias adecuadas.

Agradecimientos

Escribir un libro es una parte de esfuerzo solitario y dos partes de terapia de grupo; y estaré eternamente agradecido a quienes me proporcionaron la segunda. A Kris Dahl, mi agente maravillosamente eficaz, y a Andy Ward, mi editor, un colaborador exigente que me obligó a reflexionar sobre las ideas de este libro más clara y profundamente; es la mejor compañía que nadie pueda pedir. Tengo una gran deuda con Barbara Staunch de *The New York Times*, por sus años de apoyo y consejo, y con mis colegas del Science Times. Doy gracias a Rick Flaste por entender (hace décadas) que la conducta era un terreno que valía la pena estudiar, y por llevarme a un gran periódico que sigue hablando a fondo de las investigaciones científicas.

Mi trabajo me ha permitido entrar en contacto con los numerosos científicos que proporcionan la columna vertebral de este libro. Entre ellos, doy las gracias a Suzanne Corkin, Michael Gazzaniga, Daniel Willingham, Philip Kellman, Steven Smith, Doug Rohrer, Matt Walker, Henry Roediger III, Harry Bahrick, Ronda Leathers Dively, el gran Todd Sacktor y, sobre todo, a Robert y Elizabeth Ligon Bjork, que revisaron grandes secciones del manuscrito y me ayudaron a entender los reductos más difíciles de la ciencia. También estoy en deuda con el personal de la Social Work Library de la Universidad de Columbia y con la Library for Research Assistance de la Universidad de Colorado. Los errores que aparezcan en el texto son sólo míos.

• • •

A cada paso del camino dependí mucho de mi familia y mis amigos: mis padres, James y Catherine, y mi hermana, Rachel, que me ofrecieron todo su cariño y un lugar donde refugiarme, pasear, hablar conmigo mismo y escribir; mis hermanos, Simon y Noah; mis hijas, Isabel y Flora, que me ayudaron en los puntos difíciles; y mi esposa, Victoria, que me ofreció correcciones y consejos prácticamente todos los días. Quiero mencionar especialmente a mis amigos Mark Zaremba, encargado de los gráficos, y Tom Hicks y John Hastings, por escuchar mis quejas abstrusas y persistentes sobre este proyecto, y encima pagar a escote las bebidas del bar.

Notas

•••••••••••••••

Capítulo 1: El contador de historias

1. Para un análisis general de la biología cerebral, me basé en dos libros: Eric R. Kandel, M. D., *In Search of Memory* (Norton & Company, Nueva York, 2006); y Larry R. Squire y Eric R. Kandel, *Memory from Mind to Molecules*, segunda edición (Roberts & Company, Greenwood Village, CO, 2009).

2. Paul Reber, «What Is the Memory Capacity of the Human Brain?», *Scientific American*, mayo-junio 2010.

3. Gelbard-Sagiv, Roy Mukamel, Michael Harel, Rafael Malach e Itzhak Fried, «Internally Generated Reactivation of Single Neurons in Human Hippocampus During Free Recall», *Science* 322, 2008, 96-100.

4. Para mi análisis de H. M. me basé en entrevistas con Brenda Miller y Suzanne Corkin, así como en la obra de Corkin *Permanent Present Tense* (Basic Books, Nueva York, 2013).

5. Squire y Kandel, *Memory from Mind to Molecules*, segunda edición.

6. Para mi artículo sobre el cerebro callosotomizado, me basé en entrevistas con Michael Gazzaniga y los siguientes estudios: M. S. Gazzaniga, «Forty-five years of split-brain research and still going strong», *Nature Reviews Neuroscience* 6, agosto de 2005, 653-59; M. S. Gazzaniga, J. E. Bogen y R. W. Sperry, «Dispraxia following division of the cerebral commisures», *Archives of Neurology*, vol. 16, n° 6, junio de 1967,

606-612; M. S. Gazzaniga, J. E. Bogen y R. W. Sperry, «Observations on visual perception after disconnexion of the cerebral hemispheres in man», *Brain*, vol. 88, 2ª parte, junio de 1965, 221-36; M. S. Gazzaniga, J. E. Bogen y R. W. Sperry, «Some functional effects of sectioning the cerebral commisures in man», *Proceedings of the National Academy of Sciences of the United States of America*, vol. 48, nº 10, octubre de 1962, 1765-69.

7. Para esta información me basé en una entrevista con Michael Gazzaniga, en su recuerdo del experimento que dio pie a su conclusión.

Capítulo 2: El poder del olvido

1. William James, *The Principles of Pscyhology, Volume I* (Henry Holt and Company, Nueva York, 1890), 680.

2. Robert A. Bjork y Elizabeth Ligon Bjork, «A New Theory of Disuse and an Old Theory of Stimulus Fluctuation». En A. Healy, S. Kossly y R. Shiffrin, eds., *From Learning Processes to Cognitive Process: Essays in Honor of William K. Estes, Volume 2* (Erlbaum, Hillsdale, NJ, 1992), 35-67.

3. David Shakow, «Hermann Ebbinghaus», *The American Journal of Psychology* 42, nº 4, octubre de 1930, 511.

4. Matthew Hugh Erdelyi, *The Recovery of Unconscious Memories: Hypermnesia and Reminiscence* (The University of Chicago Press, Chicago, 1998), 11.

5. Philip Boswood Ballard, *Obliviscence and Reminiscence* (Cambridge University Press, Cambridge, Inglaterra, 1913).

6. Para más información sobre las mejoras espontáneas, véase Erdelyi, *The Recovery of Unconscious Memories*, 44-71, y W. Brown, «To What Extent Is Memory Measured By a Single Recall?», *Journal of Experimental Psychology* 54, 1924, 345-52.

7. J. A. McGeoch, F. McKinney y H. N. Peters, «Studies in retroactive inhibition IX: Retroactive inhibition, reproductive inhibition and reminiscence», *Journal of Experimental Psychology* 20, 1937, 131-43.

8. S. Gray, «The Influence of Methodology Upon the Measurement of Reminiscence», *Journal of Experimental Psychology* 27, 1940, 37-44.

9. Erdelyi, *The Recovery of Unconscious Memories*, 44.

10. C. E. Buxton, «The Status of Research in Reminiscence», *Psychological Bulletin* 40, 1943, 313-40.

11. Matthew Hugh Erdelyi y Jeff Kleinbard, «Has Ebbinghaus Decayed with Time?: The Growth of Recall (Hypermnesia) over Days», *Journal of Ex-*

perimental Psychology: Human Learning and Memory, vol. 4, n° 4, julio de 1978, 275-89.

12. Robert A. Bjork y Elizabeth Ligon Bjork, «A New Theory of Disuse and an Old Theory of Stimulus Fluctuation». En A. Healy, S. Kossly y R. Shiffrin, eds., *From Learning Processes to Cognitive Processes: Essays in Honor of William K. Estes, Vol. 2* (Erlbaum, Hillsdale, NJ, 1992), 35-67.

Capítulo 3: Dejar las buenas costumbres

1. Baylor University Academic Support Programs: Keeping Focused, www. baylor.edu/support_programs.

2. Para más información sobre naufragios en la zona, véase www.divesite-directory.co.uk/uk_scotland_oban.html.

3. D. R. Godden y A. D. Baddeley, «Context-Dependent Memory in Two Natural Environments: On Land and Underwater», *British Journal of Psychology*, vol. 66, n° 3, 1975, 325-31.

4. K. Dallett y S. G. Wilcox, «Contextual Stimuli and Proactive Inhibition», *Journal of Experimental Psychology* 78, 1968, 475-80.

5. G. Rand y S. Wapner, «Postural Status as a Factor in Memory», *Journal of Verbal Learning and Verbal Behavior* 6, 1967, 268-71.

6. K. Dallett y S. G. Wilcox, «Contextual Stimuli and Proactive Inhibition», *Journal of Experimental Psychology* 78, 1968, 475-80.

7. Ibíd., 330.

8. S. G. Dulsky, «The Effect of a Change of Background on Recall and Relearning», *Journal of Experimental Psychology* 18, 1935, 725-40.

9. E. G. Geiselman y R. A. Bjork, «Primary versus Secondary Rehearsal in Imagined Voices: Differential Effects on Recognition», *Cognitive Psychology* 12, 1980, 188-205.

10. Steven M. Smith, «Background Music and Context-Dependent Memory», *American Journal of Psychology*, vol. 98, n° 4, invierno de 1985, 591-603.

11. Ibíd., 596.

12. Kay Redfield Jamison, *An Unquiet Mind: A Memoir of Moods and Madness* (Random House, Nueva York, 2009), 67.

13. Herbert Weingartner, Halbert Miller y Dennis L. Murphy, «Mood-State-Dependent Retrieval of Verbal Associations», *Journal of Abnormal Psychology* 1977, vol. 86, n° 3, 276-84. Esta investigación se expuso originariamente durante la reunión de la American Psychological Association en Nueva Orleans, en septiembre de 1974, con el título «State Dependent Recall in Manic Depressive Disorders».

14. James Eric Eich et al., «State-Dependent Accessibility of Retrieval Clues in the Retention of a Categorized List», *Journal of Verbal Learning and Verbal Behavior* 14, 1975, 408-17.
15. Ibíd., 415.
16. Para el estudio de la memoria de Shereshevsky, me basé en el libro de Alexander Luria sobre el tema, *Pequeño libro de una gran memoria: la mente de un mnemonista* (KRK Ediciones, Oviedo, 2009).
17. Ibíd., 31.
18. Ibíd., 70.
19. Ibíd., 18-19.
20. Steven M. Smith, Arthur Glenberg y Robert A. Bjork, «Environmental Context and Human Memory», *Memory & Cognition*, vol. 6, n° 4, 1978, 342-53.
21. Mi análisis de la obra reciente de Smith procede de una investigación inédita realizada por Steven M. Smith que ha expuesto en diversas conferencias y ha compartido conmigo.
22. John Locke, *An Essay on Human Understanding and a Treatise on the Conduct of Understanding* (Hayes & Zell Publishers, Filadelfia, 1854), 263.

Capítulo 4: El espaciado

1. Frank N. Dempster, «The Spacing Effect: A Case Study in the Failure to Apply the Results of Psychological Research», *American Psychologist*, vol. 43, n° 8, agosto de 1988, 627-34.
2. Para más información sobre la ley de Jost, véase Dempster, 627-28. Un análisis de la actitud de Jost hacia la eugenesia aparece en el libro *The Nazi Doctors: Medical Killing and the Psychology of Genocide*, de Robert Jay Lifton (Basic Books, Nueva York, 1986).
3. Harry P. Bahrick, Lorraine E. Bahrick, Audrey S. Bahrick y Phyllis E. Bahrick, «Maintenance of Foreign Language Vocabulary and the Spacing Effect», *Psychological Science*, vol. 4, n° 5, septiembre de 1993, 316-21.
4. Para mi comprensión de la educación temprana de Henry James, agradezco la ayuda de Greg W. Zacharias, profesor de lengua inglesa y director del Center for Henry James Studies, Creighton University.
5. Gary Wolf, «Want to Remember Everything You'll Ever Learn? Surrender to This Algorithm», *Wired*, 16.05, http://www.wired.com/medtech/health/magazine/16-05/ff_wozniak.
6. De la página web SuperMemo: http://www.supermemo.net/how_supermemo_aids_learning.

7. Dempster, 627.
8. N. J. Cepeda, E. Vul, D. Rohrer, J. T. Wixted y H. Pashler, «Spacing effects in learning: A temporal ridgeline of optimal retention», *Psychological Science*, 19, 2008, 1095-1102. Melody Wiseheart se llamó anteriormente Nicholas Cepeda.
9. Ibíd., 1101.
10. William James, *Charlas a los maestros sobre psicología pedagógica*. Serie: *Los ideales de la vida* (Ediciones Librería Argentina, Madrid, s. f.).

Capítulo 5: El valor oculto de la ignorancia

1. William Manchester, *The Last Lion: Winston Spencer Churchill, Visions of Glory 1874-1932* (Little, Brown and Company, Boston, 1983), 150-51.
2. Francis Bacon (L. Jardine & M. Silverthorne, traductores), *Novum Organum* (Cambridge University Press, Cambridge, Gran Bretaña, 2000; obra original publicada en 1620).
3. William James, *The Principles of Psychology* (Holt, Nueva York, 1890).
4. John W. Leonard, ed., *Who's Who in America, Vol. 2* (A. N. Marquis and Company, Chicago, 1901).
5. Arthur I. Gates, *Recitation as a Factor in Memorizing* (The Science Press, Nueva York, 1917).
6. Gates escribió. Ibíd., 45.
7. Herbert F. Spitzer, «Studies in Retention», *The Journal of Educational Psychology*, vol. 30, n° 9, diciembre de 1939, 641-56.
8. Ibíd., 655.
9. Henry Roediger III y Jeffrey D. Karpicke, «The Power of Testing Memory: Basic Research and Implications for Educational Practice», *Perspectives on Psychological Science*, vol. I, n° 3, 2006, 181-210.
10. Myles na Gopaleen (Flann O'Brien), *The Best of Myles* (Penguin, Nueva York, 1983), 298-99.
11. Henry Roediger III y Jeffrey D. Karpicke, «Test-Enhanced Learning: Taking Memory Tests Improves Long-Term Retention», *Psychological Science*, vol. 17, n° 3, 2006, 249-55.
12. Roediger III y Karpicke, «The Power of Testing Memory», 181-210.
13. Elizabeth Ligon Bjork y Nicholas C. Soderstrom, investigación inédita en curso.
14. José Luis Borges, del prefacio a *The Garden of Forking Paths* (1942), incluido en *Collected Fictions* (Penguin, Nueva York, 1998).

Capítulo 6: Los beneficios de la distracción

1. Graham Wallas, *The Art of Thought* (Harcourt, Brace and Company, Nueva York, 1926).
2. Henri Poincaré, *Science and Method* (T. Nelson, Londres, 1914), 55.
3. Wallas, 80.
4. Poincaré, 52.
5. Wallas, 137.
6. Poincaré, 52.
7. Wallas, prefacio.
8. Norman R. F. Maier, «Reasoning in Humans. II. The Solution of a Problem and its Appearance in Consciousness», *Journal of Comparative Psychology*, vol. 12, nº 2, agosto de 1931, 181-94.
9. Ibíd., 188.
10. Ibíd., 193.
11. Ibíd., 187.
12. Karl Duncker, «On Problem-Solving», *Psychological Monographs*, vol. 58, nº 5, 1945, 1-17.
13. Steven M. Smith y Steven E. Blankenship, «Incubation and the Persistence of Fixation in Problem Solving», *American Journal of Psychology*, primavera de 1991, vol. 104, nº 1, 61-87.
14. Ibíd., 82.
15. Ut Na Sio y Thomas C. Ormerod, «Does Incubation Enhance Problem Solving? A Meta-Analytic Review», *Psychological Bulletin*, vol. 135, nº 1, 94-120.

Capítulo 7: Abandonar antes de progresar

1. Brewster Ghiselin, ed., *The Creative Process: Reflections of Invention in the Arts and Sciences* (University of California Press, Berkeley, 1985).
2. La descripción de Joseph Heller de su proceso de escritura está sacada de una entrevista que le hice a George Plimpton, «The Art of Fiction No. 51», *The Paris Review*, nº 60, invierno de 1974.
3. Ghiselin, *The Creative Process*, 85-91.
4. Bluma Zeigarnik, «On Finished and Unfinished Tasks», de *A Source Book of Gestalt Psychology* (Kegan Paul, Trench, Trubner & Company, Londres, 1938), 300-14.
5. Ibíd., 307.
6. Ibídem.

7. A. V. Zeigarnik, «Bluma Zeigarnik: A Memoir», *Gestalt Theory* 2007, vol. 29, nº 3, 256-68.
8. Henk Aarts, Ap Dijksterhuis y Peter Vries, «On the Psychology of Drinking: Being Thirsty and Perceptually Ready», *British Journal of Psychology* 92, 2001, 631-42.
9. Ibíd., 188.
10. La entrevista de Eudora Welty a Linda Kuehl aparece en «The Art of Fiction No. 47», *The Paris Review*, nº 55, otoño de 1972.
11. Ronda Leathers Dively, *Preludes to Insight: Creativity, Incubation, and Expository Writing* (Hampton Press, Nueva York, 2006).
12. Ibíd., 98.
13. Ibíd., 101.

Capítulo 8: Las mezclas

1. R. Kerr y B. Booth, «Specific and Varied Practice of Motor Skill», *Perceptual and Motor Skills*, vol. 46, nº 2, abril de 1978, 395-401.
2. Ibíd., 401.
3. Sinah Goode y Richard A. Magill, «Contextual Interference Effects in Learning Three Badminton Serves», *Research Quarterly for Exercise and Sport*, 1986, vol. 57, nº 4, 308-14.
4. Ibíd., 312.
5. T. K. Landauer y R. A. Bjork, «Optimum Rehearsal Patterns and Name Learning», en M. M. Gruneberg, P. E. Morris y R. N. Sykes, eds., *Practical Aspects of Memory* (Academic Press, Londres, 1978), 625-32.
6. Richard A. Schmidt y Robert A. Bjork, «New Conceptualizations of Practice: Common Principles in Three Paradigms Suggest New Concepts for Training», *Psychological Science*, vol. 3, nº 4, julio de 1992, 207-17.
7. Ibíd., 215.
8. Nelson Goodman, «The Status of Style Author», *Critical Inquiry*, vol. 1, nº 4, junio de 1975, 799-811.
9. Nate Kornell y Robert A. Bjork, «Learning Concepts and Categories: Is Spacing the "Enemy of Induction"?», *Psychological Science*, vol. 19, nº 6, 2008, 585-92.
10. Ibíd., 590.
11. Para más información sobre las guerras de las matemáticas, véase Alice Crary y Stephen Wilson, «The Faulty Logic of the "Math Wars"», *New York Times*, 16 de junio de 2013; John A. Van de Walle, «Reform Mathe-

matics vs. The Basics: Understanding the Conflict and Dealing with It», presentada en el LXXVII Annual Meeting of the National Council of Teachers of Mathematics, 23 de abril de 1999, y reimpresa en mathematicallysane.com el 1 de abril de 2003, en www.mathematicallysane.com/reform-mathematics-vs-the-basics/.

12. No se ha escrito gran cosa sobre Saxon. Me basé en conversaciones con Doug Rohrer, del Departamento de Psicología de la Universidad del Sur de Florida, así como en la información extraída de un obituario escrito por un compañero de clase de West Point (promoción de 1949), publicado en www.westpoint.org, y en información biográfica proporcionada por su editor, Houghton Mifflin Harcourt.

13. Taylor y Doug Rohrer, «The Effects of Interleaved Practice», *Applied Cognitive Psychology* 24, 2010, 837-48.

14. Ibíd., 846.

Capítulo 9: Aprender sin pensar

1. Dave Baldwin, «Unraveling the Batter's Brain», baseballanalyst.com, 17 de septiembre de 2009; Terry Bahill y David G. Baldwin, «The Rising Fastball and Other Perceptual Illusions of Batters», *Biomedical Engineering Principles in Sports*. G. K. Hung y J. M. Pallis, eds. (Kluwer Academic, Nueva York, 2004), 257-87; A. Terry Bahill, David Baldwin y Jayendran Venkateswaran, «Predicting a Baseball's Path», *Scientific American*, mayo-junio de 2005, vol. 93, n° 3, 218-25.

2. Philip J. Kellman y Patrick Garrigan, «Perceptual Learning and Human Expertise», *Physics of Life Reviews* 6, 2009, 53-84.

3. William G. Chase y Herbert A. Simon, «Perception in Chess», *Cognitive Psychology* 4, 1973, 55-81.

4. Entrevista realizada a Elanor Gibson por Marion Eppler en Middlebury, VT, 4-5 de julio de 1998, como parte de la Society for Research in Child Development Oral History Project; disponible en www.srcd.org.

5. James J. Gibson y Eleanor J. Gibson, «Perceptual Learning: Differentiation or Enrichment?», *Psychological Review*, vol. 62, n° 1, 1955, 32-41.

6. Ibíd., 34.

7. Eleanor J. Gibson, *Principles of Perceptual Learning and Development* (Meredith Corporation, Nueva York, 1969), 4.

8. Todos los detalles del vuelo mortal de John F. Kennedy proceden del Probable Cause Report de la National Transportation Safety Board,

NTSB número de identificación NYC99MA178, emitido el 6 de julio de 2000. Está disponible en www.ntsb.gov.

9. Para entender cómo aprenden a volar los pilotos y la distribución de la cabina en las avionetas privadas, me basé en Philip J. Kellman, profesor de psicología cognitiva, UCLA, y en vuelos realizados con su pequeño avión entre Los Ángeles y San Luis Obispo, California.

10. Philip J. Kellman y Mary K. Kaiser, «Perceptual Learning Modules in Flight Training», *Proceedings of the Human Factors and Ergonomic Society Annual Meeting*, 1994 38, 1183-87.

11. Ibíd., 1187.

12. Stephanie Guerlain, et al., «Improving Surgical Pattern Recognition Through Repetitives Viewing of Video Clips», *IEEE Transactions on Systems, Man, and Cybernetics–Part A: Systems and Humans*, vol. 34, nº 6, noviembre de 2004, 699-707.

Capítulo 10: Si se duerme, gana

1. Se dice que August Kekule describió su sueño en la reunión de la Sociedad Química Alemana en 1890; desde entonces la historia ha circulado mucho, apareciendo por ejemplo en Robert Stickgold y Jeffrey M. Ellenbogen, «Sleep On It: How Snoozing Makes You Smarter», *Scientific American*, agosto-septiembre de 2008.

2. Jerome M. Siegel, «Sleep Viewed as a State of Adaptive Inactivity», *Nature Reviews Neuroscience*, vol. 10, octubre de 2009, 747-53.

3. Ibíd., 751.

4. Robert Stickgold, «Sleep-dependent Memory Consolidation», *Nature*, vol. 437, 27 de octubre de 2005, 1272-78.

5. Chip Brown, «The Stubborn Scientist Who Unraveled a Mystery of the Night», *Smithsonian*, octubre de 2003, www.smithsonianmag.com.

6. Eugene Aserinsky y Nathaniel Kleitman, «Regularly Occurring Periods of Eye Motility and Concomitant Phenomena, During Sleep», *Science*, vol. 118, 4 de septiembre de 1953, 273-74.

7. Jeffrey M. Ellenbogen, Peter T. Hu, Jessica D. Payne, Debra Titone y Matthew P. Walker, «Human Relational Memory Requires Time and Sleep», *Proceedings of the National Academy of Sciences of the United States of America*, 1 de mayo de 2007, vol. 104, nº 18, 7723-28.

8. A. Giuditta, M. V. Ambrosini, P. Montagnese, P. Mandile, M. Cotugno, G. Grassi Zucconi y S. Vescia, «The sequential hypothesis of the function of sleep», *Behavioural Brain Research*, vol. 69, 1995, 157-66.

9. Sara Mednick, Ken Nakayama y Robert Stickgold, «Sleep-dependent Learning: A Nap Is as Good as a Night», *Nature Neuroscience*, vol. 6, n° 7, 2003, 697-98.
10. Giulio Tononi, Chiara Cirelli, «Sleep Function and Synaptic Homeostasis», *Sleep Medicine Reviews* 10, 2006, 49-62.
11. D. Ji y M. A. Wilson, «Coordinated memory replay in the visual cortex and hippocampus during sleep», *Nature Neuroscience*, vol. 10, n° 1, enero de 2007, 100-107.

Conclusión: El cerebro saqueador

1. Steven Pinker, *How the Mind Works* (W. W. Norton & Company, Nueva York, 1997), 188.
2. J. Tooby e I. De Vore, «The Reconstruction of Hominid Behavioral Evolution Through Strategic Modeling», *The Evolution of Human Behavior*, Warren G. Kinzey, ed. (SUNY Press, Albany, NY: 1987), 209.
3. *Annu Rev Neurosci.* 2008; 31:69-89. doi: 10.1146/annurev.neuro.31.061307.090723. *Trends Neurosci.* 2008 Sep; 31(9):469-77. doi: 10.1016/j.tins.2008.06.008. Epub Aug 5, 2008.
4. Travis Proulx y Michael Inzlicht, «The Five 'As' of Meaning Maintenance: Finding Meaning in the Theories of Sense-Making», *Psychological Inquiry* 23, 2012, 317-35.
5. Travis Proulx y Steven J. Heine, «Connections from Kafka: Exposure to Meaning Threats Improves Implicit Learning of an Artificial Grammar», *Psychological Science*, vol. 20, n° 9, 1125-31.

ECOSISTEMA DIGITAL

NUESTRO PUNTO DE ENCUENTRO

www.edicionesurano.com

2 AMABOOK
Disfruta de tu rincón de lectura y accede a todas nuestras **novedades** en modo compra.
www.amabook.com

3 SUSCRIBOOKS
El límite lo pones tú, **lectura sin freno**, en modo suscripción.
www.suscribooks.com

DISFRUTA DE 1 MES DE LECTURA GRATIS

1 REDES SOCIALES:
Amplio abanico de redes para que **participes activamente**.

4 QUIERO LEER
Una App que te permitirá leer e **interactuar con otros lectores**.

 iOS